阿坝州社会科学事业专项资金
资助项目出版说明

　　阿坝州社会科学事业专项资金资助项目旨在鼓励广大社科研究者潜心治学，扶持基础研究的优秀成果。相关项目是经过严格评审，从业已完成的科研成果中遴选确定的。为扩大社科资金资助项目的影响，更好地推动学术发展，促进成果转化，阿坝州社会科学界联合会按照"统一标识、统一版式、符合主题、封面各异"的总体要求，组织出版阿坝州社科资金资助项目。

阿坝州社会科学界联合会

《民国川西北史料辑注丛书》编委会

民国川西北
史料辑注丛书

阿坝州社科丛书

《川西边事辑览》《四川松理懋茂汶屯区屯政纪要》校注

李勤学　陈学志　陈　恬

龙巧利　潘　莉　李　俊

————— 校注 —————

四川大学出版社
SICHUAN UNIVERSITY PRESS

图书在版编目（CIP）数据

《川西边事辑览》《四川松理懋茂汶屯区屯政纪要》
校注 / 李勤学等校注 . -- 成都：四川大学出版社，
2025. 1. --（民国川西北史料辑注丛书）. -- ISBN 978-
7-5690-7662-2

Ⅰ．K297.1

中国国家版本馆 CIP 数据核字第 2025H3Q044 号

书　　名：《川西边事辑览》《四川松理懋茂汶屯区屯政纪要》校注
　　　　　《Chuanxi Bianshi Jilan》《Sichuan Song-Li-Mao-Mao-Wen Tunqu
　　　　　Tunzheng Jiyao》 Jiaozhu
校　　注：李勤学　陈学志　陈　恬　龙巧利　潘　莉　李　俊
丛 书 名：民国川西北史料辑注丛书

丛书策划：杨岳峰
选题策划：杨岳峰
责任编辑：李畅炜
责任校对：曾小芳
装帧设计：李　野
责任印制：李金兰

出版发行：四川大学出版社有限责任公司
　　　　　地址：成都市一环路南一段 24 号（610065）
　　　　　电话：（028）85408311（发行部）、85400276（总编室）
　　　　　电子邮箱：scupress@vip.163.com
　　　　　网址：https://press.scu.edu.cn
印前制作：四川胜翔数码印务设计有限公司
印刷装订：四川五洲彩印有限责任公司

成品尺寸：170mm×240mm
印　　张：16.5
字　　数：328 千字

版　　次：2025 年 3 月 第 1 版
印　　次：2025 年 3 月 第 1 次印刷
定　　价：75.00 元

扫码获取数字资源

四川大学出版社
微信公众号

阿坝藏族羌族自治州（简称"阿坝州"）地处青藏高原东南缘、四川省西北部，辖金川、小金、阿坝、若尔盖、红原、壤塘、汶川、理县、茂县、松潘、九寨沟、黑水12个县，马尔康1个县级市，以及四川省汶川卧龙特别行政区。其北及西北与甘肃、青海交界，东及东南与绵阳市、德阳市、成都市相邻，南及西南与雅安市接壤，西与甘孜藏族自治州相连，面积84242平方公里。

阿坝州历史悠久，底蕴厚重，是四川省第二大藏族聚居区和全国羌族主要聚居区之一。已公布的最新考古资料显示，早在5500年前已有人类在此生息繁衍。自秦置湔氐道，始有行政建置，虽历经朝代更迭，辖属变更频繁，但因其特殊的地理位置，丰富的自然、物产资源，始终发挥着多文化交流桥梁、多民族交往走廊的核心价值作用。时至今日，仍在赓续中华文脉、建设现代文明的新征程中发挥着重要作用。

清代以前，阿坝州并无如今完整的、系统性的行政建置。自清代开始至乾隆年间大小金川之役后，逐渐形成"一州四厅"的行政建置雏形，并向"一州三厅"演变。1927年，时任国民革命军川军第二十八军军长邓锡侯设置"松理懋茂汶屯殖督办公署"，以管理茂县、汶川、理番（今理县）、懋功（今小金县）、松潘5县及抚边、绥靖、崇化3屯。1935年，改设"四川省第十六行政督查区"，管理茂县、汶川、理番、懋功、松潘、靖化6县及草地65部、土司20个、屯守备11个。由此，初步形成了涵盖今阿坝州13县（市）大部分区域的行政建置。

1949—1950年，随着阿坝州各县相继解放，废除旧制，"茂县专区专员公署"在今茂县率先成立，隶属川西人民行政公署。1953年3月，撤销茂县专区，设立四川省藏族自治区，辖10个县、1个县级行政委员会、1个县级办事处，即：茂县、汶川县、理县、松潘县、小金县、大金县、南坪县、阿坝县、芦花县①、若尔盖县、绰斯甲行政委员会、马尔康人民政府办事处。1955年，更名为四川省阿坝藏族自治州。1987年，更名为阿坝藏族羌族自治州。其间，地界辖属略有变更，此不详述。

古代，地方素有撰修方志之习，阿坝州亦不例外。根据编者调查，涉及阿坝州的历史文献（古籍）不多，存世著述的成书年代为清代和民国。其中清代文献以区域性方志为主，辅以少量专题性著述；清末民初逐渐开始出现调查、考察（视察）类综合性文献或专题性调研文献。《川西边事辑览》（简称《辑览》）、《四川松理懋茂汶屯区屯政纪要》（简称《纪要》）二书相辅相成，合之则以全面性、翔实性成为其中代表。此类著述对于认识近现代阿坝州的自然资源、人文历史、民族文化及其发展变化情况等有着重要作用。

近年来，随着对历史文献挖掘的重视程度日渐提高，阿坝州的历史文献校注、研究等工作日趋繁盛。阿坝州相关部门先后对《松潘县志》（民国）、《绥靖屯志》（道光）等部分区域性方志进行校注并完成出版，得到了业内外普遍赞誉，为以后梳理、挖掘阿坝州历史文化奠定了基础。但对反映阿坝州全境的综合性文献的系统校注，尚属空白。阿坝州师范学院董常保教授编纂《阿坝州旧志集成》（简称《集成》）时已对《辑览》《纪要》二书原文进行誊录、整理、点校，实在功不可没。惜其未予注释，给予了我们现在校注二书的机缘。

《辑览》《纪要》，二书先后成书于民国二十四年（1935）二月和民国二十五年（1936），分别由谢培筠、邓锡侯撰写、辑录而成。其中《辑览》全书共八编，十万余字，主要采用文言文撰写（未句读），记录了作者自民国十六年至民国二十二年（1927—1933）间在今松潘县、理县、金川县、小金县、茂县和汶川县（以及今阿坝州大部分草原地区及毗邻区域）的调查成果。主要特点有：（1）第八编《屯区交通纪》由彼时四川测量局专业人士在科学测量的基础上编成，是民国时期阿坝州首次利用科学方法对辖区内主要道路交通情况进行较为详细的记录，为梳理阿坝州道路交通提供了承上启下的重要佐证；（2）书中记载了大量旧地名，对我们认识民国及以前阿坝州辖区内地名及其变化提供了较为详

---

① 1952年，析茂县黑水地区置芦花行政委员会，1953年改设芦花县，1954年更名黑水县。

细、准确的参考信息，更为研究红军长征过阿坝提供了重要的材料；（3）其对风土人情、物产资源的描述更是较客观地反映出民国时期阿坝州草地区域的人文状况，为人类学、民族史等的研究提供了相关材料。《纪要》全书共十二章，十二万余字，主要采用文言文撰写（已句读），是民国时期现存有关阿坝州最完整的综合性总志。其主要特点是：在《辑览》细化分类的基础上，着重分析了民国时期阿坝州的地域差异及优劣势，并据此提出了针对性的治理措施及方法，其中部分措施的实施对今阿坝州的发展起到了积极作用。二书相辅相成，全面、翔实地反映出中华民国十六年至二十四年（1927—1935）阿坝州的自然条件、人文历史、建置变迁及治理措施等综合情况。

校注者按"以史为重""充分还原"的原则，对《辑览》《纪要》二书进行新的誊录（由繁体竖排改为简体横排）、句读和校注。原书主要用文言文写成，同时夹杂了部分四川方言及少数民族语言音译词，人名和地名尤甚，故校注过程中除解释晦涩难懂之处外，重点对地名、人名加以考证注释。其间，编者查阅阿坝州各县市不同历史时期的方志与地理资料，以及《中国土司制度史》《安多政教史》等各类文献资料及工具书（详见参考资料），并利用现代GPS技术和官方公布的不同时期地图中相关区域的经纬度等信息对地理分区进行核查、考证。另，资料未详或有争议之处采用走访调查等方式补证，力求在能力范围内提供详尽、准确的解读，增强本书的实用性和严谨性。同时，亦望为向大众普及阿坝州历史文化贡献绵薄之力。

《辑览》《纪要》二书，因时局及作者立场所限，均存在一些具有时代烙印的记载、时评及政治称谓等，一些表述及观点存在偏差甚至谬误，如"夷人""番人"等。为体现原书面貌及其史料价值，仍保留其说，但并不代表校注者及出版者之立场和观点，敬请广大读者甄别。

编者

2023年10月

一、《川西边事辑览》《四川松理懋茂汶屯区屯政纪要》初版为竖排繁体，主要采用文言文写成，其中夹杂部分方言及少数民族语言音译词。本书在将其改为横排简体的基础上，校正讹误，对明显的错字、漏字、衍字分别用〔〕〔〕〈〉标注于文中，异体字则予以径改，原书中漫漶不可辨认且不可考之处以"□"表示，并按照现代汉语规范对全书进行标点、注释，力求最大限度地对其作现代化规范释义。为方便读者阅读，本书注释采用脚注。

二、本书注释内容主要包括生僻字词的注音、释义，以及地名、人名、官名的解释，其中地名注释一般以现今行政区划为参考，凡在今阿坝州辖内的地区，不注明所在省市（州）。对于原书中出现的历史纪年，则于其后以"（ ）"标注公元纪年。

三、限于资料与学识水平，书中存在少数难以理解却未能注释的地方，留待后来修订，同时希望广大有识之士拨冗释疑。

凡　例

目　录

川西边事辑览

川西边事辑览·序　　　　　　　　　　　　　　　　　　3

川西边事辑览·引言　　　　　　　　　　　　　　　　　5

川西边事辑览·目次　　　　　　　　　　　　　　　　　7

第一编　理番迤西林业纪　　　　　　　　　　　　　　9

第二编　松理茂懋产金区域调查纪　　　　　　　　　13

第三编　松理茂懋汶药材调查纪　　　　　　　　　　19

第四编　理懋茂汶四县、抚绥崇三屯屯土之现状　　27

第五编　松潘草地分类纪　　　　　　　　　　　　　41

第六编　经营草地概论　　　　　　　　　　　　　　67

第七编　视察松潘草地日记　　　　　　　　　　　　71

第八编　屯区交通纪　　　　　　　　　　　　　　　103

四川松理懋茂汶屯区屯政纪要

屯政纪要·序　　　　　　　　　　　　　　　　　　129

屯政纪要·目次　　　　　　　　　　　　　　　　　133

屯政纪要·引言　　　　　　　　　　　　　　　　　135

第一章　屯政机关　　　　　　　　　　　　　　　　137

第二章　屯区状况　　　　　　　　143

第三章　交　通　　　　　　　　　161

第四章　军　事　　　　　　　　　175

第五章　夷　务　　　　　　　　　181

第六章　垦　务　　　　　　　　　197

第七章　民　政　　　　　　　　　207

第八章　财　政　　　　　　　　　215

第九章　教　育　　　　　　　　　225

第十章　农林牧畜　　　　　　　　229

第十一章　矿　药　　　　　　　　239

第十二章　工　商　　　　　　　　247

主要参考资料　　　　　　　　　251

川西边事辑览

中华民国二十四年二月 印行

李勤学 陈恬 李俊 校注

谢培筠 编

川西边事辑览·序

谢君①竹勋与余交最久，盛年东渡扶桑，绩学②工科，归蜀后从事讲学，陶铸颇闳。民国十三年（1924），余膺四川省长，擢长实业厅，多所建。白〔自〕时，余有意经边，为之萃③农、工人才，创松理懋茂汶④拓殖研究会。翌年（1925），根其结果，组织屯督署于茂县。本坐言者起行⑤，毅然辞职，入山代为纲纪⑥其事。其初督征扣苏⑦顽夷，其次巡视懋、抚、绥、崇⑧，再次招至茂属黑水悍夷输诚。迄二十二年（1933），更进而解决川番与甘番拉布浪寺⑨政

---

① 谢君：即谢培筠，1886年生，民国官员，字竹勋，四川南充人，早年赴日本留学，入大阪高等工业学校，毕业后归国。历任四川高等工业学校校长、财政部成都造币厂厂长、四川省公署实业科科长。1924年10月任四川省实业厅厅长，1926年去职。1927年夏，川军军长邓锡侯组织理懋茂汶屯殖督办公署并任督办，谢培筠当时以总务处处长的名义代行督办职权，从事屯殖工作，历时十载。1934年12月21日，国民政府明令改组四川省政府，任命刘湘、甘绩镛、刘航琛、杨全宇、郭昌明、邓汉祥、谢培筠为四川省政府委员，刘湘兼任省政府主席。1936年6月，谢氏任四川省第十六区行政督察专员，1937年3月兼任第十六区保安司令。

② 绩学：治理学问，亦指学问渊博。

③ 萃：聚集，召集。

④ 松理懋茂汶：即松潘、理番、懋功、茂县、汶川五县，今为阿坝州松潘县、理县、小金县、茂县、汶川县。

⑤ 本坐言者起行：疑为"本坐言起行者"之误，坐言起行，原指言论必须切实可行，后比喻说了就做。《荀子·性恶》："故坐而言之，起而可设，张而可施行。"

⑥ 纲纪：指治理，大纲要领。《诗经·大雅·棫朴》："勉勉我王，纲纪四方。"

⑦ 扣苏：在今理县来苏九沟。时为黑水土司管辖范围。

⑧ 抚、绥、崇：即抚边、绥靖、崇化三屯，今为小金县抚边乡粮台村、金川县县城、金川县安宁镇。

⑨ 拉布浪寺：也作"拉不朗寺""拉卜楞寺"，位于今甘肃省甘南藏族自治州夏河县，创建于1709年，法称"噶丹夏珠尔吉扎西益苏奇具琅"，简称扎西奇寺，藏传佛教格鲁派六大寺院之一。

教纠纷。是役也，白日鞍马，昏夜帐棚，跋山涉水，饮雪餐风者垂二百日。综计前后经营都凡七稔①。去岁，陈所编之各项调查笔记，名曰《川西边事辑览》，将以付梓，请序。披览之余，不禁喟然而叹曰："今之学者，恒好逸而恶劳，崇华而黜实，故出而问世者，强半纯盗虚声，以奔竞仕途。即有能忍劳履实者，又多浅尝辄止，畏难而退。如竹勋之不避艰险，出入冰天雪窖之中，艰苦卓绝，慔慔②不舍者有几人哉！余性耿介，极不善标人，而独倾心推服者，非视此书为洽见之奇编，不刊之硕记，盖深信其为苦行录也。苟吾国舐笔握铅之士而尽如此，安见其不富且强欤！读之者，当不止代捉尘之谭③资，扪虱之论而已，因为之书其端。"

中华民国二十四年（1935）乙亥孟春，营山邓锡侯④，书于成都挈庐⑤

---

① 稔：年。

② 慔慔：勉励。

③ 谭：同"谈"。

④ 邓锡侯（1889—1964）：字晋康，四川营山人。中华民国陆军二级上将、爱国人士、抗日将领。1949年12月9日在彭县率部通电起义。1949年后历任西南军政委员会副主席兼水利部部长、四川省人民政府副省长、民革中央委员、全国人大代表等。1955年9月23日荣获一级解放勋章。1964年3月30日在成都病逝，享年75岁。时任国民革命军第28军军长。

⑤ 挈庐：邓锡侯所住公馆。

川西边事辑览·引言

窃维松、理、懋、茂、汶五县，抚、绥、崇三屯，固国家原有有建制之区域也。然，其僻在川省之西，交通梗阻，文化落后，汉夷杂处，却有特加整理之必要。而幅员辽阔，物产富饶，又确有经营之价值。忆民十六年（1927）夏间，邓军长晋公招余而言曰："中国社会纷而不理，厥苦兵多，亦由实业不甚发达，余成军松、懋各县，拟于治军之暇，从事开发川西北边地，以解决裁兵、移民暨举办实业各问题，子盍为我筹之？"于是乃约集农、工、商、矿及熟悉边情各项人才，成立四川松理懋茂汶拓殖研究会，相与讨论。经月，复由会派专家数员前往各县、屯实地考察，据其所得，以研究实施方案。于是，乃有松理懋茂汶屯殖督办署之组织，综理军、民、财三政，以期顺利进行。四川省政府赞成其事，特照会晋公兼任督办，且将呈请中枢备案。因不克躬往督率，复命余以总务处长名义代行督办职权。时余方任四川实业厅长，以省府当局及晋公军长委托之重，又念此为经边大计，百年伟业，非专任其事难以计日程功。乃决然自动辞去厅职，入山组署。初则订定规章，详慎部署，为军、民、财三大政之整顿，继以发展事业必须深入夷地，而理番迤西，扣苏夷酋抗命。于是有偕同二十八军警卫团长刘君耀奎荡平扣苏，更进而肃清梭磨各支夷头［目］之役。其后以懋、抚、绥、崇方面习俗固蔽[1]，各屯土亦罔识政府经边之意趣，乃由余率相当部队视察懋、抚、

---

[1] 固蔽：蔽塞不聪，不谙事理。明人王廷相《慎言·五行》："儒者袭其故智而不察，非昏罔则固蔽，乌足以识道！"

绥、崇各县屯，以为之开导。绥靖屯绰斯甲土司纳旺勒尔乌①，其时愿将俄热②金矿具结交出，听候政府开采。越明年，即民十九（1930）乃有奉命再赴绥屯开采金矿之举。究因官兵不能耐劳，夷人惑于迷信，兵变、夷变相继发生，又兼种种障碍迭出，事遂中止。民二十暨二十一年（1931—1932）之问〔间〕，理番属黑水夷苏永清③、苏永和④诸酋反抗屯殖，藐视政令，晋公军长命龚旅长渭清、刘团长耀奎率兵讨伐各夷，力蹶乞降。余于二十一年（1932）夏，又到理番之杂谷脑招致苏永清诸夷入省输诚。逮民二十二年（1933），松潘属番阿坝各部土官与甘肃拉卜楞寺有政教之纠纷，余复奉命出黄胜关⑤到黄河上游与甘省专员会商解决方案。计余先后在松懋边地从事屯殖，于役蛮荒，凡六载有余。其间整理交通、改善教育、提倡垦殖，一事无成，实所疚心。而其度越雪岭，徒涉巨川，宿帐幕，食膻酪，则备历人生未受之苦。其间关于屯殖之规章计划概存署中，以备当局之采纳。而夷地之纪行以及林、矿、药材、交通之考察属于特殊之纪载，种类至多。友人见之，怂恿付梓，意在引起国人注视边地之兴，会〔余〕不忍重违其意，爰命名曰《川西边事辑览》，都为一书以灾铅椠，聊备当道之采择，供社会之参考。倘得为经边之助，是则余之所大愿也。惟各地幅员既广，情况亦綦复杂，以余学识浅陋，调查或有不周，谬误之点在所不免，尚冀当世贤达有以教而正之，则更幸也。再余往岁出关，曾约有四川陆地测量局⑥局员孙君伟松实地测图，又约有大中华相馆馆员前往摄影。所有屯区地图及各种相片，容再版时加入，以飨阅者。

中华民国二十四年（1935）一月　四川南充竹勋谢培筠 识

---

① 纳旺勒尔乌：绰斯甲第四十代土司，也作拉旺纳尔伍，其亡于清末民初，此处疑为第四十一代土司葛绒甲木参（纳坚赞）之误。

② 俄热：在今金川县俄热乡。

③ 苏永清（1903—1933）：黑水麻窝头人，苏永和长兄。

④ 苏永和（1909—1981）：藏名夺尔吉巴让，也作夺耳鸡和让，黑水龙坝、麻窝两地头人。

⑤ 黄胜关：在今松潘县川主寺镇黄胜关村。今尚存夯土城垣一段。

⑥ 四川陆地测量局：成立于1911年，原名四川陆军测量局，1930年更名为四川陆地测量局，主管全省测绘工作。

川西边事辑览·目次

第一编　理番迤西林业纪（9）①

第二编　松理茂懋产金区域调查纪（13）

第三编　松理茂懋汶药材调查纪（19）

第四编　理懋茂汶四县、抚绥崇三屯屯土之现状（27）

第五编　松潘草地分类纪（41）

第六编　经营草地概论（67）

第七编　视察松潘草地日记（71）

第八编　屯区交通纪（103）

① 原版并无页码，为便于查阅，特补注页码。

第一编　理番迤西林业纪

谢培筠　编

　　理番县之西，自杂谷屯①以至来苏沟②，森林极为茂密。由来苏沟折而西南，如猛古③、虹桥④一带，森林尤多，郁郁葱葱，苍翠可爱，皆属原始森林，其种类则属杉树。民国四年（1915），灌人姚宝珊⑤氏组织森茂公司⑥，于杂谷屯属之梭罗沟⑦从事砍伐，为内地人入山伐木之权舆。及民十八（1929）扣苏夷乱平定后，十九年（1930），成都方面留意边事，而且热心实业之人士，组织松茂荣、利森两木厂于大沟各处伐木。数年以来，运到成都出售之木材，其价格已在五十万元以上。松茂荣仍继续进行，利森则改组为泰和木厂，增加资本以图扩

---

① 杂谷屯：清乾隆年间平定杂谷土司苍旺叛乱后设置的五屯之一，其辖地今属阿坝州理县杂谷脑镇。

② 来苏沟：原名扣苏沟，在杂谷脑河上游地区，今属米亚罗镇。杂谷脑河源于阿坝州理县西北部之鹧鸪山南麓。1928年四川省实业厅厅长谢培筠视察此地，作诗称"民盼我来，我来其苏"，后来即沿用"来苏"代指"扣苏"。

③ 猛古：即今理县米亚罗镇猛古村一带。

④ 虹桥：即虹桥山，又名红桥山，位于理县米亚罗镇猛古村与小金县两河口镇之间，为两县界山，旧有小道可通行。

⑤ 姚宝珊（1866—1931）：今汶川县漩口镇人。1910年参加四川保路同志会，1911年为保路同志军西路军统领，与汶川瓦寺土司索代兴、索代赓以及理番的杂谷屯守备高益斋、甘堡屯守备桑福田一道率兵进攻清巡防军，推动了汶川、理番的独立。曾出钱维修杂谷脑大桥、薛城大桥、威州索桥与薛城文昌宫、川主庙等。

⑥ 森茂公司：该公司实成立于1912年，由漩口豪绅姚宝珊集资组建，1915年，法国传教士安道出资入股扩建"森茂公司"；1925年，四川军阀邓锡侯之子邓新民出资入股该公司并易其名为"松茂荣"。1934年叠溪大地震后，松茂荣公司和利森公司损失惨重，改组合股并为"松泰木号"，于全面抗战期间迎来蓬勃发展。新中国成立后，林业资源收归国有。

⑦ 梭罗沟：在今理县朴头镇梭罗村。

充。据调查结果，此沟森林照现在两厂工作状况推算，虽百年亦难伐尽。其采伐方法，距地数寸许，留台木可以更生新木，即所谓萌芽更新法，加以杉树每年结子落于地面可以生长树秧，而屯督署方面亦积极提倡造林，如此年年砍伐，复生生不已。社会既不感木材之缺乏，又可以调和气候、涵养水源，诚属无上之利益也。兹将松茂荣、泰和两木厂之山场概况及其工作程序列后，用供有志林业者之参考。

松茂荣伐木地段在来苏之大沟①、新桥沟②一带，距杂谷脑约一百里，座棚③在大沟山脚长河坝，山场为官寨沟④、通司沟⑤、格喜寨⑥等处，面积约十方里。

泰和伐木地段在来苏之二道坪⑦一带，距杂谷脑六十里以上，座棚在二道坪，山场在二道坪蛇卡及庄房⑧之筒车、碏山上，面积约十二方里。

两厂指定范围内所有杉树各约三十万株。恒砍大者，留小者，行抽伐方法，每株可截为三四筒，每筒长约一丈二尺乃至一丈六尺，直径约二尺乃至四尺，如此之筒料，即成都所谓橄子。松茂荣预计一年出货十八万立方尺，泰和预计一年出货十五万立方尺。

由座棚到山场都在十里以上，皆属陡绝狭隘之山径，危险状况难以言喻，其间荆棘丛生，杂以毒草、尖角石、鹅卵石满堆道上，且多旱蚂蟥、小草蛇、蟓蚊（拦路蚊）之属，工人无论矣，纵属职员均不能用舆马，并须缠毡子⑨裹腿，着满窝草履方能登山。

作工次序：先修红路，即放木材下山之路；次则于春季夏初次第施砍工、鎬工⑩、锯工，凡直接可循红路放下者即行放下，谓之"冲红"。如距红路较远

---

① 大沟：在今理县古尔沟镇大沟村。

② 新桥沟：在今理县古尔沟镇新桥村。

③ 座棚：简易搭建的木材临时加工及堆放点。

④ 官寨沟：在今理县古尔沟镇大沟村。

⑤ 通司沟：在今理县古尔沟镇大沟村。

⑥ 格喜寨：在今理县古尔沟镇大沟村格达寨。

⑦ 二道坪：在今理县朴头镇四南达村。

⑧ 庄房：在今理县朴头镇庄房村。

⑨ 毡（mú）子：西藏产的一种毛织品。

⑩ 鎬（biān）工：剔工，片工。

则用人工拉之，谓之曰：出毛林。木材沿红路而下，以较短之时间坠千百丈之危崖，其声震动山岳，闻者慑骇，时有伤害工人之事发生，迨木材坠落山麓，即由工人为有规则之堆积，以待秋间放漂。

放漂大致在处暑节[①]后为之，过早则水大，难于收漂；过迟则水小，不能漂流。每漂约需漂师三四百人，漂师有班长、么靠、散工之别，皆视其技术优劣以分高下。漂师所用工具为杠子、椓竿、筏子、缆子各种。杠子用以抄动木筒，椓子所以椓木使之移动，竿用竹竿，端箝铁椓。筏子以竹为之，每张容筏工，俗称太公二人，游弋河中，以便推动木筒或作牵缆之用。缆子用竹篾编成，长约七八十丈，直径约三寸，过滩口或巨石壅塞之处，木筒恒于其间，推〔堆〕积不能流行，俗呼之曰：起诺〔摆〕子。斯时则用竹筏推动，或以麻绳系缆，由筏引麻绳渡河，即可引缆达于河之对岸，更以缆系于两河岸，工人以手抓缆，渐至河之中心挑动木筒堆积，则木筒依次移动。如何使木筒易于移动，纯视管事之技艺如何而定。有去一诺〔摆〕子耽延至五六日乃至半月之久，且有工人堕河之事。

放漂经过路线需水程四百余里，循杂谷脑河达威州与岷江合流，漂至灌属之紫坪铺[②]，始行收漂。由放漂起至收漂止，大致需五个月余。待将漂至紫坪铺时，先于河身找马，又上铺单底即板子，以便工作。俟木筒漂至，即收集之，堆于河岸，随时找〈成〉木筏运往成都消〔销〕售。

至于人员组织，只就出场而言，有山场经理、〈管理〉粮食司事等职，工作则有青山管事。工资以月计。青山砍伐多系包工，每一单货（三立方尺为一单货）工资四钏[③]，由棚长承包，计工给价。所有粮食、猪膘、清油、草鞋、粉条等项由厂方垫购，作价发各棚头备用。漂师则由厂算给工资，其中班长每日每人工资约三钏，么靠约二千六百文，散工约二钏。而么靠则五日一犒劳，散工则十日一犒劳云。

综而论之，提倡林业为利至薄，然就其工作状况而言，亦极为冒险之事业也。

---

① 处暑节：即二十四节气之处暑，也称"出暑"，意即伏暑将尽。

② 紫坪铺：今都江堰市龙池镇紫坪社区，旧称白沙乡、紫坪铺镇，现有部分区域是紫坪铺水库淹没区。

③ 钏：时为成都恒裕银号发行的铜元兑换券单位，兑换比例暂不可考。

第二编　松理茂懋产金区域调查纪

谢培筠　编

松、理、茂、懋各县屯向为产金地段，兹将考察所得者分列于后。

（一）松潘

漳腊[1]。漳腊在松潘县之北稍偏东，北距城约四十里，在岷江之左岸，对面之对河寺[2]即金厂所在地。采金多沿小沟而上，近已掘至三岔河[3]一带。其西北坡际延长约七八里，南北宽约里许。自民国四年（1915）张达三氏开采以来，迄于现在，产金额在十万两以上。惜自来纯用土法，随便挖淘，坑硐俨如蜂巢。因采选法不良，金量因而损失者不知凡几，是宜参用新法，逐渐改良，获利当必益厚。

赤密[4]。赤密在漳腊上游约十里地方，系祈命土官辖地，为岷江河流由东北折而西南之处，从河流变迁状况推察，必先由东北而西南至赤密之北，转而南，河谷忽然开阔，河水潴[5]为湖形，宽处可及十里，而长约倍之，河水挟上游岩石、石英之沙砾、金粒、赤铁矿等至河谷开阔湾〔弯〕曲之处，水流曲而缓，比重较大之物下沉堆积，轻者仍从水流而下，沉积之物为金粒、赤铁矿及岩石之较

---

① 漳腊：在今松潘县川主寺镇漳腊村。旧称漳腊营，筑有城堡，今存部分城垣。
② 对河寺：即郎依礼仓，又称朗衣色贡巴（即朗衣家族金庙），位于松潘县川主寺镇漳腊村与水桶村之间，是松潘地区最早的白帽雍仲苯教寺院。
③ 三岔河：岷江支流，流经川主寺镇。
④ 赤密：在今松潘县川主寺镇。
⑤ 潴：（水）积聚，水积聚的地方。

重者，历时既久，堆积自多，故赤密地方富有金矿。

黄胜关。喀米寺①及距黄胜关约二十里之喀龙岗②各地亦产金。

晓晴沟③。晓晴沟距松属之镇江关约二十里。盛产金，惟其地低于河流，易为水淹，必须研究排水法，方可施工。

松坪沟④。松坪沟在岷江右岸叠溪城⑤对面，亦产金。

毛儿盖⑥。毛儿盖喇嘛寺⑦附近地方富有金矿，其矿床不亚于漳腊。

（二）理番

刷金寺⑧。距马塘⑨三十五里，产沙金。

砍竹沟⑩。距马塘六十里，产沙金。

王家寨⑪。距马塘三十里，产沙金。

烧坡⑫。距马塘四十里，产沙金。

笋兜寨⑬。距马塘四十里，产沙金。

以上各地均系梭磨河流域，经人开采获效。

夹石口⑭及关口⑮。距杂谷脑三十五里，产沙金。

---

① 喀米寺：今尕咪寺，苯教寺院，位于今松潘县川主寺镇。

② 喀龙岗：在今松潘县川主寺镇牧场村。

③ 晓晴沟：即小姓沟，在今松潘县小姓乡。

④ 松坪沟：在今茂县松坪沟镇。

⑤ 叠溪城：在今茂县叠溪镇，毁于1933年叠溪大地震。

⑥ 毛儿盖：在今松潘县毛尔盖镇。

⑦ 毛儿盖喇嘛寺：即毛尔盖寺，法称"扎西柯尔罗贡桑珠林"，位于今毛尔盖镇索花村，属藏传佛教格鲁派寺院。

⑧ 刷金寺：在今红原县刷经寺镇。

⑨ 马塘：在今马尔康市梭磨乡马塘村。

⑩ 砍竹沟：在今马尔康市梭磨乡色尔米村。

⑪ 王家寨：在今马尔康市梭磨乡色尔米村。

⑫ 烧坡：在今红原县刷经寺镇。

⑬ 笋兜寨：在今红原县刷经寺镇。

⑭ 夹石口：在今理县朴头镇朴头村甲司口组。

⑮ 关口：在今理县朴头镇朴头村关口组。

百丈房①及磨子沟②。在杂谷脑附近，产沙金，矿脉丰富。

红水沟③。距理番县城三十七里，产沙金，有人开采获效。

木卡寨④。在长河坝对面，产沙金，有人开采获效，经居民阻止。

以上，杂谷脑河流域。

三齐寨⑤、儿不抓在理属三齐寨地方，产岩金，有人发现，尚未开采。

色耳古⑥。位于黑［水］河下游，其地两岸均产沙金，延长约五十里，宽约一里，虽属理番管辖，然距茂县较近，仅一百九十五里，为产金最著名之地。

围鼓⑦。位于色耳古之上游，亦产沙金。

白窝⑧。为松岗土司辖境，现由蒙蒙头人管辖，系梭磨河流域，产沙金。

古耳沟⑨。距卓克基土司官寨约十里，产沙金。

（三）茂县

驴子坪⑩及平头村⑪。在茂县城河西，产沙金。

沟口寨⑫。吴家沟⑬产沙金。

（四）懋功

蚂蟥沟⑭。在斑烂山⑮之西，距松林口约十里，盛产岩金，俗呼为马牙金。

---

① 百丈房：今理县杂谷脑镇官田村百丈房古栈道，在杂谷脑河北岸，系全国重点文物保护单位茶马古道重要节点，现存古道一段。

② 磨子沟：在今理县杂谷脑镇。

③ 红水沟：在今理县蒲溪乡。

④ 木卡寨：在今理县通化乡卡子村。

⑤ 三齐寨：在今茂县沙坝镇三龙沟内。时属理番县，称三齐番，共十一寨。

⑥ 色耳古：也作色尔古，在今黑水县色尔古镇色尔古村，中国传统村落之一。

⑦ 围鼓：即维古，在今黑水县维谷乡维古村。

⑧ 白窝：在今马尔康市白湾乡。

⑨ 古耳沟：在今马尔康市梭磨乡古尔沟村。

⑩ 驴子坪：今茂县凤仪镇坪头村坪头组北侧台地。

⑪ 平头村：今茂县凤仪镇坪头村坪头组，中国传统村落之一。

⑫ 沟口寨：在今茂县沟口镇沟口村。

⑬ 吴家沟：在今茂县沟口镇五家村。

⑭ 蚂蟥沟：在今雅安市宝兴县巴郎山与夹金山之间。

⑮ 斑烂山：也作斑斓山、巴朗山、巴郎山，位于小金县四姑娘山镇与汶川县卧龙镇之间，为两县界山。

清时安岳人张子扬偷采获利颇厚。因其有违法行动，经官府察觉置之于法，并将矿硐封闭。

日隆关①。距懋功约一百四十里，其后山产沙金。

陈文笙沟、门子沟②、城门硐③、窝底沟④、董家沟⑤、虫虫台子、潘安沟⑥、小中纳寨⑦。

以上各地原系汉牛屯管辖，今改为团属。汉牛河流域产沙金，有人开采获效。

（五）抚边

昭牛⑧、木坡⑨、登春沟⑩、夹坝沟⑪。属别思满屯⑫辖境，均产沙金。近有人在夹坝沟开采，已见效。

（六）绥靖

双柏树⑬、丹扎木⑭、勒乌围⑮、噶耳丹斯⑯均产沙金。其双柏树、丹扎木两地，裕华公司〈时代〉曾经开采获效。

以上系大金川流域。

---

① 日隆关：在今小金县四姑娘山镇金锋村，清代曾在此设关卡。

② 门子沟：在今小金县潘安乡境内。

③ 城门硐：又称"谢家河坝"，在今小金县潘安乡火地村，原属城门村。

④ 窝底沟：在今小金县窝底乡窝底村。

⑤ 董家沟：在今小金县潘安乡潘安村。

⑥ 潘安沟：在今小金县潘安乡潘安村。

⑦ 小中纳寨：在今小金县汗牛乡中纳屯村。

⑧ 昭牛：在今小金县抚边乡招牛村。

⑨ 木坡：在今小金县抚边乡木坡村。

⑩ 登春沟：在今小金县木坡乡登春村。

⑪ 夹坝沟：在今小金县达维镇滴水村。

⑫ 别思满屯：清乾隆大小金川之役后设别思满屯，治今小金县结斯乡王家寨村，为美诺厅四屯之一，辖大坪、登春、昭牛、木洛、官寨、达扎、王家、木龙、得胜、双柏、向花坡11寨。

⑬ 双柏树：在今金川县河西乡双柏树村。

⑭ 丹扎木：在今金川县安宁镇丹扎木村。

⑮ 勒乌围：在今金川县勒乌镇勒乌村。

⑯ 噶耳丹斯：在今金川县咯尔乡复兴村。村内有喇嘛寺一座，名噶尔丹寺。

二凯①。二凯河至绰斯甲土司辖境，与大金川合流，产金区域约延长九十里，宽二三里不等。著名地方为烧日娃枯、鱼别、两家寨、青杠坡、三家寨、牛耳通、马耳通、王家寨、柏树林、岗宗、渔坝、大草坪、龙里、窝古当。民国三年至五年（1914—1916），先后经绰凯公司、裕华公司开采，获利颇厚，继因夷变停止。迄民国十九年（1930），余以屯殖督办署总务处长代行督办名义在〈于〉绥靖成立绥靖矿厂，派员前往采掘，先后经夷乱、兵变，事遂中止。

俄热。位于二凯河之下游，上自与二凯交界之八家寨②起，下至医生山③止。延长约一百里，其间产金地方约六十里，宽约一里或二里不等，两岸矿脉均极丰富，为产金著名之地。

观音菩萨④及太阳河⑤，系二凯河流域，在俄热之下游，亦盛产沙金。

要之，川西松茂各属产金之地甚多，如漳腊、赤密、二凯、俄热各地，虽用土法开采，亦可获利。其他各地如采用新法，决可得相当之利益也。

---

① 二凯：在今金川县俄热乡二楷村。
② 八家寨：在今金川县俄热乡，原属烧热村。
③ 医生山：在今金川县观音桥镇依生村。
④ 观音菩萨：在今金川县观音桥镇。
⑤ 太阳河：杜柯河的支流，流经今金川县观音桥镇。

第三编　松理茂懋汶药材调查纪

谢培筠　编

　　川西松、理、懋、茂、汶五县，抚、绥、崇三屯，以邓军长划为屯殖区域，专办屯殖事宜，故近多简称屯区。屯区产物，药材实为大宗，综计直接、间接赖此营生活者不下二万人。则其药业之今昔状况如何，大有精密调查及细心研究之价值。兹特就见闻所及，参以鄙见，胪列如次，以供留心药业者之参考焉。

　　一、药材之种类　屯区所产药材在六十种以上，一百种以下。植物之属以贝母、羌活、秦艽〔艽〕、甘松、大黄为大宗，而五加皮、赤芍、当归、木香、泡参各药次之，余则为杂药。动物之属以麝香、鹿茸、虫草为大宗，而熊胆、豹骨、野牛脚、山羊血等次之。

　　二、产药之地带　虫草、贝母率多生于高山草坪，羌活、大黄产生之地段略低，而甘松、秦艽〔艽〕、五加皮等则又较低。其余各药浅山森林间亦多有之。当归、厚朴则由人工栽培。至于鹿獐之属，山泽森林之间均易繁殖。

　　三、产药之区域　药材到处皆是，兹姑就其产量较多者列表如次：

屯区产药地方种类及产量表

○此圈为较少之符号　⊗此为药材最多最良之符号

县别	地名	鹿茸	麝香	虫草	贝母	羌活	甘松	秦艽	大黄	木香	五加皮	当归	自然铜	厚朴
	川											⊗		○
汶川	草坡							○					⊗	
崇绥								○						
抚边					○			○				○		
懋县					○	⊗		○			○	○		
茂县	马厂					⊗								
理番县	漩口						⊗		⊗					
	马河坝								⊗					
	马塘						⊗							
	王家寨						⊗	⊗				⊗		
	奶子牛厂						⊗	⊗						
	大马厂					⊗	○	○				○	○	
	大罗沟子						⊗	⊗						
	镟牛子						⊗	⊗						
	大牛厂横梁子					⊗	⊗	⊗				○	⊗	
	十八卦（米亚罗）					○	⊗	⊗	⊗			○	⊗	
	漩罗（米亚罗）					○	⊗					○		
	大沟						⊗	⊗	⊗			○		
	虹桥大沟					○	○					○		
	猛古黄土梁								⊗					
	九甲棚黄土梁					○	○	○				○		
	九甲棚					○	⊗	⊗				○		
	瓦镶梁子					⊗	⊗	⊗						
	梭罗沟子					○	○	○				○		
	维关					⊗								
	孟董沟					⊗	⊗	⊗			⊗	⊗		
松潘县	南坪											⊗		
	俄热	⊗	⊗	○	○									
	阿坝	⊗	⊗			⊗		⊗						
	毛儿盖					⊗		○						
	包座						⊗	○	⊗					
	热雾沟						⊗							
	虹桥关										⊗			
	黄胜关					⊗								
	镇江关									⊗				

（续表）

当归多系人工栽种
在东西两山之大黄多系人工栽种
备考

四、产药之价值　屯区每年产药若干、所值几何，向无精密之统计。兹就松、理、懋各税局收额推算：每年由松潘输出之药材，约值银六十五万元；由理番输出之药材，约值银六十四万元；由懋功输出之药材，约值银二十万元。共计值银一百四十九万元。而由甘省或二道黄河以及由丹巴输出者，尚不在此数。

五、抠药①之状况　懋、抚、绥、崇四县屯抠药夫多为本地汉夷人民。当抠药期间，即将家务摒当②妥善，扃户③入山，事竣乃返松潘。抠药夫以番族为多，间有外来之汉人。茂县产药较少，只由本地贫民从事采抠。至于理番方面，各屯属地，多由屯民自抠。卓克基、松岗、党坝三十一④亦由夷人自抠。杂谷脑以西来苏九沟、梭磨五沟以及黑水各沟除夷民自动抠药外，其抠夫多由川北之安岳、乐至、遂宁各县而来，人数恒以千计。其来也大都在废历⑤二月至三月之间，先抠虫草，次抠贝母，再次抠羌活、大黄、木香、甘松、秦艽〔艽〕、赤芍、五加皮之属。但虫草、贝母为价值昂贵，且产生成团之药品。川北药夫之来，多以虫草、贝母为目的，迨此二者抠毕即相率离山者，实居多数。彼辈入山一次，怠惰而技艺粗糙者有二三十元乃至五六十元之收入，勤奋而工作娴熟者有七八十乃至百元以上之收入。

药材产生于高山，欲上山采药，其道路险峻，难以言状，是故抠药必先修路。高山向无居人，为图药夫之栖止，则宜搭棚；又其饮食、日用之所需，以药夫一人之力量何能自行购备？是又非有人先为之准备一切不可。且药夫人数众多，如无相当之领袖为之提挈，则攘夺争执之事又必层见叠出，而药山状况不堪问矣。所以在习惯上有所谓棚老板，即棚长之说，为之经纪一切，名曰看棚。大凡充任棚长之人自有相当之抠药经验及资本。棚长每于头年九十月向山主租得山厂，即纵火烧山，使药材易于繁荣；一到次年二月，即次第从事修路、搭棚、运柴，并购备玉麦、面、米、清油、盐巴、猪膘、叶烟、草履各物转运入山，以

---

① 抠药：即"挖药"。

② 摒当：亦作"屏当"，收拾，整理。

③ 扃（jiōng）户：闭户；关门。

④ 三十一：应为"三土"之误。

⑤ 废历：指旧时习用之农历。1912年中华民国临时政府通令各省废除旧历，改用阳历。后国民政府又再三下令废除旧历，故名。

供药夫之需要，计物给值。仍由药夫缴纳若干药材于棚长以为报酬，而棚长招致若干药夫，各药夫隶于何棚长，事前亦有一定商洽。至于各地居民就自己所有山厂或习惯上各个人历来挖药之山厂前往挖药，各自准备需要物品，则属不待言之事也。

贝母为贵重药品，以故棚长、药夫对于采挖贝母必须郑重将事，到相当时期，则先团棚。所请团棚者，各棚长召集药夫商议本年挖药事宜之谓，或由棚长备筵招待药夫，或每人发给猪膘半斤、条粉二两、米二合[①]、叶烟二支、酒四两，盖不一定。经过此种会集方能开挖，谓之曰“开正锄”。

迨民十八（1929）来苏战役以后，十九年（1930）政府即成立理番药厂，经理其五屯[②]及来苏沟一带挖药事宜，以资整理厘定药棚管理规则，俾各棚长、药夫共同遵守。自斯厂成立之后，药山秩序比之以前良好多矣。至其抽收棚药概以贝母为准，则每人每年只征一次。厂方先招棚长，再由各棚长招致药夫，而棚药纯由棚长汇缴，计分上、中、下三等：上等缴纳干贝母三十一两，中等缴纳干贝母二十七两，下等缴纳干贝母二十两。棚长及十龄以下之幼童免征，并由棚药之中上、中两等提十一两，下等提八两分给棚长以资津贴。上等药夫俗称大挖手，中等俗称二挖手，下等俗称红脚杆，不满十龄之幼童则谓之猪耳朵云。

六、药材之贩卖　各地产出之药，各个人运往灌县消〔销〕售者实居少数，大都由药商前赴适宜地方，如松潘、茂县、理番、杂谷脑、懋功、抚边、两河口各处备价采购，转运到灌县发售。药秤因地方及种类而异。例如，贝母：松潘以十九两二钱作一斤，懋功、杂谷脑以二十两作一斤，抚边、两河口以二十二两作一斤。木香、羌活、大黄，杂谷脑以天秤一百五十斤作一百斤。及其到灌交易，则贝母以十八两五钱作一斤，羌活一百四十三斤作一百斤。大黄、木香以一百二十五斤作一百斤，其余杂药多以七折计算。虫草全以十六两为一斤。运费及价格视行情而有高下，不能一定。各药商将药运灌，则存于素来交易之药店，以之发卖于水客或其他各地之药商。药店例取行费，为价银百分之三分二厘，其

① 合：十合为一升。

② 五屯：均在今理县境内。清乾隆十七年（1752），杂谷土司苍旺作乱，朝廷出兵平定后将其辖地改设为杂谷屯、甘堡屯、九子屯、上孟董屯、下孟董屯五屯。

三分为药店所得，二厘为商会经费。而水客买药例只九四给银，即价银一百两只给九十四两。至灌县药店，近有贞胜、万昌、祥丰、信诚永、同茂、裕川、琼林、惇厚祥、祥顺、大昌、鸿源、万和、义和、万集、青元、永顺、德润祥、永昌、泽中、怀庆、荣吉祥、西来等二十余家。

七、整理之管见　药材虽产生于高山，然亦须地味温和，方易发育，并须研究除去病虫害。以前由棚长自向山主租佃山厂，数年恒不易人，故棚长于事前斟酌烧山，每年产药之量自然不少。现在理番药厂成立，厂长年有更易，棚长自不固定，无人负责烧山。是宜确定厂长，因而确定棚长，以便于准备烧山各事。

产药地带多在蛮荒，夷人以□□□□□□□则药棚夫常被夷人掠夺，自属寻常之事。又自民国六年（1917），黑水内讧以后，梭磨、来苏一带道路不通，药材难于输出，各地汉夷人民以无利可求亦自怠于抢药，是宜酌派部队为药棚、药夫之保障，以尽地利。

产药山厂，夷人多视为神山，禁人开采。如上、中、下三瀼口①，瓦钵梁子，绰斯甲各地，锢蔽尤甚。是宜急速提倡文化，破除迷信，以免货弃于地。

中国医药，倡自神农。当时如岐伯、雷公于医药，实多所发明。一读《内经》②"素问""灵枢"各编，可以知其大凡。而其《本草》③一书，尤为研究药学之圭臬。后人考究药性，如金、元、明诸大家曾有所阐发，然皆不能离《本草》立言，此中国人守旧太甚之弊。令〔今〕者中外互市，西药流入日多，西医日渐发达，施治亦各有效。于是尚西医者，不免鄙弃中医；崇中医者，不免菲薄西医。实则西医能治病，以相传四千余年之中医又何尝不可治病，不过西医用药系经精制，而后或单服，或混和而服之。中药则并其渣滓、精华合为一铛，虽间施炮制而工作究疏，厥为中医用药之缺点。屯区产药既如是之多，是宜特设机关，延聘中、西医学大家，药学专家，农学专家以及化学专家共聚一堂，就所

① 上、中、下三瀼口：瀼口，也作壤口。三壤口在今红原县龙日坝村至刷经寺镇一带，上壤口在今龙日镇龙日坝村一带，中壤口在今刷经寺镇壤口村一带，下壤口在今刷经寺镇驻地至马塘村一带。

② 《内经》：即《黄帝内经》，分《灵枢》《素问》两部分，是中国最早的医学典籍。

③ 《本草》：即《神农本草经》，托名神农氏，实成书于汉代。

产药品从医学、药学、农学、化学各方面切实考察。凡一种药品，其生长适于何地、宜于何时，栽培之方法如何，主治之效用安在，化学之成分维何，一一悉心研究，务期取其精华，去其渣滓，著为论说，公布于世，供人采择。如此沟通中西，同归一致，必足以发皇①中药之本能。吾知活人必多，于世界人道大有裨益，固不独药材产量逐年有加而已。

---

① 发皇：阐明、宣扬。

第四编　理懋茂汶四县、抚绥崇三屯屯土之现状

谢培筠　编

松潘县所属番夷，另详于分类纪，不赘列。

（一）理番之屯土

理番所辖为六里①、五屯、四土②、三番、九枯③、十寨。

六里即甘溪④、通化⑤、古城⑥、下庄⑦、铁邑⑧、桑坪⑨，在威州、理城⑩之间，所谓一线官道是也。三番为新番、旧番、三齐番，统称之曰后番，在孟董沟⑪之西北，清时已内附，于其鸦多寨⑫设番务委员以治之。民国初，元〔原〕委员废。现由县政府直辖。

---

① 六里：所居多为汉人，详见下文。

② 四土：即梭磨河流域的梭磨土司、卓克基土司、松岗土司、党坝土司四个土司，又指这四个土司管辖的范围。民国时期原为理番县属地，今均在马尔康市境内。

③ 枯：羌语"寨落"之意。

④ 甘溪：在今理县通化乡甘溪村。

⑤ 通化：在今理县通化乡通化村。

⑥ 古城：在今理县桃坪镇古城村。

⑦ 下庄：在今汶川县灞州镇下庄村。

⑧ 铁邑：在今汶川县威州镇铁邑村。

⑨ 桑坪：在今汶川县威州镇桑坪社区。

⑩ 理城：在今理县薛城镇，民国时期为理番县政府驻地。

⑪ 孟董沟：其水源出鹧鸪山东麓，向东南流经今理县上孟、下孟两乡，于薛城镇注入杂谷脑河。清同治《直隶理番厅志》卷1载："孟董水，源出梭磨土司克州雪山，水南北分，南流为孟董水，计一百三十里，至厅城外入于沱江……水傍旧有孟董两姓民居之，故名。"

⑫ 鸦多寨：在今茂县赤不苏镇雅都村雅都寨。

九枯在沱江①，即杂谷脑河下游，威州迤西之高山，有前三枯、后三枯、中三枯之分。经明、清两朝先后雕剿，早已投诚。

十寨在理城之西，沱江之右岸，即蒲溪十寨，亦早投诚。其人民恒着黑毡子背心，长与面衫齐，力役之征多由彼辈任之，均由县府直辖。凡番、枯、寨人，多通汉语。然亦各有一种语言，与黑水话相近。至于屯土情形，较为复杂，特分述如次。

杂谷屯。在理城之西六十里，为苍旺土司故地，守备官寨在沱江右岸格山老寨②。原辖三大沟，即胆战木沟③、打泗沟④、梭罗沟，共计二十八寨。额设屯守备二员，其一守备高承谦及其子高良、高翔相继死后，无人承袭。民国十八年（1929）余以屯督署总务处长名义，代表邓军长兼督办视察屯区，到杂谷脑时见该屯乏人主持，乃呈报二十八军部及屯督署，权命干堡⑤屯守备桑福田兼领守备职务，并设杂谷屯屯务办公处，令其千把总、外委每月轮流，以二人当值视事，至今犹未变更。其一守备为包德惠，病故，无嗣，而包女原为高良妇，现大归⑥于包，赘九子屯杨守备继盛之弟继祖，顶包氏门户。屯兵原为七百五十名，前清乾隆年间奉命随征金川，带地出营之三十二名在内。但以频年死亡，现在不过有屯兵三百余名，其守备以下之千总三员、把总五员、外委十员，则与干堡屯、九子屯、上下孟董两屯无异也。

干堡屯。在理番之西，守备官寨在干堡，距治城四十里，共管二十寨。额设守备二员，一为桑福田，号绍卿，兼任屯殖督办署屯务队长，其人明白、纯谨。民十八（1929）、民二十（1931）两年政府征伐扣苏、黑水之役，均出兵助战，颇资得力。其一守备为苟宗华。屯兵为六百五十名，缺额尚少，带地出营之四十二名，亦在其内。千、把、外委名额同杂谷屯。经政府提倡，现设有小学

---

① 沱江：即杂谷脑河，为岷江上游一级支流，发源于鹧鸪山南麓，流经理县、汶川，在汶川县威州镇堡子关汇入岷江，全长158公里。

② 格山老寨：疑为藏语"嘎相朗"的音译，在今理县杂谷脑镇营盘社区。

③ 胆战木沟：在今理县杂谷脑镇胆扎木沟村。

④ 打泗沟：即打色尔沟村。

⑤ 干堡：即甘堡。

⑥ 大归：指古代妇人被夫家遗弃，永归母家。《左传·文公十八年》："夫人姜氏归于齐，大归也。"

一所。

上孟董屯。在城之西北，共管八寨，额设守备苍鸿恩，官寨在日不寨①，距治城七十里。增设守备王运昌，官寨在老鸦寨②。屯兵为五百三十名，其带地出营者与九子屯、下孟董两屯，共为九十八名。

下孟董屯。在理城之西北，共管十四寨，额设守备沙润源，官寨在子达寨③，距治城十八里。增设守备杨庆云，官寨在甲米寨④，屯兵为五百七十名。

九子屯。在理城之东，额设守备杨继盛，驻二瓦寨⑤，距治城十二里。增设守备王贵顺，驻水塘寨⑥。共管十寨，屯兵为五百名。

以上五屯计官一百员，兵额三千名。

梭磨土司旧地。梭磨原系宣慰司，其梭磨官寨在理番西北四百五十里，东西距约四百八十里，南北距约五百八十里。当时幅员既广，势力亦雄。其土司由班马汪札⑦传至思良刚王平，于清宣统二年（1910）病故，乏嗣，无人承袭。大头人达尔王珍⑧足智多谋，潜窃土司权柄，尚能统驭全土。及王珍殁，各头人互争雄长，打冤家，起内讧，几二十年，即演成纷争之局。于是民十八（1929）、民二十（1931）两年，政府有征伐扣苏、黑水之役。经过详情当别为文以纪其实。兹先叙其现状约如下所列。

甲

梭磨五沟。即二古鲁⑨一沟，格巴秋⑩一沟，色尔迷⑪一沟，砍竹沟一沟，烧坡五家寨共一沟。民国十八年（1929）秋，扣苏沟大头人、夹壁⑫司高让父子

----

① 日不寨：在今理县薛城镇甲米村日落寨。
② 老鸦寨：在今理县上孟乡绿叶村。
③ 子达寨：在今理县下孟乡仔达寨村。
④ 甲米寨：在今理县薛城镇甲米村。
⑤ 二瓦寨：在今理县薛城镇九子村尔瓦寨。
⑥ 水塘寨：在今理县薛城镇水塘村。
⑦ 班马汪札：又称班马旺扎，藏族。
⑧ 达尔王珍：梭磨土司，又称仁珍，藏族。
⑨ 二古鲁：在今黑水县芦花镇二古鲁村。
⑩ 格巴秋：在今马尔康市梭磨乡代修村。
⑪ 色尔迷：在今马尔康市梭磨乡色尔米村。
⑫ 夹壁：在今理县米亚罗镇夹壁村。

阻止二十八军警卫团第一营李亚特营全部通过是沟，进驻懋功。平时亦多苛虐、抢劫行为，官军遂派队挞伐。其时梭磨头人思达斯甲扶助司逆抵抗官军，及至大军进逼，势有难支，思达斯甲乃率少数难民逃往卓克基，寻为乱民所杀。余以屯督署总务处长名义与二十八军警卫团团长刘耀奎奉邓军长命，于夹壁将梭磨、扣苏各沟改土归流，当委捻尔耳为梭磨团总①，思丹增为团正②，管理是沟人民，现捻尔耳在省病殁，寨事由喇嘛仁珍主持，仍受政府节制。百姓约一百余户。

乙

来苏上四沟。扣苏自改土归流后，即更名来苏沟。其四沟即尽头寨③、二道寨④共一沟，十八卦⑤、大郎坝⑥共一沟，党杠⑦、渺罗⑧共一沟，八卦碛⑨、后坡及沙勿共一沟，由团总八耳珍管辖，及八耳珍遇害，寨事由安朋及喜喜头人⑩主持，仍受政府节制。百姓约二百余户。

丙

来苏下五沟。即大小夹壁⑪共一沟，纳山⑫、纳滋⑬、纳窝⑭、二姑溪⑮共一

---

① 团总：保安团头目。保安团是民国时期的地方武装，是保甲制度的衍生品，是作为警察力量的重要补充而设立的。

② 团正：团总的副职。

③ 尽头寨：在今理县米亚罗镇吉柯村尽头组。

④ 二道寨：在今理县米亚罗镇胆杆村。

⑤ 十八卦：在今理县米亚罗镇斯博果村。

⑥ 大郎坝：在今理县米亚罗镇吉柯村大郎坝村。

⑦ 党杠：在今理县米亚罗镇胆杆村。

⑧ 渺罗：在今理县米亚罗镇米亚罗村。

⑨ 八卦碛：在今理县米亚罗镇八角碛村。

⑩ 喜喜头人：原夹壁头人，改土归流后任当地团总。

⑪ 大小夹壁：大夹壁在今理县米亚罗镇夹壁村，小夹壁即今理县米亚罗镇夹壁村小夹壁寨。

⑫ 纳山：在今理县米亚罗镇二古溪村纳山寨。

⑬ 纳滋：在今理县米亚罗镇二古溪村纳滋寨。

⑭ 纳窝：在今理县米亚罗镇二古溪村纳窝寨。

⑮ 二姑溪：在今理县米亚罗镇二古溪村。

沟，大小秋底^①、沙坝^②、转经楼^③、麻尔迷^④共一沟，大小沟^⑤、木城沟^⑥、鼓耳沟^⑦共一沟。由团总汪都、团正黑耳甲管辖，汪、黑殁后，现由生根耳甲^⑧主持寨事，仍受政府节制。百姓约二百余户。

以上梭磨五沟、来苏九沟自民国十八年（1929）输诚以后，其信仰政府之诚，久而弥笃。

丁

龙坝五沟^⑨、二水两沟半^⑩。为麻子头人^⑪次子苏永和（即夺耳鸡和让）所管辖。原来苏永和与其兄苏永清（即格诺格让及任贞南木耳）于民十八年（1929）来苏之役有扶助夹壁司逆高让之举，厥后司高让自伏冥诛，其二子色朗滚补与格生南木耳甲因兵败逃往黑水，苏氏复为之收容。平时亦多劫夺烧杀行为，中间虽或表示输诚，却一面暗中备战。邓军长乃于民国二十年（1931）命龚旅长、刘团长率队进讨，直捣其麻窝巢穴，彼辈势蹙力穷，请求息兵。民二十一年（1932），邓军长乃派余及张秘书长驰赴杂谷脑，设法招抚。未几，苏酋等入省输诚，始相安无事，逮苏永清回寨即病殁。

按：苏夷等部落大都在黑水河，即芦花河流域，因其部位关系或称曰上黑水、上芦花，或称曰下黑水、下芦花。如新房予〔子〕、沙板沟^⑫等地为上芦花；龙坝、麻窝等地为下芦花；石碉楼^⑬、瓦钵〈于〉梁子^⑭因其属沙板沟头

---

① 大小秋底：大秋底在今理县古尔沟镇丘地村，小秋底即今理县古尔沟镇丘地村小丘地寨。
② 沙坝：在今理县古尔沟镇沙坝村。
③ 转经楼：在今理县古尔沟镇沙坝村转经楼寨。
④ 麻尔迷：在今理县古尔沟镇沙坝村麻咪沟。
⑤ 大小沟：大沟在今理县古尔沟镇大沟村，小沟在今理县古尔沟镇小沟村。
⑥ 木城沟：在今理县古尔沟镇古尔沟村木城寨。
⑦ 鼓耳沟：在今理县古尔沟镇。
⑧ 生根耳甲：原古尔沟头人，改土归流后任团总职。
⑨ 龙坝五沟：在今黑水县龙坝乡河坝、瓜苏、二巴郎、西苏、黑瓦五村。
⑩ 二水两沟半：在今黑水县维古乡西市窝村。
⑪ 麻子头人：苏永和父亲恩波。
⑫ 沙板沟：在今黑水县芦花镇沙板沟村。
⑬ 石碉楼：在今黑水县石碉楼乡。
⑭ 瓦钵梁子：在今黑水县瓦钵梁子乡。

人，亦包括在上芦花之内。近年任真南木耳甲①自树一帜，号曰中芦花。百姓共约五百余户。

戊

麻窝五沟②。头人原为苏永清，及永清殁，亦为苏永和头人所管辖，已向政府认罪输诚。百姓约四百余户。

己

杂窝六沟③、木苏六沟④。为任真南木耳甲所管辖，已向政府认罪输诚。百姓约四百余户。

庚

沙板沟。头人号曰白脑壳头人，原为沙板沟头人之管家，沙板沟头人恩登为王珍之孙，于民国十九年（1930）亡，故白脑壳即起而代头人。二十年（1931）战役，彼亦附和之。所属为沙板沟一沟、杀是多⑤六沟、石碉楼五沟、瓦钵梁子三沟及热那⑥、夹脚⑦、若泥⑧、红岩⑨、四美⑩、玉石碑⑪、云林寺⑫、得食窝⑬、二古鲁⑭、竹格兜⑮、马河坝⑯、踏花⑰各沟，而下沟口各部落亦其所属，

---

① 任真南木耳甲：扎窝头人，与苏永和为表兄弟，与杂谷屯高益斋为亲戚，是甘堡屯守备桑福田姐夫。

② 麻窝五沟：麻窝是当地方言的音译，意为"什么都得行"。在今黑水县西尔镇，辖今牙窝村、瓦扎村、麻窝村、木日窝村、扎苦村、沙卡村、西尔村等地。

③ 杂窝六沟：在今黑水县扎窝镇。

④ 木苏六沟：在今黑水县木苏镇。

⑤ 杀是多：在今黑水县沙石多镇。

⑥ 热那：在今黑水县芦花镇热拉村。

⑦ 夹脚：在今黑水县沙石多镇甲足村。

⑧ 若泥：在今黑水县西尔镇云林寺村。

⑨ 红岩：在今黑水县西尔镇红岩村。

⑩ 四美：在今黑水县芦花镇四美村。

⑪ 玉石碑：在今黑水县芦花镇沙板沟村。

⑫ 云林寺：在今黑水县西尔镇云林寺村。

⑬ 得食窝：在今黑水县芦花镇得石窝村。

⑭ 二古鲁：在今黑水县芦花镇二古鲁村。

⑮ 竹格兜：在今黑水县芦花镇竹格都村。

⑯ 马河坝：在今黑水县沙石多镇马河坝村。

⑰ 踏花：在今黑水县芦花镇四美村。

已向政府输诚。

按：石〈瀼〉碉楼、瓦钵梁子以及下瀼口、麦昆①本各有夷酋，不过白脑壳以势力关系，俨然认为一己之属地。百姓共约一千五百户。

辛

阳山七沟。为跛子、跛多②两沟，大、小赖皮一沟，鹅热③、鹅口④两沟，日都⑤一沟，郭若一沟，系头人撮〔绰〕斯甲所管辖。撮〔绰〕于民十八年（1929）到夹壁见余及刘团长，向政府输诚。近年以来，时常往来于成都、茂县两地，未尝回寨。百姓共约四百户。

卓克基长官司。卓克基，一曰卓克采。官塞〔寨〕在理番治〔西北〕五百四十里，东西距约二百里，南北距约五百七十里。土司色朗泽朗（即索观瀛），瓦寺前土司索怀仁之子，明白大义，颇知服从政府。计管卓克基十寨⑥、四大坝十寨⑦、擦布十寨⑧，此外尚有草地帐房六寨，曰：绒热斯甲、峨擦热即、侧耳玛⑨、擦弄⑩、锡佐、纳木诺⑪。百姓共三千余户。

松岗长官司。松岗，一曰从噶克，在理番治西六百里。东西距约二百四十里，南北距约一千零五十里，土司思高让能沟⑫（即高承让）与前杂谷屯守备高承谦为兄弟，行痴迷无知。民国二十二年（1933），高殁，现未觅人承袭。计管

---

① 麦昆：在今阿坝县麦昆乡。

② 跛多：在今金川县二嘎里乡白塔村。

③ 鹅热：在今金川县俄热乡。

④ 鹅口：在今金川县二嘎里乡二嘎里村。

⑤ 日都：在今金川县俄热乡二楷村。

⑥ 卓克基十寨：又称都甫旭鸠，即西索、查米、纳足、阿底、查北、木拉（小水沟）、本谦（大水沟）、俄尔雅、斯拉尔伍（英波洛）、若斯卜（邓家布）十寨，今均属马尔康市马尔康镇。

⑦ 四大坝十寨：分属卡尔果布（日迦伦）、日安扎布、西尔甲底、达维、木尔达布、四江、阿坝七头人管辖。今具体位置待考。

⑧ 擦布十寨：又称茶堡，因茶堡河横贯本区得名，分属德尔巴、其必、脚、日脚、哈尔牙、木额、日戈足、木尔甲、石木榴、二查十位头人管辖。今分属马尔康市沙尔宗镇、大藏乡及龙尔甲乡。

⑨ 侧耳玛：在今红原县查尔玛乡。

⑩ 擦弄：在今红原县查尔玛乡查龙村。

⑪ 纳木诺：在今红原县龙日镇政府驻地。

⑫ 思高让能沟：又称石高让恒周，藏族，汉名高承让。

三十六沟，即麦戎六沟、葛莱白窝八沟①、木脚沟六沟②、夹木脚九沟③、草地葛笃母一沟、夹尔滋一沟、黄雅④一沟、墨耳甲一沟、木兰⑤一沟、兹路沚康一沟、葛尔桑⑥一沟。百姓约二千户，尚服从政府。

党坝长官司。党坝，一曰丹坝。官寨在理番治西〈南〉七百五十里。东西约距一百六十里，南北距约一百六十里。土司女性，曰思丹增六耳惹⑦，即泽朗海，一作择戎纳。所管共五沟，即而楼让两沟、噶伦⑧一沟、杀是喀朗一沟、夹磨⑨一沟。百姓约四百余户，尚知服从政府。

（二）茂县之土司

静州长官司⑩。董承恩住牧静州，在茂城东北二里许，管寨十二，每年向茂县县政府纳粮。所有静州山、茶山村⑪、核桃沟⑫、上关子⑬、中寨⑭等处原归其管辖。

岳希长官司⑮。坤寿昌⑯住牧岳希，在茂城之西三里，管寨五，每年向茂县

---

① 葛莱白窝八沟：辖木尔基、色里、绣斯洼拉、石广东、饶巴、大石凼、温古、年克等地，与今马尔康市白湾乡大部地区相合。

② 木脚沟六沟：辖佐威、洛威、莫斯都、丹波、哈飘、高尔达、地拉秋等地。今分属马尔康市松岗镇及党坝乡。

③ 夹木脚九沟：辖茶堡（沙尔）、四拉尔底、甫市口、大西木尔巴、甫志、石江咀、帕尔巴、孔龙、沙市、白赊等地。今分属马尔康市脚木足乡、沙尔宗镇及草登乡。

④ 黄雅：在今马尔康市康山乡黄丫村。

⑤ 木兰：在今日部乡木郎村。

⑥ 葛尔桑：在今马尔康市日部乡果尔桑村。

⑦ 思丹增六耳惹：又称石旦真拉窝罗尔依，党坝土司，藏族。

⑧ 噶伦：在今马尔康市党坝乡尕兰村。

⑨ 夹磨：在今马尔康市党坝乡地拉秋村。

⑩ 静州长官司：治今茂县凤仪镇静州村。

⑪ 茶山村：在今茂县凤仪镇梨园沱村。

⑫ 核桃沟：在今茂县富顺镇或渭门镇。

⑬ 上关子：在今茂县富顺镇上关子村。

⑭ 中寨：在今茂县南新镇别立村。

⑮ 岳希长官司：治今茂县凤仪镇坪头村。共承袭四代：第一代坤蒲，第二代坤元，第三代坤㙙，第四代坤寿昌。

⑯ 坤寿昌：又称坤口昌，羌族，第四代岳希长官司土司。

县政府纳粮。所有水西[1]、干沟墩[2]、平头村[3]、波西村[4]、壳壳村[5]等处原归其管辖。

陇木长官司[6]。何九皋[7]其先人杨翔于明嘉靖（1522—1566）间随总兵何卿征白草番有功，改何姓。原管之赤土坡[8]十二寨已编户入县。现管罗打鼓、河东各寨。仍向[县]政府纳粮。

长宁安抚司[9]。土妇苏余氏[10]住沙坝，原管地段东至长宁堡十里，南至水草坪二十里，西至龙坪十里，北至实大关三十里。章圭各寨亦归其管辖。现编户入县。每年向县政府纳粮。

水草坪巡检土司[11]。苏朝选[12]住水草坪，管三寨。每年向县政府纳粮。

竹木坎副巡检司[13]。孙有权[14]住竹木坎，其地东至擦耳岩十里，南至长宁堡二十里，西至黑虎寨三十里，北至水草坪五里。管寨四，每年向县政府纳粮。

牟托巡检土司[15]。土妇温李氏[16]住牟托，管三寨，每年向县政府纳粮。

---

① 水西：在今茂县凤仪镇坪头村。

② 干沟墩：即"甘沟墩"，在今茂县富顺镇槽木村。

③ 平头村：在今茂县凤仪镇坪头村。

④ 波西村：在今茂县凤仪镇坪头村。

⑤ 壳壳村：在今茂县凤仪镇壳壳寨村。

⑥ 陇木长官司：治今茂县土门镇。共承袭三代：第一代何文贵，第二代何裳之，第三代何九皋。

⑦ 何九皋：第三代陇木长官司土司，羌族。

⑧ 赤土坡：在今茂县土门镇太安村附近区域。

⑨ 长宁安抚司：其治所可能位于今茂县叠溪镇沙坝。另，今茂县境内共有三处叫沙坝的地方，分别位于土门镇、沙坝镇及叠溪镇。

⑩ 苏余氏：承袭不详。其先祖苏朝栋于清顺治年间归化。

⑪ 水草坪巡检土司：治今茂县沟口镇水草坪村。巡检土司，也称土巡检司，清代土官，秩从九品，大多有世袭辖地。第一代蝶答儿，第二代苏尚智。

⑫ 苏朝选：第三代水草坪巡检司土司，羌族。

⑬ 竹木坎副巡检司：治今茂县黑虎镇苏家坪村。共承袭三代：第一代坤儿布，第二代孙应贵，第三代孙有权。

⑭ 孙有权：第三代竹木坎副巡检司土司，羌族。

⑮ 牟托巡检土司：治今茂县南新镇牟托村。共承袭四代：第一代灿沙，第二代温怀忠，第三代温清近，第四代温李氏。

⑯ 温李氏：第四代牟托巡检司土司，羌族。

实大关副长官司①。官正歧②住实大关，管寨二，每年向县政府纳粮。

大定沙坝土千户③。苏百川④住大定沙坝，于清乾隆（1736—1796）年间即已归州。

松坪土百户⑤。于清道光六年（1826），由川督戴三锡⑥奏准归州，其土职仍准世袭。今之大小和尚寨⑦、百蜡寨⑧、刁孤寨⑨、峨独寨、水磨寨、火鸡寨⑩、纯亦寨⑪、麦什寨⑫、木梳寨⑬、牙骨寨⑭等为其旧管寨落。

大姓土百户⑮。于清道光六年（1826）归州，其土职仍准世袭。今之石灰寨、葫芦寨、高黄寨、脊鱼寨、白泥寨、牛尾巴、磨刀湾等为其旧管寨落。

小姓土百户⑯。于清道光六年（1826）归州，仍留土职世袭。今之梭多寨、木十寨、勒谷寨、龙地折立寨、小寨、子鱼耳寨、三叉寨等为其旧管寨落。

小姓黑水土百户。于清道光六年（1826）归州，仍留土职世袭。今之水木寨、格必寨、色哪寨等为其旧管寨落。

按：茂属土司或由土司上纳粮差，或人民编户入县，均留土职，准其世袭。

---

① 实大关副长官司：治今茂县叠溪镇石大关村。共承袭三代：第一代官之保，第二代官示铨，第三代官歧。

② 官正歧：第三代实大关副长官司土司，羌族。

③ 大定沙坝土千户：治今茂县沙坝镇沙坝村。共承袭三代：第一代苏忠，第二代苏尚荣，第三代苏百川。

④ 苏百川：第三代大定沙坝土千户，羌族。

⑤ 松坪土百户：治今茂县叠溪镇松坪沟村。共承袭两代：第一代韩腾，第二代韩朝陞。

⑥ 戴三锡（1758—1830）：字晋藩，号美门，顺天大兴（今北京大兴）人。历茂州直隶州知州、宁远知府、建昌道道台、四川按察使，后署四川总督。

⑦ 大小和尚寨：在今茂县叠溪镇两河口村和尚寨沟。

⑧ 百蜡寨：在今茂县叠溪镇两河口村。

⑨ 刁孤寨：又称"刁公寨"，在今茂县叠溪镇松坪沟村（原属松坪沟乡二八溪村）。

⑩ 火鸡寨：在今茂县叠溪镇松坪沟村（原属松坪沟乡火鸡寨村）。

⑪ 纯亦寨：推测为"陈衣寨"，在今茂县洼底镇沙胡寨村。

⑫ 麦什寨：又称"墨石寨"，在今茂县叠溪镇松坪沟村（原属松坪沟乡火鸡寨村）。

⑬ 木梳寨：在今茂县叠溪镇松坪沟村（原属松坪沟乡岩窝寨村）。

⑭ 牙骨寨：在今茂县叠溪镇松坪沟村（原属松坪沟乡岩窝寨村）。

⑮ 大姓土百户：治今茂县叠溪镇较场村。羌族土百户，共承袭四代：第一代郁白吉，第二代郁孟贡，第三代郁鸣凤，第四代郁廷柱。

⑯ 小姓土百户：治今茂县叠溪镇较场村。羌族土百户，共承袭三代：第一代郁从文，第二代郁涧，第三代郁成龙。

以前优遇土属，可谓曲尽其道，而各土原管寨落无多，生产有限，彼辈不知奋发，浸即式微。在国家虽有准其承袭之例，实际究无可以承袭之人，名存实亡，可为一叹。茂属土司现状如上，即其他屯土人口日见减少，土地日就荒芜，亦都为事实。

总理遗教有曰：扶助弱小民族，使之自决自治，此当事者之责也。至于茂县属白泥、鹅儿、连环、巴猪等寨，黑虎七族、三齐各番，或于明末投诚，或许清初归顺，早已侪于编氓[①]，惟其习俗固陋，文化未开，亦宜注意及之。

（三）汶川之土司

汶川县只一宣慰土司，即瓦寺宣慰使司[②]，旧称桑朗氏乌斯藏，加渴人，于明代中叶贡土物至涂禹山[③]或曰铜陵山住牧。又有人谓，明代有西藏高僧至涂禹山，土人群相增瓦为寺，故曰瓦寺。桑朗氏历有功于明清两朝。至清乾隆五十五年（1790），奉旨改桑朗为索诺木。其疆域东至保子关，与西沟一带接壤；南至韩凤岭二百里，与灌县水磨沟大白石交界；西交巴朗山沃日土司界五百里；北至沙沟与理属杂谷屯接壤二百五十里。共管二十八寨，即铜陵山一寨、四山三寨、草坡十一寨、白土坎二寨、跟达桥三寨、卧龙关三寨、三江口五寨。官寨所在之铜陵山距汶城二十里，土司原为索代赓[④]，号季皋。人极机警，兼任屯殖督办署屯殖军第一队队长。民国二十年（1931），随军征伐黑水夷人，于维鼓地方殉难，当由二十八军部及屯殖督办署委任其子索观沄[⑤]代理屯殖军队长。现经改委观沄为屯殖军第二营营长，厚给饷粮，勤加训练，以索氏笃世忠贞，效命屯殖。其人民接近汉土，性质纯良，政府特为优遇之也。

---

① 编氓：编入户籍的平民。

② 宣慰使司：清代武职土司，沿袭自元明旧制，由当地部族首领世袭，领有土民土兵。长官为宣慰使，正官有同知、副使、佥事各一人。

③ 涂禹山：位于今汶川县绵虒镇。

④ 索代赓：第二十三代瓦寺土司。1912年加入保路同志会，1930年黑水民变，索代赓奉令前往协助弹压，死于鹅石坝。

⑤ 索观沄：第二十四代瓦寺土司，索代赓之子，毕业于成都锦江公学，投身戎伍，累擢少校。

（四）懋功之屯土

鄂克什宣慰司[①]。一曰沃日土司。官寨距懋功县城五十里，辖境内计有番民十六寨，汉团二十三团。汉民约千户，番民约七百户。故其土司原兼任懋功第一区区长。原土司为杨春辅，屡次违抗政府，扰害地方，尤以民国十七年（1928），团土冲突，烧杀县城及新桥沟、石灰窑沟、龙沙沟各处为甚。民十八（1929）冬间，余以屯督署总务处长名义代表邓军长兼督办视察到懋，本拟用兵征伐，嗣经该土深明大义之头人、老民环请息兵。该老土司杨全忠亦愿认罪输诚，余乃呈报邓军长准其具结归诚，免去杨春辅土职，以杨全忠暂代土司。及民二十（1931），杨全忠故，各头人拟以全忠之女秀贞，即春辅之妇袭职，未几秀贞死，又欲以春辅袭，政府当然未准。现系懋功县府委汉人喻鸿珠、该土头人杨长富为正区长，蔡茂森、党泰诚为副区长，治理该土事务云。

汗牛屯[②]。系清乾隆四十一年（1776）平定金川后设置。其地在懋功之南，原设屯守备一员、千总一员、把总二员、外委三员、屯兵七十二名，居民约四百户。原代办守备雍鹤龄[③]平日肆行不法，余代表邓兼督办视察到懋，亦不来城表示输诚。民国十九年（1930），懋功县长刘夐以该守备如此骄横，控案亦多，遂率团队并分拨驻军前往讨伐，雍氏不支，向宅垄逃窜，屯内人民纷纷向刘氏归降，请编户入县，当经刘氏报请二十八军部及屯殖督办署，改屯为团，于其地设第二公安分局以治之。

宅垄屯[④]。亦清平定金川后所设置。在懋功之西南，原设屯守备一员、千总一员、把总二员、外委十员、屯兵七十二名，居民约三百户。守备为雍鹤龄。其在太平桥以南者则属丹巴管辖也。

---

① 鄂克什宣慰司：应为鄂克什安抚司，藏族，清代武职土司，治今小金县沃日乡。共承袭三代：第一代巴碧太，第二代色达拉，第三代苍旺扬玛尔甲。

② 汗牛屯：土守备，治今小金县汗牛乡。共承袭两代：第一代工噶，第二代纳旺。

③ 雍鹤龄（1898—1970）：藏名泽郎旺尊，四川解放时响应刘文辉起义。1953年任小金县县长。

④ 宅垄屯：土守备，治今小金县宅垄镇。共承袭三代：第一代安本，第二代撒尔结，第三代雍鹤龄。

（五）抚边属两屯

别思满屯。清平定金川后所设置。原设屯守备一员、千总一员、把总二员、外委四员、屯兵五十八名，居民约四百户。守备古仕忠[1]，号丹墀。民国十一年（1922）毕业于成都讲武堂，人极明白，常以奉公守法、保境息民为职志。现管十一寨[2]，即别思满沟五寨、登春沟六寨。

八角碉屯[3]。清平定金川后所设置。原设屯守备一员、千总一员、把总二员、外委四员，屯兵七十八名，居民约二百户。守备为穆缉光，所管为八角附近十八寨。

（六）绥靖属屯土

绰斯甲布宣抚土司[4]。在绥靖之西北，官寨周琐[5]。距绥靖屯治九十里，东至热六雍让，与理番属之松岗、党坝交界，计程一百余里；南至恶里，与西康原阜和所辖之塞尔达交界，计程八百余里；西至果落克胆对交界，计程一千余里；北至热尔谷，计程七百余里。土司纳旺仍新[6]（即纳旺勒耳乌）于前清光绪年（1871—1908）间承袭。计管二十六寨，此外尚有草地帐房不少，共约有人民万户。

河东屯[7]。绥靖原有两屯，即在大金川之东者曰河东屯，在其西者曰河西屯。河东屯原设守备一员、千总二员、把总二员、屯外委七员，屯兵八十八名。现管十七寨，居民约二百七十四户。守备胥珍泉，号茂廷。人极纯谨，颇知服从政府。

---

① 古仕忠：别思满第四代土守备，藏族。别思满屯守备共承袭四代，前三代依次为峨思恭、阿忠布、郎尔结。

② 十一寨：即大坪、登春、招牛、木洛、官寨、达扎、王家、木龙、得胜、双柏、向花坡十一寨。

③ 八角碉屯：土守备，治今小金县八角镇，藏族。可考承袭四代：第一代木塔尔，第二代阿申，第三代甲木初，末代守备穆缉光。

④ 绰斯甲布宣抚土司：治今金川县集沐乡周山村。

⑤ 周琐：在今金川县集沐乡周山村。

⑥ 纳旺仍新：也称纳旺勒尔乌，绰斯甲第四十代土司，藏族。此处有误，时任土司应为第四十一代土司纳坚赞，详见本书第6页脚注①。

⑦ 河东屯：土守备，治今金川县河东乡，藏族。共承袭三代：第一代丹拜西拉布，第二代朗尔结，第三代胥珍泉。

河西屯[①]。原设守备一员、千总三员、把总六员、外委九员，屯兵一百三十二名。现管二十二寨，居民约二百八十四户。守备阿贞良[②]，号寿轩。人极练达，颇知服从政府。

崇化屯无屯土，其在大金川河东之番民，由河东屯指挥调遣，在大金川之西者，由河西屯指挥调遣焉。

---

① 河西屯：土守备，治今金川县河西乡，藏族。共承袭四代：第一代达固拉约尔瓦，第二代色木拉，第三代雍蜂，第四代阿贞良。
② 阿贞良：又称阿靖峰。

第五编　松潘草地分类纪

谢培筠　编

（一）松潘之疆域及沿革

　　草地疆域沿革别无历史可考。欲明了其中经过，惟有就松潘之疆域沿革以说明之。松潘位于成都之西北，汉夷杂居，为川省边防之重镇，距成都七百六十里。以万国子午线为标准，约当东经103°55′，北纬32°42′。据《松潘县志》所载，全县面积约十八万方里。汉地城、镇、乡、关约占三分之一，关内外生、熟番部落约占三分之二。东西距约一千二百里，南北距约五百四十里。东至木瓜墩[①]，与平武叶塘[②]连界，距城二百一十里；西至黄胜关口外五十二部落，与甘肃属番鞑子连界，距城约一千里；南至平定关[③]，与茂县永镇[④]连界，距城一百九十里；北至口外包座[⑤]、铁布[⑥]，与甘肃临潭县属杨土司属地连界，距城约三百五十里；东北至南坪柴门关[⑦]，与甘肃文县哈南寨[⑧]连界，距城四百二十里；东南至北草，与北川县连界，距城二百六十里；北至口外上十二部落、二道黄河、物藏、乔柯[⑨]，与甘肃属番拉不朗寺连界，距城约八百里；西南至口外三

---

① 木瓜墩：在今松潘县小河镇木瓜墩村。
② 叶塘：在今平武县水晶村。
③ 平定关：在今松潘县镇坪乡新民村。
④ 永镇：在今茂县叠溪镇，1933年叠溪大地震时被淹没。
⑤ 包座：在今若尔盖县包座乡。
⑥ 铁布：在今若尔盖县铁布镇。
⑦ 柴门关：在今九寨沟县郭元乡青龙村。
⑧ 哈南寨：在今甘肃省陇南市文县石鸡坝镇哈南村。
⑨ 乔柯：在今甘肃省玛曲县。

果洛①，与西康德格②及咱溪喀连界，距城约二千里。为《禹贡》梁州西北境。商周为氐羌地。秦分蜀郡。汉置湔氐道，属蜀郡。后汉因之更置平康县。晋改升迁县，属汶山郡。后周置扶州总管府，龙涸郡嘉城县即今县治也。唐武德间（618—626）于嘉城县置松州，此松潘之名所由始。及广德（763—764）初，陷于吐蕃。宋仍为吐蕃地。元始内附，属吐蕃等处宣慰司，寻叛。明洪武十一年（1378），御史大夫、平羌将军丁玉讨平之，置松州、潘州二卫，寻并为松潘卫，其后亦有因革。清初，置总兵镇守其地，雍正间，移龙安同知驻之。乾隆二十七年（1762），改置松潘厅，称曰松潘直隶理民抚夷府，与松潘镇同城而治，更置漳腊营参将，隶于总兵，专管关外五十二部落。民国三年（1914），改厅为县，西番称松潘曰绒清。至昔之潘州，据志乘所载，参以前人纪录，在今之包座川柘寨③。以宋崇宁（1102—1106）间取邦、潘、叠三州初属吐蕃首领潘罗支，故名此。松潘疆域沿革之大略也。

（二）松潘部落之状况

松潘所属番人在有清一代分为七十二部落，各部土官，或为土千户，或为土百户，或为土目，授职有差，管辖寨落原有定数。朝觐贡赋以及颁给土饷亦有定章，并设文武专管〔官〕为之镇摄，以是汉夷绥和，边境又安。政变以还，国家多故，川省亦尚有战争，无暇问及边务，加以松镇既撤，汉军亦废，仅一松潘县府，实有鞭长莫及之感，遂致各寨番目互争雄长，或以强侵弱，或以大兼小，疆域视实力以为区分，人民亦罔知有政府。部落之数自与十余年以前考察所得者大有不同，甚或喇嘛寺院借教横行，侵略番寨，剥削人民，亦时有所闻。倘再不从事清厘，设法抚绥，吾恐番情将不可究诘，而边陲亦因之多事，殊非国家之福也，更何经营之足言耶？兹以昔之七十二部落为标准而叙列其变更之情形，于松属番人之现状自易一目了然也。

---

① 三果洛：与今青海省果洛藏族自治州大部区域相当，旧时也用来称呼青海果洛地区的藏族部落。

② 德格：在今甘孜藏族自治州德格县。

③ 川柘（zhè）寨：在今若尔盖县求吉乡甲吉村。原为川柘寨土千户驻地，即潘州城。

拈佑①、热雾②、牟尼③。三部落旧属松潘镇中营管辖，距县城西南数十百里不等。拈佑户口约九十户，热雾户口约二百八十户，牟尼户口约一百二十六户。拈佑、热雾、［牟尼］各寨之中，以牟尼土官较有势力。

峨眉④、七布⑤、麦杂⑥、毛革⑦。四部落旧属松潘镇中营管辖，距县城西南二三百里不等。峨眉户口约五百二十六户，七布户口约一百四十五户，麦杂户口约五百八十三户，毛革户口约四百六十八户。峨眉、七布、麦杂三部落，即今乌木树土官鄂朗雄、慈巴土官双喜、茨木林土官宜玛三猲猡子所辖之地面。毛革土官曰仁清，通常称之曰毛而盖云。

阿思⑧、和乐、下尼巴⑨。三部落旧属松潘镇左营管辖，距县东北百数十里不等。阿思户口约一百三十户，〈三舍⑩〉、〈羊峒⑪〉、和乐户口约一百二十户，下尼巴户口约一百三十户。此三寨之中，以阿思、［下］尼巴较有势力。

寒盼⑫、商巴⑬、祈命⑭。三部落旧属松潘镇漳腊营管辖，距县城北四十余里。寒盼户口约一百六十户，商巴户口约一百二十户，祈命户口约一百七十户。漳腊金厂即在祈命所辖之水桶寨⑮、黑斯寨⑯、东湃寨⑰各地。东湃巴朗土官，近来亦直接对外。今人通称之上三寨，即寒盼、商巴、祈命三寨，下三寨即牟尼、大寨、尼巴三寨，而大寨又即阿思峒大寨也。

---

① 拈佑：在今松潘县燕云乡。
② 热雾：在今松潘县红土镇（原属红土乡），时为热务土百户管辖。
③ 牟尼：在今松潘县进安镇（牟尼沟村），时为牟尼包子（座）寺寨土千户管辖。
④ 峨眉：在今黑水县知木林镇，时为峨弥喜寨土千户管辖。
⑤ 七布：在今黑水县慈坝乡，时为七布徐之河寨土千户管辖。
⑥ 麦杂：在今黑水县卡龙镇（原属麦扎乡），时为麦杂蛇湾土千户管辖。
⑦ 毛革：在今松潘县毛尔盖镇阿俄村（原属上八寨乡），时为毛革阿根寨土千户管辖。
⑧ 阿思：在今松潘县青云镇大寨村，时为阿思峒大寨土千户管辖。
⑨ 下尼巴：在今松潘县青云镇下泥巴村（原属青云乡），时为下泥巴土百户管辖。
⑩ 三舍：推测在今松潘县黄龙乡三舍驿村。
⑪ 羊峒：在今九寨沟县漳扎镇。
⑫ 寒盼：在今松潘县川主寺镇寒盼村，时为寒盼寨土千户管辖。
⑬ 商巴：在今松潘县川主寺镇山巴村，时为商巴寨土千户管辖。
⑭ 祈命：在今松潘县川主寺镇水晶村，时为祈命土千户管辖。
⑮ 水桶寨：在今松潘县川主寺镇水桶村。
⑯ 黑斯寨：在今松潘县川主寺镇黑斯村。
⑰ 东湃寨：在今松潘县川主寺镇东北村。

丢骨①、云昌②、小姓六关、呷竹③。四部落旧属松潘镇平番营管辖，距县城东南二三百里不等。丢骨户口约一百八十户，云昌户口约二百八十户，呷竹计管三十二寨，内十八寨实由小姓六关沟管辖，其余十四寨改土归流，居民共约四百户。

隆康④、芝麻⑤、中田⑥、勿谷⑦、边山⑧。五部落旧属松潘镇南坪营管辖，距县城东北三四百里不等。隆康户口约一百二十四户，芝麻户口约八十三户，中田户口约七十户，勿谷户口约二百户，边山户口约一百八十户。以上五部落可谓直接由南坪分县管辖。

黑角浪⑨一部落亦属南坪营管辖。雍正（1723—1735）年间归诚，逮于咸丰（1831—1861）、同治（1862—1875）间，汉民迁住者众，习俗相移，早经改土归流。

羊峒踏藏寨⑩、阿按⑪、抡药⑫、押顿⑬、中岔⑭、朗寨⑮、竹自⑯、藏咱⑰、

① 丢骨：在今松潘县大姓乡丁谷村，时为大姓丢骨寨土千户管辖。
② 云昌：在今松潘县大姓乡云昌村，时为大姓云昌寨土千户管辖。
③ 呷竹：在今松潘县镇坪乡镇坪村，时为呷竹寺寨土千户管辖。
④ 隆康：在今九寨沟县漳扎镇隆康社区，时为中羊峒隆康寨土寨首管辖。
⑤ 芝麻：在今九寨沟县大录乡芝麻村，时为芝麻寨土守备管辖。
⑥ 中田：在今九寨沟县南坪镇中田山村，时为中田寨土守备管辖。
⑦ 勿谷：在今九寨沟县勿角镇，时为勿谷寨土千总管辖。
⑧ 边山：与今九寨沟县保华乡、双河乡的部分村寨相当，时为边山寨土守备管辖。
⑨ 黑角浪：在今九寨沟县南坪镇上寨村、中寨村、下寨村，时为下羊峒黑角浪寨土司管辖。
⑩ 踏藏寨：在今九寨沟县漳扎镇，时为羊峒踏藏土目管辖。
⑪ 阿按：在今九寨沟县漳扎镇，时为阿按寨土目管辖。
⑫ 抡药：也作抡药，今九寨沟县漳扎镇牙扎村，时为抡药寨土目管辖。
⑬ 押顿：在今九寨沟县漳扎镇牙屯村，时为押顿寨土目管辖。
⑭ 中岔：在今九寨沟县漳扎镇中查村，时为中岔寨土目管辖。
⑮ 朗寨：在今九寨沟县漳扎镇朗寨村，时为朗寨土目管辖。
⑯ 竹自：在今九寨沟县漳扎镇永竹村，时为竹支寨土目管辖。
⑰ 藏咱：在今九寨沟县漳扎镇漳扎村，时为藏咱寨土目管辖。

东拜王亚①、达弄恶坝②、香咱③、咨马④、八顿⑤。八部落⑥、后山五部落共十三部落，旧属松潘镇漳腊营管辖（按：以下各部落均旧属漳腊营管辖，即不赘列）。距县城北行偏东二百余里不等，与县属南坪，甘省武都、文县连界。羊峒户口约一百七十户，阿按户口约一百六十户，挖药户口约三十户，押顿户口约一百一十户，中岔户口约一百一十六户，朗寨户口约一百二十户，竹自户口约九十户，藏咱户口约一百一十户，东拜王亚户口约一百一十五户，达弄恶坝户口约一百一十户，香咱户口约五百四十户，咨马户口约三百二十四户，八顿户口约二百八十四户。以上十三部落近年以来均知安静住牧，虽与甘省壤相接，尚无与别部勾结情事。

上包座⑦、下包座⑧、川柘、谷尔坝⑨、双则红凹⑩。五部落距县城西北行约三百里，与甘省临潭县属杨土司⑪属地连界。上包座户口约二百七十户，下包座户口约一百九十户，川柘户口约三百二十户，谷尔坝户口约二百七十户，双则红凹户口约三百一十户。以上五部落其谷尔坝、双则红凹等寨既与甘肃杨土司接壤，我方亦未常过问，杨土〔司〕不无觊觎之心，且川柘为潘州故址，形势重要。由松漳至包座之达戒寺⑫，又为川甘商务要道之一，现时应特别注意。

---

① 东拜王亚：在今九寨沟县大录乡东北村，时为东拜王亚寨土目管辖。

② 达弄恶坝：在今九寨沟县大录乡大录村，时为达弄恶坝寨土目管辖。

③ 香咱：在今九寨沟县大录乡香扎村，时为香咱寨土目管辖。

④ 咨马：在今九寨沟县大录乡芝麻村，时为咨马寨土目管辖。

⑤ 八顿：在今九寨沟县大录乡八屯村，时为八顿寨土目管辖。

⑥ 八部落：指羊峒八部落。

⑦ 上包座：在今若尔盖县包座乡，时为上包座余湾寨土司管辖。

⑧ 下包座：在今若尔盖县包座乡卓塘村，时为下包座什当寨土司管辖。

⑨ 谷尔坝：待考，时为谷尔坝那浪寨土千户管辖。

⑩ 双则红凹：与今若尔盖县嫩哇乡和阿西镇部分区域相当，时为双则红凹寨土千户管辖。

⑪ 杨土司：即第十九代卓尼土司杨积庆（1889—1937）。

⑫ 达戒寺：又称达金寺、达基寺，苯教寺院，位于今若尔盖县包座乡达金村，全国重点文物保护单位。

上撒路①、中撒路②、下撒路③、崇路④、作路⑤、上勒凹⑥、下勒凹⑦。为铁布撒路七部落，距县城西北四百余里，与甘肃杨土司连界。上撒路户口约八十户，中撒路户口约一百户，下撒路户口约一百八十户，崇路户口约四百三十户，作路户口约一百户，上勒凹户口约一百二十户，下勒凹户口约一百五十户。以上七部落称为口外铁布七寨，多与甘肃杨土司接壤，川省未常过问，杨土〔司〕宣言各部应归其管辖，宜加之〔注〕意焉。

班佑⑧、巴细⑨、阿细⑩、上作革⑪、合坝⑫、辖米⑬、下作革、物藏⑭、热当⑮、磨下⑯、甲凹⑰、阿革⑱。十二部落距县城西北远近不等，大约七八百里。西北与甘肃桑杂各番地连界，西南与卓克基连界（按：班佑、上作革十二部落迩来状况与前略异，寨名亦且不同，兹记之如次）。

班佑大土官纳清，上作革独马土官旦柯，唐个土官万清，辖米土官阿义克，谟鲁土官华贡甲，上、中、下郎洼土官泽花，阿细基寨落帐房二部土官俄洼，洪洼土官旦遮确甲，作克采土官笃泽，物藏土官赫诺，热当土官阿登，阿革东、热拉寨落帐房二部土官劳那，特阿降杂、特阿藏凹、特阿崇热，喇嘛格尔低，并有土官泽登、蒋旺索朗、格朗降初，住民约共三千二百户，而以特阿一部人口比较

---

① 上撒路：在今若尔盖县求吉乡嘎哇村附近，时为上撒路木路恶寨土百户管辖。

② 中撒路：在今若尔盖县求吉乡，时为中撒路土百户管辖。

③ 下撒路：在今若尔盖县求吉乡与甘肃省迭部县达拉乡交界附近，时为下撒路注弄寨土百户管辖。

④ 崇路：在今若尔盖县铁布镇崇尔，时为崇路谷谟寨土百户管辖。

⑤ 作路：在今若尔盖县铁布镇冻列村，时为作路森纳寨土百户管辖。

⑥ 上勒凹：在今若尔盖县铁布镇崇尔，时为上勒凹贡按寨土百户管辖。

⑦ 下勒凹：在今若尔盖县铁布镇，时为下勒凹卜顿寨土百户管辖。

⑧ 班佑：在今若尔盖县巴西镇班佑村，时为班佑寨土千户管辖。

⑨ 巴细：在今若尔盖县嫩哇乡和阿西镇部分交界地区，时为巴细蛇住坝寨土百户管辖。

⑩ 阿细：在今若尔盖县嫩哇乡和阿西镇部分交界地区，时为阿细柘弄寨土百户管辖。

⑪ 上作革：在今若尔盖县达扎寺镇多玛村，时为上作尔革寨土百户管辖。

⑫ 合坝：与今若尔盖县红星镇、辖曼镇、麦溪乡部分区域相当。

⑬ 辖米：在今若尔盖县辖曼镇，时为辖曼寨土百户管辖。

⑭ 物藏：在今若尔盖县麦溪乡俄藏村，时为物藏寨土百户管辖。

⑮ 热当：在今若尔盖县红星镇热当坝，时为热当寨土百户管辖。

⑯ 磨下：在今若尔盖县麦溪乡。

⑰ 甲凹：在今松潘县毛儿盖镇，时为甲凹寨土百户管辖。

⑱ 阿革：在今松潘县毛儿盖镇。

稠密，约占［作］革各部落户口三分之二。

乔柯、郎惰。二部落距县城西北约八百里。按：乔柯今通称为三乔柯。内分四部，即：阿西齐哈玛①，土官阿俊，住民约五百户；下乔柯，住民约三百户；勒尔马，土官阿采住黄河，南北岸住民约一百户；阿万，住民约二百户。至于郎惰户口约一百五十户，与乔柯、卓克基、下阿坝接壤。

上、中、下三阿坝。三部落距县城西南约八百里。一部分与甘肃黄河沿各番地及卓克基连界。

上阿坝②：独音寨（土官蒋旺扎西），锡恩寨（土官禄歌），曾达寨（土官学德），甲桑寨（土官哇克采），上四凹寨（土官安布贡确甲），木耳额、霍耳额、中四凹寨（土官泽朗中、拍尔歌、贡确甲），下四凹（土官卜尔哇），墨穿寨（土官噶尔藏），唐哇寨（土官茶托），纳西寨（土官泽不休、禄世顿、汪世甲），上撮头寨（土官恒措），下撮头寨（土官物顿），唐迈寨（土官噶而让），饶哇寨（土官噶样），茶不浪寨（土官春林甲俊），阿梗寨（土官索望）。以上统称之曰上阿坝十六寨，住民共六百余户。

又，安豆③：下呷地寨（土官董周），上呷地寨（土官泽巴），矫派皆寨（土官旦真甲），文把寨（土官哇诺），克凹寨（土官赞登），乔弄寨（土官杨干），泽皆寨（土官热柯），禄清寨（土官殁后无人承继），泽贡巴即泽寺院（管民十户）。以上统称为上阿坝安豆八寨，住户共约六百户。

中阿坝④。墨额⑤大土官杨俊札西兼屯督署第一路游击司令，直辖十二寨，约一千五百户。此外，墨耳玛四寨约一百五十户，贾诺、热诺、纳格藏三部各约一百三四十户，阿西、墨洼约六百户，阿布、色凹约八十户，亦受墨额大土官节制，即曾与其拴头⑥之说。

---

① 齐哈玛：在今甘肃省玛曲县齐哈玛镇。
② 上阿坝：与今阿坝县吉玛乡、安斗乡、各莫镇、河支镇部分区域相当（原属求吉玛乡、安斗乡、甲尔多乡、各莫乡、四洼乡、德格乡和若柯河牧区）。
③ 安豆：在今阿坝县安斗乡。
④ 中阿坝：与今阿坝县阿坝镇、贾洛镇、麦尔玛镇、龙藏乡部分区域相当。
⑤ 墨额：即麦桑，麦桑土司官寨所在地，位于今阿坝县阿坝镇铁穷村。
⑥ 拴头：历史上藏族特有的一种较为松散的依属关系。

下阿坝①安羌六寨约八百户，受果洛康撒②大〔土〕官康万庆③节制。麦士昆四寨土官得格尔甲虽知有政府，恒趋向不定，时向甘省拉不朗寺拴头，又时言曾投黑水白脑壳头人，其寨落帐房共约三百户。

按：阿坝果洛各部统称之为下十二部落。

上、中、下三果洛④，即郭罗克三部落，距县城西南约千余里，以上一部与甘肃黄河沿各番及西康夷地连界。

上果洛。阿俊贡玛娃，孙〔系〕小帐房洪姆土妇（俗称女王子）属之，有一部分于黄河南北岸迁徙不定。共约二千户。

中果洛。阿俊康干，人民约二千余户，俄朗本康干所属，现系拉不朗寺人为其部土官。

下果洛。阿俊康撒大土官康万庆，人极英俊练达，服从四川政府，斜克穿藏昆为其所属人民。共约二千余户。三黑帐房昔本受其节制，今有向青海方面缴纳草头税者。

又，旺清、夺巴、木花颡共约二千户，斑马本八土官及旺达共约一千五百户。木衣颡，吉隆，得朗，旺汝，刷尔朗，上、中、下三达克托共约一千六百户。绒哇、罗思满、游耳打、色尔打、周基、雪花捏耳旺土官，杠花颡、独耳旺土官。霍耳秋、甲尔低、吉口绒各部落多在黄河沿住牧。在昔皆为四川所管辖，近十年来，政府未常过问，各部土官踞地自雄，已不知有政府。其界在四川、甘肃、青海、西康之间，边境混淆，事所恒有，亟望吾川当局知会关系，各省遴派专员，从事清理，确定疆界，庶番人知有宗主，而各省邻谊亦因之辑睦矣。

上、中、下三阿树⑤及小阿树。四部落距县城西南约八百余里。一部与黄河

---

① 下阿坝：与今阿坝县安羌乡、洛尔达乡、查理乡、河支镇部分区域相当。

② 康撒：在今青海省果洛藏族自治州久治县智青松多镇。

③ 康万庆（1906—1963）：藏族，果洛康赛部落第六代世袭千户，中郭罗克部落阿什姜的后裔，思想进步，积极主动拥护中国共产党解放果洛地区。新中国成立后，在人民政府任职。

④ 上、中、下三果洛：上果洛又称"上戈罗克""上草洛克"，在今阿坝县柯河乡和青海省班玛县灯塔乡交界区域。中果洛又称"中戈罗克""中革洛克"，在今阿坝县柯河乡、垮沙乡和壤塘县茸木达乡、南木达乡、尕多乡交界区域。下果洛又称"下戈罗克""下革洛克"，在今阿坝县柯河乡、垮沙乡和壤塘县中壤塘镇、上壤塘乡交界区域。

⑤ 上、中、下三阿树：在今阿坝县尼曲河流域（含柯河乡、垮沙乡）、麻尔曲河流域（含茸安乡）、马尔康市脚木足河流域。

沿并甘肃鞑子各番连界，共约一千百二户。前清咸（咸丰，1851—1861）同（同治，1862—1874）年间，被甘番拉不朗侵占殆尽，及光绪十七年（1891），川甘两省奉朝命派员查办，勒令拉不朗退还侵地，撤回管［事］喇嘛及假土官，始各相安无事。近年以来，其各部落状况若何、各部土官为谁无从考察，或递变为黄河沿各部落亦未可知，边地之所以亟待清厘也。

三安曲及三瀼口。以上所述即关外五十二部落之概况。但草地之间尚有安曲三部落，即上安曲独玛①、中安曲龙子玛②、下安曲噶孙玛③，界在阿坝、瀼口之间，在昔应属理番，共约六百余户，各部亦有土官，其大权全操于安曲茶里寺④大喇嘛额耳洼之手，夜郎自大，罔识政府，宜注意及之。

又，瀼口界在黑水、梭磨、安曲之间，旧属理番管辖，户口共约五百户。上瀼口土官札姜切颡，中瀼口由盘他活佛管理，下瀼口无土官，则与黑水头人夺耳吉即白脑壳头人拴头，均知安静住牧。特附记之，以供留心边事者之参考。

（三）草地之形状

草地山势平衍，迤逦蜿蜒，不似理、茂、汶一带山势之崔巍岌嶪⑤，巨石谽砑⑥；河流则迂曲潆洄，清波荡漾，亦不似岷江、沱江各水之巨浪洪涛，汹涌澎湃。山之大者曰羊膊岭⑦，为岷山主峰，高出海面可一万五千六百余尺，分支东迤为大巴山脉，南迤为邛崃山脉。次曰噶冻山⑧、噶赖山、哲补山⑨，为毛革、阿坝各山之高峰，皆为东昆仑北岭支脉。河之大者曰岷江，发源于羊膊岭，经松、茂诸县，受众流至灌县离堆分流，以溉城属之田。经江口以下合诸大水，

---

① 独玛：在今红原县龙日镇壤噶夺玛村。

② 龙子玛：在今红原县龙日镇龙日村。

③ 噶孙玛：在今阿坝县查理乡额色玛村。

④ 茶里寺：即查理寺，位于今四川省阿坝县查理乡，属藏传佛教格鲁派，由第一世安曲活佛贡确旦比坚赞创建于1823年。

⑤ 岌嶪（yè）：高大巍峨。

⑥ 谽砑（hān xiā）：同"谽谺"，形容山石险峻。

⑦ 羊膊岭：即岷山主峰雪宝顶，又称雪栏山，藏语称"夏尔冬日"，意为东方海螺山，为岷江山脉的最高峰，海拔5588米。位于松潘县县城东25公里，原大寨乡与黄龙乡交界处。

⑧ 噶冻山：推测是霍洞山，位于今红原县色地镇。

⑨ 哲补山：即哲波卡，意即"尖顶山"，位于今松潘县川主寺镇与燕云乡交界处。

出夔、巫，又合数大江以入海。曰梭磨河，源出瀼口，经梭磨、卓克基、松岗、党坝与大金川合流。曰阿坝河①，发源上阿坝西北百余里地方，经卓克基与大金川合流。曰多拉坤都仑河②，源出羊膊岭北，水流入黄河。曰都尔大度坤都仑河③，源出大分水岭北，经唐个寺④，受噶溪河⑤之水北流入黄河。曰德特坤都仑河⑥，源出大分水岭，经辖米、物藏各番地，受墨竹溪河⑦之水北流入黄河。三坤都仑，即三横河之意。草地地质大概为花岗岩、片岩、片麻岩所组成，平谷之间则多沙地，挟杂砂砾。盖地本花岗石岩，以烈寒酷热，缩张过甚，致为微细之砂粒。至其气候，以纬度较高，太阳斜射，故气温较低，又以地势较高，温度自降，朔风时起，冬极沍寒⑧，且天候极易变化，虽当晴天烈日，每每水雹骤至，风雪交加。要之草地多是山峦起伏，原隰⑨相间，每越一横亘之浅山，必有一较大之平原，宽广数十百里不等。地理学家谓：四围群峰耸峙，中央低平若盆者，谓之溢地。若草地殆可谓为西藏高原之尾闾，而有无数溢地生成其间，地势既〔不〕平，耕种之地亦少。河流多未疏浚，兼乏沟渠，以是水无所归。春夏之间任丛草之自然生长，秋冬凋零就地腐杇，积年既久，几成腐植土，沼气臭味时扑鼻际，且水于地面渐次侵淫，受夏季比较烈日之作用，自然形成龟裂。水潴其罅隙之间，草积于泥梁之上，既显凹凸，遂成沮洳⑩，马行其上，地面亦为之动摇，此草地平原之状况。至于山峰之间，则倾斜既缓，坡际亦复延长，绝少树木，只浅草平铺，杂以药材，如大黄、秦艽、贝母、甘松之属，土人资之，以事

---

① 阿坝河：即麻尔曲河，脚木足河支流。

② 多拉坤都仑河：即洛尔斗曲，噶曲河支流之一，流经今阿坝县贾洛镇。

③ 都尔大度坤都仑河：噶曲河支流之一，流经今若尔盖县唐克镇。

④ 唐个寺：即今索格藏寺，位于今若尔盖县唐克镇索克藏村，属藏传佛教格鲁派寺院，创建于1658年。

⑤ 噶溪河：即白河（又称嘎曲），黄河上游支流之一，发源于红原县刷经寺镇，向北流入若尔盖县，在唐克镇北约7千米处入黄河，长约270公里。

⑥ 德特坤都仑河：黄河上游支流之一，推测在今若尔盖县辖曼镇境内。

⑦ 墨竹溪河：即黑河（又称墨曲），黄河上游支流之一，发源于四川红原县与松潘县交界处的岷山山脉，由东南流向西北，经若尔盖县，于甘肃省玛曲县果果芒注入黄河，河道长约456公里。

⑧ 沍（hù）寒：天气严寒，积冻不开。《左传·昭公四年》："深山穷谷，固阴沍寒。"

⑨ 原隰（xí）：广平与低湿之地，泛指原野。

⑩ 沮洳（jù rù）：由腐烂植物埋在地下而形成的泥沼，低湿的地方。《诗·魏风·汾沮洳》："彼汾沮洳，言采其莫。"孔颖达疏："沮洳，润泽之处。"

牧畜。毳幕[1]、毡房星罗棋布，马牛羊千百成群，莘莘蒸蒸，自动觅食，颇有生动气象，但地广人稀，无论为山谷、为平原，既未耕垦，亦无牧畜，听其一片荒芜，所在皆是，重可惜也。

（四）草地之物产

草地物产因部分而异，兹就关外各部落，叙之如次。

羊岗八寨、后山五寨。产麦子、玉麦、青稞、洋芋、胡豆、豌豆、各种药材、人寿果[2]、麝香、鹿茸、狐皮、熊类，荒地甚多，兼营牧畜。

包座五部落、铁布七部落。产麦子、青稞、豆类、人寿果、各种药材、鹿茸、麝香、狐皮、沙狐皮、野羊，荒地甚多，兼营牧畜。

三阿坝。产麦子、青稞、少数菜蔬、各种药材、洋芋、人寿果、鹿茸、麝香、狐皮、沙狐皮、野羊、土狗、雪猪，土地未尽耕垦，多半轮流耕种，仍多荒地，以供牧畜之用。

郎惰、安曲。产麦子、青稞、各种药材、人寿果、鹿茸、麝香、狐皮、山羊，荒地甚多，兼营牧畜。

作革十二部落、三乔柯、三果洛。气候高寒，霜雪较多，只产各种药材及鹿茸、麝香、猞猁皮、狐皮、沙狐皮、马罗〔骡〕子皮、兔儿皮、牲皮（貉）、土狗、雪猪，不产稞麦，人民只事牧畜，所需粮秣由阿坝供给。

头道黄河、二道黄河一带。如木花额、旺清、夺巴、达克托以及斑马、木博、衣额各地物产状况与作革、乔柯、果洛略同。

草地绝少矿物，只中阿坝产煤、铁，质既不良，土官亦禁人采掘。

（五）草地之畜产

夷人畜产，大概以马、牛、羊为主，亦其财产之一。部分在半耕半牧地方，其居室附近之山坡、平原或耕作之隙地，即为饲养牲畜之场所，抑或有特别之牛

---

[1]　毳幕（cuì mù）：游牧民族居住的毡帐。《昭明文选·李陵答苏武书》："韦韝毳幕，以御风雨。"李善注："毳幕，毡帐也。"

[2]　人寿果：后文又作"仁寿果"，即蕨麻。

厂、马厂，如松属关内熟番各地是也。然在完全牧畜地方，则常为幕天生活，逐水草以营牧畜，待一地之草殆尽，即携其帐棚，驱其牲畜，别求水草便利之处以栖止焉。如草地之三果洛、作革、乔柯各部落是也。各个人所有畜产之数，虽以贫富而异，恒有数十头乃至数百头千头，但不如蒙古、青海之王公、番族牲畜之数，动以万计。牛之种类，一曰黄牛，形状大小与内地所产者同，性驯，可耕可驮，惟力较牦牛、犏牛稍逊；二曰犏牛，牝牦牛与牡黄牛交媾而生，其性驯，其力大，多之驮负冰天雪地中，不畏寒冷，牡犏牛亦可耕，牝犏牛尤宜取乳；三曰牦牛，为其同种交媾而生，毛黑深厚，尾腹毛特多，牡牦牛性不驯，宜于食用或耕驮，腹毛可以捻线织毡，尾毛可以织绳索。牝牦牛性驯，只宜保种取乳，间或用于耕驮。马之种类与各地所产者无殊，以阿坝马为最肥壮，果洛、作革各地次之。羊分绵羊、山羊二种。绵羊，一曰跳羊，毛多环丝，色黑白不一。长角绵羊，肉、毛均属精良，盘角绵羊稍逊。杀其小者剥取其皮曰羔皮，即皮裘材料。其大者每年春季剪毛一次，即运往外间求售之羊毛。通常食用亦此种绵羊。山羊，一曰石羊，或曰驹骊子，羊身小，毛顺长，有黑黄白各色，角直短，项下有须，其用途不及绵羊，饲者较少。骡驴虽为驮乘之用，但产量不如马之多。黑水来苏多畜骡，理属蒲溪十寨以及草地僧侣贫民多畜驴，于草地而乘骡者，人即目之为阔绰。犬可守夜，亦可作猎用，人多畜之，且草地之犬大于常犬，性猛善口，尤为番人所珍爱，犬被人击毙，例索命价。此外家畜如豕、猫、鸡、鸭，蛮家不过偶一畜之而已。

（六）草地之交通

草地交通以松城为起点言之，大概可分为南首、北首两路。所谓南首，系指至阿坝各部落而言；北首，则指作革、乔柯而言。兹列其道路里程如次。

（1）松潘…七十里…黄胜关…十五里…两河口①…二十里…相噶…五十里…浪架岭②…六十里…马骑子③…四十里…上包座…二里…下包座④。

---

① 两河口：在今松潘县川主寺镇牧场村，即原两河口村。
② 浪架岭：又称狼家岭、南杂克喀，位于今松潘县川主寺镇与若尔盖县包座乡交界处。
③ 马骑子：又称马蹄子，在今若尔盖县包座乡。
④ 此处的"…"表示两地相距几何，其间的里程数即两地距离。

此为由松潘至包座，更进与甘省临潭、洮县①、皋兰通商之路。

（2）包座…（达戒寺）…四十里…巴细②…二十里…阿西绒③…一百里…降杂则洼④…一百里…若儿盖墨窝…一百里…桑杂…八十里…物藏…七十里…哈溪卡（格尔低⑤）…三十里…热当坝…五十里…热拉…六十里…阿细⑥…六十里…班佑（万依）⑦…六十里…球戒郎洼⑧…二十里…独玛⑨…（上作革）…六十里…郎洼⑩…四十里…辖米…八十里…唐昆⑪…三十里…索格藏…三十里…麦昆⑫…二十里…齐哈玛。

此为由包座绕道至作革十二部落，以至于黄河齐哈玛各部落之道路。索格藏地方有河，北流入黄河，川甘贸易于桑杂地方开辟商场，两省均便。

（3）松潘…七十里…黄胜关…六十里…噶赖山…六十里…严朵坝⑬…六十里…班佑…六十里…阿细…六十里…热拉⑭…五十里…热当坝…四十里…纳摩寺⑮。

此为由松潘经噶赖山，以至上十二部落之路，由此可达黄河沿各部落则不待言之事也。

（4）齐哈玛…一百五十里…头道黄河…四百三十里…夏河县（拉不朗寺）…四百五十里…皋兰。

此为由齐哈玛至兰州之路。

---

① 洮县：今甘肃省定西市临洮县。
② 巴细：即"巴西"，在今若尔盖县巴西镇。
③ 阿西绒：在今若尔盖县阿西镇，原属阿西苹乡（已撤销）。
④ 降杂则洼：在今若尔盖县降扎乡。
⑤ 格尔低：即格尔底寺（纳摩格尔底寺），位于今若尔盖县红星乡，属藏传佛教格鲁派寺院。
⑥ 阿细：在今若尔盖县阿西镇，原属阿西乡（已撤销）。
⑦ 班佑：在今若尔盖县巴西镇，原属班佑乡（已撤销）。
⑧ 球戒郎洼：今若尔盖县巴西镇求吉郎哇村，原属班佑乡（已撤销）。
⑨ 独玛：在今若尔盖县达扎寺镇多玛村。
⑩ 朗洼：在今若尔盖县嫩哇乡。
⑪ 唐昆：在今若尔盖县唐克镇。
⑫ 麦昆：推测在今阿坝县麦昆乡。此处所记距离可能有误。
⑬ 严朵坝：今红原县色地镇与若尔盖包座乡交界处。
⑭ 热拉：在今若尔盖县铁布镇，即原热尔乡。
⑮ 纳摩寺：即朗木寺，位于今甘肃省甘南藏族自治州碌曲县。

（5）墨颡（中阿坝）…六十里…蒙探玛…六十里…扎格山…八十里…唐干…二十里…白衣寺…七十里…球更卡…六十里…黄河边贡玛颡…一百里…木花颡…一百里…旺清、夺巴。

此为由墨颡至黄河边各部落之路。

（6）松潘…七十里…黄胜关…七十里…哈清垄①…六十里…噶冻山…六十里…色地坝②…六十里…二十四马鞍腰③…四十五里…阿摩狼坎④…三十五里…噶溪河…三十五里…柔格库⑤…六十五里…甲本塘⑥…三十里…热柯…五十里…麦昆…一十里…墨颡。

此为由松潘至墨颡之中路，但当春夏之交，噶冻一带泥泞特甚，不便人马行走，行人多绕小道以避之。色地坝平原最广，土壤宜于种植稞麦，惜听其荒弃，殊可惜也。

（7）松潘…七十里…黄胜关…七十里…哈清垄…六十里…哲补山…二十里…洞垭沟⑦…八十里…勒格垄⑧…六十里…竹勋坝⑨…六十里…阿依贡康⑩…三十里…饶清河⑪…二十里…扎西塘…六十里…房沟吉湾⑫…二十里…噶溪河…四十里…上清谷⑬…六十里…甲本塘…三十里…纳格藏…三十里…热柯…五十里…麦昆…一十里…麦颡。

此为由松潘绕小道至墨颡之路。又由饶清河上游分路绕道上瀼口各地，可达墨颡。由松潘经毛儿盖亦可达墨颡。

---

① 哈清垄：今松潘县川主寺镇哈金隆。
② 色地坝：在今红原县色地镇。
③ 二十四马鞍腰：在今红原县阿木乡，是阿木柯河电站以东、瓦松公路以南、色迪镇东南方向的一座山梁，当地群众称之为"甲本"。
④ 阿摩狼坎：推测为今红原县阿木乡阿楼隆瓦。
⑤ 柔格库：今红原县邛溪镇达格龙村日格括。
⑥ 甲本塘：在今阿坝县贾洛镇，即原国营贾柯牧场甲本分场。
⑦ 洞垭沟：在今松潘县毛尔盖镇。
⑧ 勒格垄：推测为今红原县色地镇墨格垄。
⑨ 竹勋坝：今松潘县毛尔盖镇草原村库崆，原属草原乡（已撤销）。
⑩ 阿依贡康：又称"阿依果木康""宫康扎玛"，在今红原县阿木乡峨扎村。
⑪ 饶清河：今红原县阿木乡拉木喀尔。
⑫ 房沟吉湾：又称"黄沟济湾"，在今红原县邛溪镇东麻沙尔村和热果尔村附近。
⑬ 上清谷：在今红原县安曲镇下哈玛拉村桑钦沟。

（8）马塘…四十里…康猫①…六十里…下瀼口…六十里…中瀼口…六十里…上瀼口…四十里…安曲…三十里…齐蔺…三十里…阿依纳山②…四十里…热柯…六十里…墨颡。

此为由理番马塘至草地墨颡之路。按：由灌县经松城至墨颡，比之由灌县经威州、杂谷脑、来苏沟、马塘至墨颡实多五六日。途程由马塘至墨颡方须张幕野宿，故十余年以前各商多取道马塘往来于草地与灌县之间。惜自黑水内讧，道路不通，于是走松潘草地者居多。今者政府积极恢复马塘口岸，疏通道路，此后商路或将改道也。

草地河流虽多迂缓曲折，然饶清、噶溪各河则河面较广，河流亦深，概无舟楫，行人须乘马徒步，每当春夏水涨，河水深逾马腹以上，牦牛负物亦难徒涉，时则须待至水势消跌方能渡过，亦交通上之一困难也。

（七）草地之商务

草地商务输出货物，以牛羊毛皮、狐皮、猞猁狲皮、马罗〔骡〕子皮、沙狐皮、兔儿牲皮及鹿茸、麝香药材为大宗。输入货物以白米、油、糖、绸缎、布匹、大茶、铜铁制品、哈达、栏杆、叶烟、磁〔瓷〕器以及其他日用品为大宗。草地商汉番皆有之，川商以成都、灌县、松潘人居多，甘省商以洮州人居多，番商则无一定。茶号之大者，为陕帮丰盛和、本立生、义合全，川帮聚盛源、裕国祥。在丰、本、义三家，大都采买灌县之茶，聚、裕两家大都采买灌县及绵竹擂鼓坪③之茶运至松潘转售。茶分大包、小包，大包重一百二十二斤，小包半之。每一大包完纳茶税一两四钱，之后则任其运销何地，不予限制。每年销额约在二万包以上。草地固系转运川茶，甘省西南与川接壤之番夷亦非川茶不能生活。近年以来，每有湖茶由汉南运甘销售，然色香味均较川茶为逊，故仍不能畅销。

松番〔潘〕香号以河南帮杜盛兴、协盛全两家开设最早，信用夙著。此外亦有小香号数家及零星小贩，专以收买麝香为业。香、茶号之外则为杂货商。近来

---

① 康猫：在今红原县刷经寺镇，原属壤口乡（已撤销）。

② 阿依纳山：汉名二道梁山，位于今阿坝县查理乡和红原县安曲镇。

③ 擂鼓坪：在今绵阳市北川羌族自治县擂鼓镇。

专营草地商业者为松潘之协心久、义泰恒、益兴公、天兴隆、天兴德、天兴源，各商运番人需要。货物至松潘后，则由关内外生熟番或小贩、汉商分运于草地或甘边、番地销售，或由本号自行派人发卖，殆无一定。而番人贸易多以物易物，属于原始时代。贸易以现金作中间媒介者实居少数。商人除随时往来外，大概有一定时期。例如，于冬季出关，次年五、六月方能返松者，在此期间所易之物为羊皮、野牲皮、羔儿皮。以故松潘皮庄开盘恒在夏历五、六月，甘肃、宁夏皮商亦于此时间前来贸易，是曰西客。又于五、六月出关，于九、十、冬月乃返者，所易之物大半为鹿茸。以故灌县茸庄开盘恒在夏历九、十、冬月。

汉人赴草地经商以其为寨落关系，无市街商场之可言。恒投止于土官或百姓之家，称为自己之主人，番人对之称之曰自己之汉人。官府忽视边地久矣，政府之权力不及于塞外亦久矣。各商纯恃此主客关系，冒险深入以博些须之利。虽僻如包座、铁布、作革、乔柯，远如旺清、夺巴、达克托、霍尔秋、杠花颡周基、雪花、三黑帐房亦有汉商足迹。其具冒险精神不亚于散在海外之华侨，可敬亦可爱也。在中阿坝其土官①特为汉商置有屋宇范围于一处，曰：甲康头。"甲"，番语为汉人，"康"为屋，即汉人居室之意。在其官寨前者曰下甲康，有汉商三十余户。距官寨十里许，在格尔低喇嘛寺之前者曰上甲康，有汉商六十余户。因有此种组织，汉番交易称便。中阿坝于松潘与草地之间自然形成一重要商场。草地商人称果洛逶西曰俄落头。俄落与阿坝间商务之发动每在夏历八月乃至十二月之间，亦习惯使然，且由香、茸、野牲皮之属皆于秋前取得，于此时运至阿坝，适好易其收获之粮食以归故也。

草地甲坝，即夷匪极多。商人经商必需联帮结队而行，以防意外之劫掠，一帮曰锅弄，即一锅为食之意。货物大半用牦牛、犏牛驮运，一锅弄有牛马二三十匹乃至五六十匹不等，由数人乘马负枪尾随牛后以经理之。以无驿站、旅邸，必须自携帐棚以作夜间止宿之所。帐棚以布或者牛毛毡子为之，形式不一，多为人字棚形，白昼由牦牛、骡马负之以行，及行相当里程觅得薪柴水草便利之处，即下帐棚，以三石顶一锅熬茶为炊。薪多生柴，不易燃烧，则以整个干羊皮续铁筒作皮火筒吹之，其声霍霍，其光熊熊，水固易沸，食亦易熟，然非极熟练者不能

---

① 土官：即末代麦桑土司华尔功成烈饶布敦（1916—1966）。

胜任。至于牛马于折〔拆〕卸货物以后，任其自行觅食，傍晚乃系于帐棚之周围，其动作极有程序，且商人于下帐棚之后，盘脚坐地打皮火筒，熬老茶，捏糌粑，其悠然自得之情趣，似非局外人所能喻者焉。

（八）西番之种族

草地番人，通常称为西番，并称在关外者为生番，在关内者为熟番，究属何种，无明确考证。按：西羌之本出自三苗，其先为伯夷甫、炎帝之裔，帝母育于姜水，而以姜为姓，故西羌亦姓姜。其国始近南岳，滨于赐支，赐支者，析支也。《唐书》：吐谷浑羌，在益州西北，去青海二十五里，古析支之地，汉西羌之别种也。魏晋以降，西羌微弱，周灭宕昌邓至①之后，党项始强。南杂春桑、迷桑等羌，北通吐谷浑。其种每姓别自为部落，其中拓拔氏为强族之一，有拓拔赤词者与浑主同抗官军，后相率内附，列其地为懿、嵯、麟、可等州。以松州为都督府，羁縻存抚之。自是从河首积石以东，并为中国之境。后吐蕃强盛，拓拔氏渐为所遏，遂请内徙，听移部落于庆州，因置静、边等州以处之。又考宋神宗熙宁间（1068—1077），王韶纳沿边蕃部，岷、宕、叠、弄等州皆补番官。元时，仍属吐蕃宣慰司。明清以后多概称为番，或曰蛮，而不明叙其种族。据此以论草地番人，初为羌族，后属蕃种，不外西羌吐蕃之遗裔。今别于其他屯土之夷人而号曰西番，或不过便于区别。但草地各部落番人性质纯良者，殆属多见。若概以生番目之，未免过甚其词也。

（九）西番之语言文字

草地西番语言与黑水、扣苏各不相同，而与藏语相近，文字亦用藏文。自左至右横行，削竹为笔，蘸墨书之。一般人民识字者少，只寺院活佛、喇嘛及高尚之土官习用之。印刷物只有经典，亦鲜普通纪事书籍。然自语言文字观之，草地西番殆与今之西藏同属吐蕃后裔，益可证也。

---

① 邓至：南北朝时白水江流域兴起的羌人政权，也称白水羌。

（十）西番之宗教

西番极崇拜佛教，而佛教之中尤为崇拜属于密宗之喇嘛教，原属红教，或曰红帽教，倡自奔布①，系信那拉卜巴克什之教。尚有一派曰宁玛教②。其后有宗克巴③者，别创教义，竭力阐扬揭橥，其名曰黄教，或曰黄帽教，即番人所谓吉路巴教④。禁婚娶，禁饮酒，提高僧侣之道德纪律，使之趋向俭朴与严肃之进程。积日既欠〔久〕，信仰者众，于是红教寝衰。黄教始祖宗克巴发祥于青海，时为西历一三五八年，适当明朝之初⑤。西宁县县城西南约四十里之塔尔寺，相传为埋宗克巴氏胞衣之地，有大小两金瓦寺，构造宏壮，瓦溜〔鎏〕以金，与日光相辉映，光华射目。有足印石，谓系宗克巴氏当年供佛念经足所常履之石。宗克巴氏金像，今犹供奉于寺中。

黄教、红教不同之点：黄教大致约而精，红教大致博而粗。红教尚邪术，习诅咒，以术治病，甚或研究吞刀吐火，呼风唤雨。黄教则禁诅咒，辟邪术，其中约分三派：（1）请经说法；（2）个人钻究经典；（3）研究经典为人治疗疾病，判断吉凶。然均系供奉释迦牟尼佛。

番人吝〔佞〕佛，极喜建筑寺院。无论何寨何沟，必有寺院一所乃至敷〔数〕所。私人虽以帐幕为住室，寺院之规模则备极壮丽。由数寨数沟共建者，曰公共寺院；为一寨一沟所专有者，曰私有寺院。寺院之大者，分正门、前殿、正殿数楹，为平屋、楼房不等，小者不过正殿一椽。僧寮多建于寺院周围，正殿中供释迦牟尼佛，旁供诸佛罗汉，龛前正中或稍偏之处设活佛大喇嘛座，以次设喇嘛和尚座，备念经之用。殿之大者，足容千余人，小者亦容一百余人。法鼓、金铙分段陈列，绣佛画像，满悬壁间。其他如酥油灯、净水瓶之属，亦复不少。屋顶每置溜〔鎏〕金铜墙银瓶，谓曰宝顶〔顶〕，或置溜〔鎏〕金铜鹿、铜马，或竖幡竿，取对称式。光华与日月相炫耀，经幡随微风而招展，似在表示佛法森严。中阿坝之格尔低寺，中间龛门高及丈许，横五尺余，纯用錾花银板嵌成，可

---

① 奔布：即苯教。

② 宁玛教：即藏传佛教宁玛派。

③ 宗克巴（1357—1419）：即宗喀巴，藏传佛教格鲁派（黄教）的创立者、佛教理论家。

④ 吉路巴教：即藏传佛教格鲁派。

⑤ 适当明朝之初：此时为元朝末年。

谓不惜工本。富裕之土官，其寨多有经堂，陈设与寺院正殿相仿佛，亦是输财沓〔佞〕佛之表现。

所谓经转子者，为木制，或皮制，圆壔，大小不一，中空，两端有轴，直立于上下，两轴杆间足以旋转自如，内置经文。番人谓使之旋转一次，无异讽诵其中经文一遍。寺院围墙内外以及寺院官寨回廊，莫不有之。晨夕特别用手旋转，或因事经过其间，就便旋转。男妇老幼僧俗，习以为常，轴声轧轧，时达耳鼓。河渠流水地方，特建小屋，中置大经转子，利用水力旋转者曰经转子，亦曰转经楼，到处皆是。又有小经转子，不问僧俗，随时执之手中旋转者亦有之，其顺转者属黄教，逆转者则为红教也。

寺院之间，必有佛塔，曰：舍利塔，大小不一，恒下方上圆而顶尖，或筑土为之，或砌石为之，或以木造，不一定。又有嘛哩堆，形类佛塔，多立于通衢山巅，或佛院附近，台上多置刻经石版，亦如中土到处立有"泰山石敢当""南无阿弥陀佛"石碑之意。嘛哩旗，系以布帛或纸印刷经文插于寺顶屋角、山垭[1]或大道地方，意谓风吹经文，无异代人讽经，又或既于嘛哩堆[2]插嘛哩旗，复插木制大矢，谓足射除本样，亦于西番地方所仅见。

又有经包[3]者，为银制或铜制，盒多溜〔鎏〕金，形或圆或方，恒嵌珊瑚、玛瑙小珠，錾细致花纹，中置佛经，挂于胸际，谓足辟邪。至于念珠，或挂于胸前，或置之腕间，在中等社会以上之人恒有之。

达赖、班禅为转生活佛，人多知之。余如西宁塔尔寺之宝贝佛、拉加寺之香茶佛、拉不朗寺之嘉木样佛，亦为著名之转生佛。转生佛者，通常称之曰：活佛。

相传，在十四世纪宗克巴死，继之者为根登珠巴[4]，逮根登珠巴死，越二年，其灵魂复转生于一婴孩体中，寻即以其婴孩为嗣，于是此转生新制度遂传遍于西藏、蒙古、西番等地，迄于现在。凡活佛逝世，仍谓必转生于某地。以故活佛死后，寺中之管事喇嘛人等，则打卦以求活佛转生所在地，急往访察。待周岁

---

① 山垭：又称山桠桠。西南方言，多指偏僻的山区，也指两山之间比较平坦的地方。
② 嘛哩堆：即玛尼堆，藏传佛教盛行之地，习以石块、石板层垒为堆，奉为神堆。
③ 经包：即嘎乌，藏传佛教的一种护身符。通常制成小盒型，用以佩戴，龛中供设佛像。
④ 根登珠巴（1391—1474）：也作根敦朱巴、根敦主巴，第一世达赖喇嘛。

后，携带活佛生前用品、经卷，陈列一处，杂以普通之经卷、器物，果其幼孩一一认识不差，则确认为其寺之转生佛，商其父母迎之以归，仍尊奉为活佛。父母愿往，亦迎之入寺，否则厚其奉养，以示优遇。但不必转生再世，只其佛学湛深，道行高尚，亦有尊称之为活佛者。

番俗，凡家中有二男子，必以一子为僧，以一子留存禋祀；如三子、四子，即以二子为僧。总之，恒以其所有男子之半数为僧。或于本地寺院学习经典，或送往西藏留学，视个人之环境而异。普通僧徒曰和尚，经典比较深纯者曰喇嘛，至主持寺事之大喇嘛或各项执事喇嘛，非曾往西藏留学或经典高深者不能胜任。各级喇嘛、和尚，每日必念经礼佛。其坐静也，则一人移住于幽静处所，不与外人交接，期间自数月以至一年，其苦修佛法，有如此者。

番人上下均必礼佛。有等身朝拜者，有普通磕头者，有磕长头者。磕头次数，每日由数十次乃至数百次，磕长头亦然，甚有绕寺院随行、随磕长头者，有随行随磕长头以朝藏西及其他名山者。行路乘马，口必念佛，每饭必念佛，然后进食，口中念念有词者，不外"唵嘛呢叭咪吽"。

活佛、喇嘛为社会各级人所敬重，有如中土旧习，士、农、工、商，士恒居首。凡卜休咎、定吉凶、营造、婚姻以及其他人事，均以活佛、喇嘛之一言为定。遇有疾病，多以财帛布施于寺，或请活佛、喇嘛念经禳解。遇寺院念经、熬茶、布施财帛，争先恐后，常见寺院法会期间，红男绿女联翩入寺祈福，司阍僧人因人众之拥挤，辄加鞭挞。而以盘盂盛大宝财物以进者，以手蒙面，觳觫[①]奔竞，惟恐不能攒入，可笑亦复可怜。死时，甚至罄其所有寄赠于寺中而不惜，以故寺院之富，为一般人所不能及。活佛、喇嘛之唾液、便溺，有人和泥以食，谓足疗疾。向活佛顶礼膜拜者，以得其手指抚摩或一鞭挞为荣幸。然活佛、喇嘛好者固多，坏者亦复不少，以其人之敬之也，每每故神其说，挑动社会之是非。番人既愚，益以方外人之播弄，则更入于盲昧之途而不可理喻。狡黠者流甚，且借教横行，剥削人民，霸踞寨落，庞然自大，蔑视官府，其害犹不知伊于胡底。虽曰保护宗教，以及信教自由，国有明令，窃以为尚须斟酌损益于其间，庶不为共和国家、民族进步之障碍。

---

① 觳觫（hú sù）：恐惧得发抖。《孟子·梁惠王上》："吾不忍其觳觫，若无罪而就死地。"

（十一）西番之饮食

西番食物，以糌粑为主，用青稞磨成粉末炒熟，曰糌粑面，和酥油、老茶，捏而食之。或佐以甜奶子（即新鲜牛乳）、酸奶子（用一种酵母制成，其味酸）、奶渣（取酥油所余之渣）、牛羊肉，而酥油为由新鲜牛乳取得之品。麦面常以制饽饽，或如汉人制成截面。其在羊峒、八寨各部落产生玉麦地方，则以玉麦制饼，或煮成搅团食之。酒分烤酒、咂酒二种，烤酒与汉人之酿酒无异，而味较淡。咂酒系盛麦粒于瓮内，加曲，待有相当时日，以管吸饮之。但草地人不如理、懋各地夷人之嗜饮。

草地人宴客，准备食品极为丰富。大都张幕设席，视宾客之多寡，定饮食之份数，有西餐风，食品一份，约糌粑面一大盘，酥油一大盘，点心一大盘，仁寿果饭一大盘，面炸干饼一大盘，奶渣一大盘，煮熟牛〔羊〕肉一大盘，曰手抓羊肉。羊尾则呈于尊长之前，以表敬意。余如奶茶、酸奶，亦用大壶、大桶盛置，以备来宾食用焉。

（十二）西番之服饰

西番男子，大都不蓄发，或只于顶蓄一束，如清制钱之大，曰金钱发。冠分皮冠、毡帽，衣服概系大领，材料用布帛、毡子、氆氇，缘饰豹皮、獭皮，或与衣服相间之织物，束带无纽。无论着皮裘、夹衣[①]，恒右袒露臂，或竟全露两臂，不裤，足着革履，不袜，腰系刀剑、火连〔镰〕、石头、吊刀、象箸之类。鞘〔稍〕富者，恒嵌金银宝石。男子亦喜穿耳，耳环以金银为之，或于耳环之下犹加坠子，或穿两孔以系之。手指亦带〔戴〕戒指，但不如黑水人之腕带〔戴〕大象牙镯。

西番处女多半光头。妇人始蓄发，仍耳带〔戴〕耳环，身着大领衣，足着革履，不裤、不袜。附近松城番妇，多喜戴大盘帽，缘饰密〔蜜〕蜡珠，大小不一。阿坝一带之番妇喜用小珊瑚珠缀成八字形戴于头上，或戴网子，于其上系以飘带，其数由一至三，飘带之上复缀以刺绣或珠玉之属，坠于背后，长与衣齐，以为美观。

---

① 夹衣：有夹层的衣服。

（十三）西番之居处

西番住室，在牧畜地方如作革、乔柯、果洛以及黄河沿各部落，只用布幕毳帐，以为栖止，逐水草而居，迁徙无定。在半耕半牧地方，如阿坝一带，多架木为屋，周围环以土墙，泥封其顶，数家或数十家聚族而居，名曰一寨，不必依岗据险。屋之构造，上层为经堂，中为住室，寝处炊爨，俱在于斯，下层为牛马牲畜栏，全由下层之小户出入，窗户较少，黑暗锢闭，空气光线俱不充足，然番人处之晏如也。又，纳格藏、阿世基、热拉各部，其土屋较通常番人之屋尤为湫隘①，夏间移住帐棚，冬季则蛰居其中，名曰冬房，亦为其生活便利计也。

（十四）西番之政治

西番土官沿自前清，民国尚无规定。大约称土［千］户曰大土官，土百户以次曰小土官，其次曰寨首、兵头，辅佐土官，负治理民事、指挥军事之责。前清时代，政府对于土官岁颁土饷，为数虽微，足示羁縻。部落对于政府，岁纳稞麦，折缴军马，亦有定章。政变以还，二者俱废。政府与土官之间似已无若何关系。至番民对于土官，年纳稞麦、酥油及其他所得品，视土官待人民之厚薄，而有轻重之分，殆无一定税率。土官之土地，由人民为之耕种，收获不给值。各寨男妇，且需在官寨轮流上班当差，自备口食。人民互有争执，视情节轻重，就质于寨长或土官。各部落土官互有争执，则由居间之土官或寺院喇嘛为之调解，曰"说口嘴"，绝少诉之于官府请求处理。人民格斗毙命，常取马牛、布帛、银、茶以偿命价。番人喜带刀剑，若互相争论，有一方拟用之，无论理由谁曲谁直，以先抽刀者为负，必取罚金。有事出兵，人民皆应征调，枪弹、粮秣、马匹皆自备，无或敢抗，一缘种族自卫观念素强，违反命令罚金至重故也。

（十五）西番之风俗

西番风俗惇朴，人民勤俭耐劳。男子以耕种、牧畜、打猎、剟②药及经商为

---

① 湫隘（jiǎo ài）：即夹衣，指低注狭小。

② 剟（duō）：割取。

职业。女子性质类多恭顺，既执吸〔汲〕水、负薪、炊爨各役，复助男子经理农事及一切家政，且随时手执牛羊毛捻线，以备织毡之需。虽无重男轻女之恶习，但考其工作状况，恒男逸而女劳，似不平等。草地不种罂粟，人民无鸦片烟嗜好，亦不赌博，以故人民体质均属强壮，惜器量狭小，些须之利在所必争，些须之害在所必避。然尚尊崇信义，与人交易，以不识文字，不立契券，以一言为准。例如草地汉商运茶出关，经年始取其值，不稍短差，殆属多见。年来政府之权威不及于边地，番人若不羁之马，其行劫为盗者固多，然土官严禁于上，百姓自治于下，绝不昼行劫而夜为盗，几于盗不拾遗夜不闭户者亦所在多有。如上、中阿坝一带土官杨俊扎西、蒋旺扎西、董周等，既互缔严禁盗匪之公约，对于汉番商人复能尽力保护，向少劫案发生，亦属难能可贵。曰慈洼者，为寺院以资本经商之称号，其行也，以红旗为标识，无论何地甲坝，对之绝不劫掠。又，番人偶有内争，普通人民之往来，双方防范极严，惟和尚喇嘛可以通行无阻，皆其崇拜宗教观念至重故也。

番人相见，以哈达为礼。哈达为特制粗疏之布或绫片。如中土人之投刺[1]，或脱帽，或握手，或鞠躬，甚或稽首，视等辈与亲疏而异。尊卑之分至严。凡卑者、贱者向尊长有所陈述，必匍匐于地，出入尊者之室，亦必匍匐膝行。遇尊者于途，或须过其前，必免冠或解发辫，佝偻急趋，奉物必鞠躬以进之。

番俗席地而坐，无桌无椅，寝无被，覆以毡衫或毡，食无箸，以手于碗捏糌粑食之。食毕，拭舐净尽，几如经洗涤者。然面垢不洗，衣垢不浣，妇女不梳不栉。

婚姻或凭媒妁，或自由结婚，初无一定，而以自由结婚为多。如男女之间密有婚约，以家庭及环境关系不能如愿以偿，恒有相率偕逃之事。惟番人最重门阀，亦讲"根子"，各与其相匹者为耦。例如：土官必与土官联婚，或与其地位相等之土司、屯守备联婚，则属特别情况[2]。不拘辈伦，不重血统，近亲宗支可成姻娅，叔母嫠[3]嫂亦为夫妇，恬不为怪。斯真蛮夷之风，而亟待改易者。

---

① 投刺：古代礼节，通报姓名以求相见或表示祝贺。刺，即书有个人信息及祝贺语的名刺或名帖。

② 此处疑有漏字，末句之"则"或为"否则"之误。

③ 嫠（lí）：寡妇。

凡结婚，男女两面情意既洽，则定期举行聘礼，次行婚礼。聘必有［相］当之礼物及聘金，如马、牛、大宝、服饰之类，娶时亦然。结婚期至，男女两家皆有亲友以礼物为贺，婿至女家亲迎，有年龄相若之男子数人同往，名曰伴郎。结婚之后，同宿三日，新妇即回母家，别择吉日迎之以归。或谓只同宿一夕，待一年后，有所出，始能返男家，殆非事实也。

结婚之外，尚有赘婿，即上门之说。在有相当地位者，如土司、土官、屯守备之类，只有女无子，则以其门阀根子为重，多不抚子而招地位相等者为婿，以继其禋祀，并保持其官阶，此例殆属多见。下焉者，则女子褺妇恒乐有夫，或男子贪恋女家之财产，往往有上门之举动。此种事实，以汉人向蛮家上门者为多，其职业多为木工、铁工或挖药夫。一入其门，恒操至劳至苦之工作，不能遽然脱离关系，亦足悯焉。

番地人初死，不殡不殓，家人伏尸号泣。最初，延喇嘛僧侣为之讽经，曰念开路经；继则请僧择期并打卦，以决定葬法。葬分四类。曰"天葬"，即截为小块，置之树间或高山，听鹰雕啄食。一般人之思想，以天葬为死者生前无罪，隔日往视，如啄食早尽，尤善。曰"地葬"，即埋诸地下，但行之者鲜。曰"水葬"，即投诸河。曰"火葬"，即延僧念经，须念到死者尸体复柔，次置于匣内，舁①于燔柴地点，以火焚之。

番人度岁，礼佛祀神，家人聚饮，更换服饰，往来贺年，亦如中土。以无文字纪事，家长趁新年之始，召集家人演说其全土掌故或家庭过去事实，使妇女尽能知晓者恒有之。无所谓夏节秋节。

番俗有跳神之举。黄教正月十五日行之，红教五月初十日、六月初十日或八月初十日行之。皆僧人拌［扮］演，或带［戴］面具，或否。其宗旨在演阴曹之因果报应，使人知所警觉，改邪向善。跳布札②，演藏戏，于办佛会或丰年或土官有喜庆事时行之，仍僧人拌［扮］演，多带［戴］面具，其宗旨亦在劝人为善。跳歌庄，于新年或有喜庆事时行之，由人民自由结合，不分男女，以一人为首，提马铃或手巾为众人倡，人数由十数人乃至五六十人，互相携手，团为圆

———————————

① 舁（yú）：共同用手抬。

② 跳布札：源自藏传佛教的一种法事活动，由喇嘛装扮成神佛魔鬼等，诵经跳舞，驱除邪气。

形，随唱随跳，手舞足蹈，皆有音节、词曲，亦有喜怒哀乐之分，跳毕聚饮，尽欢而散。但草地西番，则不常跳歌庄也。又治哑吧〔巴〕斋，红教四月初十日，黄教六月十五日行之，僧俗皆到。第一日，洗身，只用午餐；第二日，完全绝食；至第三日晨，始用面汤少许；除念经外，三日间不言不语。其迷信竟有如此之深。至于念春经、念冬经，平时念太平经、善经，等等，惟有力量者能之。贫苦者不过许愿、磕长头、插嘛哩旗而已。

第六编　经营草地概论

谢培筠　编

凡处分一种事宜，各个人意见恒有不同。经营松潘草地，何独不然，兹谨就个人管见所及于经营草地，论列如次，倘得为经边者之助，是则馨香祷祝者也。

（一）经营草地之必要

我国历代经边，莫不先以武力，继以羁縻，只求蛮夷慑服，岁有朝觐，足以夸其疆域之大，藩属之多，即认为已尽经边之能事。今也不然，世界进步，万国竞争，各国无不以开辟疆土为急务，以殖民通商为政策，荒土僻岛在所必争，两极冰洋时事探险，纯为图其国家之强盛，种族之繁荣。今我如于目前之草地，听其荒废，未免有背潮流。此就时势而言，急应经营草地者，其一。

总理手订《建国方略》《建国大纲》，皆以殖边垦荒、开发山林川泽之利为唯一之教训，以定立国之方针。而扶助弱小民族，使之能自决自治，亦垂为矩海，昭示来兹。国民政府对于开发西北，复极所注重。今草地为蛮夷之所居，足有开发之价值。如仍以化外日之而不从事建设，未免有背总理遗教，且违国是。此应积极经营草地者，其二。

草地地广十余万方里，原隰相间，河流极易疏浚，可种麦、稞之地甚多，土人未尽耕垦。其他如牲畜、鹿茸、麝香、野牲皮，药材之属，产量小复不少。就草地西番现有富力而言，姑以人口三万户为标准，每户之马、牛、羊三大项牲畜全作牛计，每户至少有牛三十头，每头均作为值三十元，只牲畜一项，已有二千七百万元之多。而农产、香、茸、野牲皮、药材尚不与焉。倘再竭力经营，其富力之增加，何可以数计。此就草地本身而言，亟应经营草地者，其三。

西北利亚①，昔固广漠之荒原，经俄人锐意经营，农产发达，已有西北利亚谷仓之称。库页本吉林三姓属岛，自一九一〇年日俄战后，日得其半，积极移民，尽力开发。最初日人不过一万人，至今已达五十万人。我松潘西北之草地，其地面虽不及西北利亚之宽广，而实较大于库页，气候纵曰高寒，亦不如西北利亚、库页之寒冷。外人可资其地以殖民，岂我不能借草地为民族发展之地盘？又有阿西、墨洼民族，原属西康、德格附近尼亚垄之部落，因不乐居其地，于数年前率百姓约八百户，移住四川松岗土司辖境，继远道来投中阿坝墨额大土官杨俊扎西。杨纳之，安置于阿姆河②及噶溪河流域。墨洼人素重服从，善骑能战，但知循分守法，到其地后聚族而居，勤于牧畜、剜药，间种青稞。其所住区域广袤，约五百里，昔本荒凉，今渐繁殖。土官郎诺今夏来见，循循然有中土人士之风。证以外人及本地之事实，草地洵大有可为。此应积极经营草地者，其四。

外人之侵略我土地也，大都先之以调查，继之以要挟，以至于割据。及我知其原委，提出抗议，据理力争，多已迟之无及，此例殆属多见。据各土官言，草地尝有西人游历，操番语甚娴熟，调查事项极详尽，但不知其为何国国藉〔籍〕，可以见外人之用心，兼之英所经营之西藏，俄所经营之蒙古，皆与草地番人相接近，难保其不无秘密勾结之行为。倘因番族内部细故之争执，一方思假外援以自固，外人遂乘隙而入，其患何可胜言。此就国防及省防而言，亦亟应经营草地，其五。

我国近年以来生齿日繁，事业亦不发达，内地恒有人满为患之感，兼之工业窳败，国人又日习于奢侈，以致外货充斥，利源外溢，尤日盛一日。譬如草地所出羊毛，每年运出国外，外人以之制成毛织物，如织贡呢、哔叽之类，又以之运销于我国，殆属事实。倘能开发草地，提倡实业，未始非消纳过剩人口、挽回利权之一法。此就移民实边而言，亟应经营草地者，其六。

（二）经营之程序

包座、铁布、作革、乔柯、果洛以及黄河上游各部落与陇、海、康属番连

---

① 西北利亚：即西伯利亚。

② 阿姆河：今红原县阿木乡境内阿木河。

界，各番对于管辖寨落恒有争议，实际管辖之权亦不明了，亟应由四川当局知会甘肃、青海、西康当局特派专员会同清厘疆界，确定主属。

内部各番管辖寨落亦多纷争，应由四川当局特派专员从事清厘。凡土官阶级所管寨落数目，暂以前清所定者为标准，一律加委，令其管辖寨落，约束百姓。更斟酌情形，委以兼职；文职如区长、村长、寨长，武职如番兵司令、番兵队长之类，引起接受汉官之观念，若辈必欣然乐从。缘设治局之组织，虽已明令公布，而土官百姓思想极旧，若骤语以改土归流，必然惹起反感。近有某省于某夷地设县，及大府所委，县长到境，土官人民移帐房以去，纯为事实。故须有此过渡办法，方为周妥。

政府对于土官，恢复土饷制度；番人对于政府，凡产稞、麦地方，令其酌缴麦、稞。牧畜地方，令其酌缴牛、马。年著为例，庶政府与番人之间，方能发生关系。

番地民刑事件，轻者由土官或土官以次之首人处断，报请地方长官查核。重者必须呈报地方长官处断。庶番人渐知国法，不敢任性恣肆。

民国成立，五族平等，待遇番人固不容有种族阶级之观念存乎其间，然畏威而不畏德为其根性，而番地驻兵以风俗及气候关系，又非所宜，应于松潘县城及马塘两地配备相当兵力，以资镇摄。更成立马队若干队，以为游击、护商之用。

来往商人应令土官负责保护，或派马队护送。每岁更派相当人员出关巡视，酌带马队同行，遇有夷案，准其就近处理，分别呈咨备查。

番俗，凡失主捕盗致死，须偿命价，以故劫盗案件层见迭出。应先知会邻省，会同严禁盗匪。如有劫案发生，依照法律从严治罪，并将此项禁令布告周知。庶番人知所敬惧，不敢为匪为盗。

会商甘省开辟包座达戒寺或桑杂为商场，并疏通各路商道。开导墨颡土官，扩充阿坝商场，以便进而与西北之果洛及黄河沿各地通商。

番俗锢蔽，骤语以学校教育、社会教育，势有难能。纵以汉夷联欢会各名目异其推诚接洽，考查现在状况，亦难收效。惟商人经商以主客关系，最易取信。不若组织一商业公司，遴选知识相当、忍苦耐劳之人员经理其事，借便宣传，其效力敢云胜于特别宣传数倍。英营印度收效于东方印度公司，日本于东三省之南满铁道会社，固有先例存在。及番人有相当觉悟，再进而开办学校，启发事业，改良风俗，当不甚难。

草地道路，亟易平治。宜先修筑黄胜关至包座以至桑杂，或由黄胜关至阿坝至马塘之马路，斟酌情形，行驶汽车，并设置驿站，以利交通。

渡河地方，如饶必清河、噶溪河应置船或筏。至于邮政电信，俟商务发达，斟酌设置。

开垦应以黄胜关外两河口西北地方及南首之中瀼口以上为起点，俟有成效，徐图推进，疏通河道，须与开垦工作相辅而行。

收买各地牛只，于松潘开设牛肉罐头工厂。

于草地适当地点，开设牛乳罐头工厂，并逐渐改良牛种。

松潘现在运出羊毛，泥沙、羊矢搀杂其间，既碍品质，亦耗运费。宜于松潘设置洗毛工厂，以资改良，并逐渐改良羊种。能以羊毛纺成毛线，利益尤大。

草地产药，贵重药品如虫草、贝母，次要药品如秦艽、大黄、甘松，杂药如羌活、赤芍、苁蓉、五加皮之属，不下五十余种。应开导土人及时采掘，能研究药物生长之土，宜加以人工培植，俾其产量增加，更就各药加以精制，去其渣滓，取其精华，得便于医药之用，尤善。

阿坝产马，身材高大。宜就地改良马种，渐次移饲于内地，以供军马之用。

惟公獐产麝，惟牡鹿产茸，此一定之理。土人不分牝牡，概行射杀，殊属不仁。宜发布禁令，只能捕捉公獐、牡鹿以资繁殖，而重动物之生命。

草地绝少森林，宜劝导土人多植树木，以供燃料及建筑之需，于培植风致，防御风沙及水患、旱灾，均属有益。

以上所述，斟酌目前状况皆属简易可行，且行之极易收效。若夫扩大之组织，实施之规章计划，则请俟诸异日焉。

第七编　视察松潘草地日记

中华民国二十二年六月　南充

六月一日　晴

本年四月，奉邓军长命赴松潘黄胜关外，择相当地点，会同甘肃省政府所派专员，解决川番墨颡与甘番拉不朗寺政教纠纷，就便考察草地疆域、物产、风俗等事。于五月上旬率同随行人员暨护卫士兵，由成都启行。沿途因事耽延，及五月中旬始达松潘县城。而成都、松潘间，人所习至，余亦数经其地，无须特别之纪载。故余之日记起于由松潘出关之日。维中华民国二十二年六月。

墨拉夷案之缘起。按：拉不朗寺为甘省属番，仅一黄河之隔，与川番作革、乔柯各部落连界，自来崇信佛教，由寺院管理人民。当有清道光年间，该寺图扩张势力，在于川属上阿坝骨摩坎地方，借地建寺院一所，名曰普慈寺，继改为骨摩寺①，派遣大喇嘛管理寺事。未几，侵略川番作革、乔柯、阿坝各部落，至一百二十五寨之多。光绪中，由川甘总督奏请派员查办，勒令拉寺退还侵地，撤回假土官，完案。距今数年前，两番之间纠纷复起，拉方欲据上阿坝六寨、安豆八寨为己有。当地土官人民以自来受四川管辖，不愿归附拉方。中阿坝墨颡寨土官以唇齿关系，亦不欲拉方得志于上阿坝。于是川属上、中阿坝一致联络，与拉不朗寺对抗。双方陈兵于黄河上游，大有一触即发之势。二十一年（1932），两省政府两次派员会议，订立条款，勒令双方息兵。条约大意：以土地人民管理之权属之于四川，以教权属之于拉不朗寺。所有政教权限，另由两省派员，召集双方当事人暨附近公正番目，于今年开善后会议，再行划分。斯即余此行之任务。

---

① 骨摩寺：推测是各莫寺，位于今阿坝县各莫镇，藏传佛教格鲁派寺院，甘肃拉卜楞寺分寺之一。

旧例：凡汉员出关，应由关内西番上三寨负担护卫责任，下三寨负担夫马责任，各以三百名为限。余到松，即会商松潘唐声嘈①县长，护卫夫马仍由关内西番担任，唐县长极赞成。一面由哈副官有德、马通译官登霄从旁开导，余亦正式召集上三寨商巴、寒盼、祈命大小土官，下三寨东拜、巴朗、牟尼，下尼巴各寨土官，大寨大小土官、谷斯副土官及谷学寨老民一当孝到办公处宣布政府威德，谕以派护卫、夫马之理由及其数目，各土官均唯唯听命。所有护卫五十名、夫马六十名，约定于本日齐集县城，候命出发。兹事之进行顺利，实声嘈县长之赐。而哈、马两君之为力亦多。

出关需用锣锅、帐棚、皮吹火筒，同行员兵需用老羊皮裈毡子裹腿，毡衣革履及干粮食品，本日亦准备完善。

六月二日　晴明

正午，由松城出发，官绅团队咸来欢送，因附城之西番夫役金请返家，摒挡一切，耽延时间。仅行二十余里，宿营于松城北关外高屯子②上面之沿河坝。是夕，即初试幕天生活。当滞在松潘时间，中阿坝墨颡大土官杨俊扎西为表示欢迎之诚恳，特派上阿坝六寨首席土官蒋旺扎西、安豆八寨首席土官董周、兵头特尔多前来迎候。此时同行回阿坝，以便沿途照应一切。此外随行人员为副官吕世伦、王文凯、吴仲虎、余次子增琳、通译官马登霄、何秉成、大中华相馆馆员黄忠翰、张世芬，测量局测量员孙纬松及二十八军警卫司令部参谋刘汉升君。

旅行草地，不便用肩舆，亦不能徒步，余与一行官兵均乘马。

六月三日　晴明

由沿河坝拔幕绕道赴漳腊，与漳腊金厂总办田为伦、区长杨兴成、绅士汤绰如、文济和、任羽通等畅谈一小时。行二十里，经东拜土官官寨，土〔土〕官已因事赴羊岗。其弟率同老民、番兵于寨前张幕烹茶欢迎，余略事开导即去。又行十余里，宿于荥经桥下方之荥经坝。本日所经，路随峰转，有耕作地而不多。两

---

① 唐声嘈：即唐尚珍，1932年任松潘县县长。
② 高屯子：在今松潘县十里回族乡高屯子村。

山尚有森林，有河自西北来，于船子沟与岷江合流。

六月四日　初晴继雨雪

因各寨护卫、夫马未到齐，即于荥经坝休憩以待。缘西番出关，习惯上由松城出发，当在关内时间，每每故为逗留，必待出关以后方能一往直前。此固其延玩之劣性，然一时难以纠正，故姑听之。午后三时许，冰雹骤至，继复风雪交加，良久乃止。

六月五日　晴

由荥经坝启行，十里黄胜关，沟渠之水漫流道上，泥泞持〔特〕甚。二十里两河口，又二十里格摩垄①。下马休息，中间曾乘马涉水。又二十里哈清垄，或曰杀鸡垄。约共行七十里，张幕宿焉。是夕，天雨雪，堆积约五寸。

垄，番语"沟"之意，余权译作"垄"字。哈清垄，汉人又呼为"报马沟"。

黄胜关在松城西北七十里地方，垒石为关，并不险要。习惯上以此为熟番与草地番之界限，因著名。有居民十余家，多为汉人，沟内乃番人所居。人称黄胜关外即为草地，莽莽平原，一望无涯。嗣经详加调查，已知其说之非。今身经其地，见其自黄胜关至哈清垄一带山形与松城北方相仿佛，沿途多细柳荆棘，则又似理番之来苏沟，益证明最初所闻之谬。出关里许有武圣宫，考碑志，为清漳腊营官兵所建，殿宇倾颓，而壮缪相貌庄严，侧有某参将遗像。出关之汉番人多前往爇②香，祈行程之安全。由此渡河，有木桥一，亦朽坏仄狭，骤马须涉水而过。

两河口为由浪架岭方面自东北而来之水与由格摩垄、哈清垄自西南而来之水合流之处，向北直行为达包座及羊峒之路。余系往阿坝，故由此折而西行，渐登缓倾斜之土山。沿途无耕种地，问有森林，观其上质，当可耕垦。

哈清垄南接毛儿盖，北达包座，以至于作革十二部落。黄河北岸之俄朗纳尔

---

① 格摩垄：今松潘县川主寺镇格莫隆。
② 爇（ruò）：点燃；焚烧。

得人，时来此行劫汉、番商人，经过其间咸有戒心。

六月六日　阴晴

由哈清垄行，约五十五里哲补山，又行二十五里于洞垭沟口宿焉。本日所经大都山蛮〔峦〕起伏，原隰相间，山不甚高，倾斜亦缓。既无居民，且多荒地。道路泥泞渐甚，其实无异马行泥坑中，无所谓路也。

距哈清垄四里许，为分路地方。北行经噶冻杨家岭可达中阿坝墨颡寨，惟闻沿途陷泥荡甚多，易陷马蹄，故余等折向南行以避之，然乘马涉水渡河之处，计经四次。

六月七日　阴晴

由洞垭沟口启行，约行七十里，宿勒格垄。沿途概属荒原，经过地方无从知其小地名，且草地道路未经测量，而马行速为徒步，每日行程虽号称五六十里或七八十里，实则较内地道里之长几倍之。本晨，行约三十里，渐登缓倾斜之土山。至此以后多属高原，乃为真正之草地，汉、番人呼之为上台。道路泥泞，较前尤甚。马行地上，地面为之动摇，盖以水潴于地，而鳞隙作龟裂状，益以腐草堆积，地表疏松，故成如斯状态。午后，风雪交加，温度骤然低降，路复不良，而预定可以张幕宿营之勒格垄犹未到达。值此空中风绞雪，地面滥泥坑，余等行经其间，不免有行路难之感。

旅行草地概系露宿，似乎随处可以张幕，但亦有相当条件之选定：（一）地面比较干燥；（二）水草薪材须极便利。草地森林无多，无论山坡平原，除草而外无他物。有时无薪材可供燃料，则集牛粪以代之。故于宿营地须选择也。

六月八日　阴晴

由勒格垄启行，循小山峦旋转凡七八度，坡际路线极多，均作阶段状。几如沿大螺旋以行，约五十里进独摩垄，又二十里库孔[①]，十里大将台，约共行八十里。

---

① 库孔：即库峑，也称竹勋坝，在今松潘县毛儿盖镇草原村。

库孔，番语为皮火筒之意，谓其沟口狭隘。而由斯以进，则平原较宽。库孔，通称曰哭孔。余以其词意俱有未协，易名为竹勋坝，以志游踪。

至大将台，原名斩将台。相传有一汉人为带兵大员，征番于此，获胜，故名。殊不知意适相反，故亦易以今名。草地亦雁于夏季栖止之所。竹勋坝一带已多雁，翱翔上下，声彻云霄，动人客思。有番人拾雁卵数枚以进，特奖以米升许而去。

经历草地生活已有数日，其状况：晨起盥漱，进餐，即拔幕，乘马启行约行二三十里，则觅地熬茶休憩，以面包或糌粑充饥；又行三四十里或五十里，则觅地张幕，以三石顶一锅，熬茶造饭，牛马则放于平原间，俾其自行觅食，傍晚乃系于帐棚周围，以免逃逸。

幕宿草地，在废历月之上下旬，夜色黑暗，阴云蔽天。飙风倏至，冰雹交加，固无若何情趣之可言，甚且增人烦恼。然当明月在天，清风徐来，云霞掩映，山媚川辉，出帐一望，地开天宽，令人胸襟为之潇洒焉。

六月九日 初晴继阴

晨八时启行，约四十里许，狂风骤至，冰雹突来，呼吸不灵，群马奔逸，几于不能支持。又勉强行十余里，下帐棚于阿依贡康，亦因阿西墨洼郎诺土官定于其地来见，故宿于斯。午后三时许，朗诺土官奉小土官三员、百姓百余骑来，一律以红巾缠头，衣新制红色毡衫，袒其右臂，或荷叉子枪，或执戈矛，驰骋马上，精神焕发。及其入幕，匍匐以进，执礼甚恭，表示向政府输诚，至为恳切。余亦宣谕周至，大要为：（一）中华民国之组织、五族共和之意义及国民之责任；（二）四川省政府二十八军邓军长怀柔远人、维护边地之至意；（三）余此行之任务；（四）土官应约束百姓，安静住牧，不得为匪为盗。若辈皆能领悟，郎诺土官并进牦牛二匹，甜奶子、酸奶子甚多。当以之分奖汉番随行员兵，屠牛大嚼，皆大欢喜。途次无衡秤，各番分牛肉，其法：准番人组数，剖牛肉为若干起，各番拾石交于他之一人，其人以石置各起牛肉之上，嗣乃各自认石取肉，绝无争执。分他物，亦如之。虽属可笑，亦可取也。

阿西墨洼，原为西康德格附近尼亚垄地方之一部落，因不乐居其地，于四年前率百姓八百余户，走四川理番属之松岗，号曰新帐房，继远道来投中阿坝墨额土官杨俊扎西，杨纳之，安置于阿姆河及噶溪河流域纵横约五百余里。墨洼人素重服从，善骑能战而不轻与人挑衅。到斯地后，聚族而居，勤于牧畜剜药。以故昔之荒凉之区，今已成繁殖之域。其人之勤俭纯良，而草地之足以有为，可见一班〔斑〕。

缘自出黄胜关后，以至于阿依贡康中间，绝无人烟。如无墨洼人来兹住牧，恐至今犹属荒废也。

勒格垒及阿依贡康之北有色地坝，宽广五六百里，为草地着〔著〕名之大平原，土质肥美，惜无人耕种。邻接色地坝之撮顿，并产梨子、花红、白菜、莴苣，其土质之好，可知。

阿依贡康附近，墨洼人之帐房约四十余家。马牛羊即牧放于其帐之四周广场间，千百成群，茁壮以长，莘莘蒸蒸，的是可爱。

如前所述，墨洼男子似有振作精神，但妇女类多蓬头垢面，露胸跣足，令人望而生畏。

阿依贡康系番僧坐静修道地方之意。有洞在岩际，岩曰红岩洞，宽三丈许，深亦如之，可容百余人以上。余幕即设于其下。

昨今两日，经过地方，贝母甚多，作花作实，俯拾即是。土狗、雪猪亦不少，土狗或直立洞侧，或游行坡际，一闻跫音，即群奔入洞，殊难捕获。而马踏其洞，不无折足之虞，当注意焉。

六月十日　阴晴

由阿依贡康行约四十里，乘马打水过饶必清河，饶必清发源于上瀼口，北流入黄河。河面宽约八丈，深过马腹，然忠信涉波涛，殊不足惧。又二十五里抵扎西塘宿焉。

墨洼郎诺土官官帐房在扎西塘上方十里许，其土官、人民感余之优遇，复钦仰政府之恩威，特率马队百余骑，由阿依贡康护送余至扎西塘，以示诚敬。及余设幕休憩后，复令百姓演马术及马上射击，请检阅。当其纵马奔驰，举枪演种种艺术，乃于中途实弹向的发枪，继复演种种艺术而后已。又有其身时转马侧，时倒骑马腹，或仰身及地拾取物品，技艺娴熟，射击准确，殊堪嘉许，当奖以大茶肆包，彼辈称谢而去。

在饶必清河之南，有所谓仁贞甲么者。番语仁贞，意〔义〕为女子，甲么，义为汉人，合之即汉妇之意。相传昔有一汉妇，其夫由松潘赴草地经商，经年不返，亦无信息。妇裹粮只身寻之，不良于行，经日即病，至饶必清毙。诸途人以为是妇即为此山之神。自是以后，凡汉商经过其间，虽当晴霁，必骤大雨，俗传为是妇思乡落泪。余偶谓，如余一行经过不雨，立庙良难，当为之竖碑，如番人之麻礼堆[1]，妥其精灵，且表彰其事，使人咸知其义烈。今果晴，将来当践言也。

六月十一日　晴

由扎西塘启行，越独耳玛山[2]，约于二十里地方，烹茶小憩。又约行五十里，宿于黄耆节湾[3]。近日所经平原多而且广，纵称越山，亦只循缓倾斜之草坪而走，与理茂懋属之巉岩峭壁〔壁〕，巨石晗砑，河流湍激，两山夹峠，九曲羊肠偏在山畔者，正自不同，尚不令人心摇目眩。兼之目前之浅草铺茵，间花缀锦，远望则雪堆岭上，一起一伏，恍如巨浪洪涛，此种风景迥非内地所能见及。而白翎子鸟时在道旁，颉颃〔颃〕上下，声韵悠扬，黄羊野兽，突奔而来，见猎心喜，亦别有兴趣。是日，设幕之草坪，接近一小河，河多鱼。随行员兵群往捕捉，所得甚多，烹而食之，更新鲜有味也。

六月十一〔二〕日　晴　午后雪

由黄耆节湾拔幕启行，以本日将过噶溪河，既无舟楫，复苦深广，特命随行兵士伐木作筏料，运往河畔备用。及行十五里许，抵噶溪河，亦曰白河，发源于侧耳玛及大藏寺附近，北流入黄河。河宽约十五丈，深及丈余，较饶清之乘马打水尤险。马通译官登霄先渡，水淹马背。嗣有人另觅水口，比之登霄所过者略浅。余乃决心仍乘马徒涉，不用木筏。土官董周、特尔多及马通译〔官〕之弟等数人，于余渡河之际，先后拥护，以防意外。顷之，安全到达彼岸，诚幸事矣。

---

[1]　麻礼堆：即前述之嘛哩堆。

[2]　独耳玛山：在今红原县阿木乡与邛溪镇交界附近。

[3]　黄耆节湾：即房沟吉湾。

登岸，烹茶小憩。又约行三十里，宿于常清谷地方。

六月十三日　阴晴　午后雨雪

由上清谷拔幕启行，二十五里小憩。又行十里，马通译官熬茶以待。又行十五里自〔至〕达尔节格塘①，汉人称为跑马塘。又行二十里，宿于甲本塘。至此已合由噶冻杨家岭入墨颡之路。

由扎西塘以至达尔节格塘凡三日，沿途又无居民。至达尔节格塘前五里地方，始有贾诺人②帐房在焉。户口共约一百四十户。贾诺本黄河沿南岸部落，因受邻番压迫，来投墨颡，杨俊扎西令其于此地住牧。闻人云：其土官因事他适，且不知余将取道于斯，故未来迎候。当经过其帐房，当地居民正取羊乳，羊排列成行，俨若曾经训练者。然继经考察，知其系先引一长绳，而后以次系羊于绳，故如斯整齐。

番人喜畜犬类，高大而猛恶，当即通常所称之獒〔獒〕。有人经过其间，辄任犬狂噬，不为制止，以瞻其人有无制犬本领，对于汉人尤然。余一行人员，经过贾诺帐房，居民仍照习惯对待，几为群犬所窘，嗣以手枪佯为轰击，土人复出而驱逐，犬乃逸去。

甲本塘，人多呼为鉴波塘。相传，番语"甲"为汉人，"本"义取诸十万，昔有汉员带兵十万到此征讨蛮夷，故名。其右侧坡际尚有汉兵墓在焉。

六月十四日　晴继雪

由甲本塘启行约三十五里，于南堪玛③小憩，在其附近小河捕鱼至多，缘番人谓鱼为水中之菩萨，向不钓取，今以饵入水，为群鱼得未曾有，故喜来吞饵，易于上钩。又行二十五里，于纳格藏下帐棚。纳格藏亦黄河沿部落，其来投墨颡之情形与买〔贾〕诺人同，所管百姓约一百五六十户。土人所居为土屋，编树枝为篱，泥封其顶，屋高不过丈许，至为湫隘，人民冬季所居，民曰冬房。春夏，

---

① 达尔节格塘：今阿坝县贾洛镇达尔角塘。

② 贾诺人：即居于今贾洛镇一带之族群，由甘肃玛曲县迁徙而来。

③ 南堪玛：在今阿坝县贾洛镇勒坤玛村。

则携帐棚，遂〔逐〕水草，以营牧畜。此外尚有蕵诺人，其住牧地距纳格藏西北五十里地方，亦只一百余户，仍受墨颏管辖。

六月十五日　阴晴　午后微雪

由纳格藏启行二三十里许，熬茶休息。又行十里许，过墨耳玛[①]人帐房，其土官率夷骑二百余骑于广场中迎迓，及余马经过其行列间，则驰马放枪，欢呼不已，以示欢迎之热烈。又行十五里许，于蕵柯之卓根地方张幕止宿。墨耳玛人送来牦牛二匹，酸奶、甜奶各四十余桶。

墨耳玛亦早投墨颏之民族，群土官来见，待遇如墨洼人。各夷骑亦演马术及马上射击，其技艺较墨洼人稍逊。

本日拟布告说明此行赴草地之任务及原因。命人先持往阿坝张贴，俾汉番商民明了真相。

六月十六日　晴明

晨于幕中早膳即行。上阿坝大土官蒋旺扎西、董周先回本寨，各派夷骑约二百名到此欢迎，墨耳玛土官亦率夷骑约一百名同行，沿途欢狂，兴高采烈。约行二十里，小憩。又行十里许，入下阿坝麦昆人境界。中阿坝墨颏大土官兼游击司令杨俊扎西率其子华尔功成烈饶布敦迎于道左。中阿坝汉商老民遮马首、投刺迎迓者，络绎不绝。墨颏所属番民，为数在三千以上，均各乘马排列于大道两旁，武器或负枪弹，或荷戈矛。服装或衣本来夷服，或着古代盔铠，形状不一。而盔铠有为铁制者，有实漳棉者，剽悍而拥〔臃〕肿，为余生平所仅见。方余之将至也，若辈端坐马上，群马无哗，及过其行列间，则驰骋〔骋〕欢呼，争先恐后，万马奔腾，动摇山谷，足见其欢迎之肫挚[②]。旁观之男妇老幼，以及身披袈裟之喇嘛，万头攒视，俨若人海人山。又行十里许，于汉商特设之大帐中休憩，乃赴本帐驻宿。未几，得甘肃省政府特派员龚、李两君来书，云：余约于黄河沿齐哈玛地方召集会议，极表赞同，盼余早到。亦云巧矣。

---

① 墨耳玛：在今阿坝县麦尔玛镇。
② 肫挚（zhūn zhì）：真挚诚恳。

自纳格藏至麦昆，中间又无人烟，及到麦昆始有耕作地，绿野平畴，稞苗麦秀，爽人心目。下阿坝及中阿坝人民所住为屋宇，多围以土墙，有楼，泥封其顶，远望之殆如西式楼房。

中阿坝墨颡官寨位于松潘之南，通常称为南首，实际厥在草地之中间。北通作革、乔柯，西达俄落，南至安曲、瀼口，东为通松潘大道，以故汉人经商多以此为目的地。有商场曰甲康，专为汉商所居。在官寨前者曰下甲康，汉商约三十余家；距官寨上方十里许，在格尔得寺①之前者曰上甲康，汉商约六十余家。计自松潘首程至中阿坝，历时半月，白日鞍马，昏夜帐棚，跋山涉水，饮雪餐风，人马均觉疲乏，今达墨颡，可以小休，一行官兵均欣欣然有喜色焉。

六月十七日　晴

杨俊扎西设筵招待同行官兵，甫至寨门，杨偕其妇华尔诺先候于门外，夫妇同进哈打〔达〕，执礼甚恭。入室席地而坐，杨向余有所陈述，其大要：（一）服从政府命令，约束百姓，安静住牧；（二）阿坝与拉不朗寺纠纷之缘起、经过、现在状况及将来解决之希望；（三）对于余表示慰劳及信仰之诚。余剀切开导宣慰之，彼极感佩。顷之，进馔，食品除少数海产、干菜及牛羊肉外无他物，殊不可口，缘草地番人不畜豚，虽畜鸡，只供玩弄，不肯烹而食之，故肴馔之种类较少也。

草地番人原为五十二部落，今以时势变迁，已只四十余部落。著名者，东北为铁布七寨、羊峒八寨、后山五寨，北为作革、乔柯、郎惰，南为三阿坝、三安曲、三瀼口、绒倘、绒洼，西北为三果洛、木花颡、夺清旺巴②、周基、雪花等部落。中阿坝之杨俊扎西，三果洛之抗申、抗甘、贡玛颡，势力比较雄厚。

杨俊扎西，本为木花颡人。因中阿坝老土官甲丹蚌死，乏嗣，仅一女，即华尔诺，特以杨为赘婿，继其宗祀，袭其土官。杨现年四十余岁，壮貌魁梧，沉毅果敢，深明大义。彼既知倾心政府，而上阿坝之原有六寨及原属上阿坝安豆八寨各土官亦深佩杨之为人，与之行动一致，实际无异与之拴头而服从其命令也。

---

① 格尔得寺：即前述之"格而低寺"。
② 夺清旺巴：或为旺清、夺巴之误。

本日，杨俊扎西欢迎余及随行官兵，移驻官寨，嘉其诚恳，特许之。

得甘肃代表自作革方面转来函二，词意同前。番地无邮政信件，须派单马专送，或交商人附带，今迭接函，皆云愿和平了结墨拉夷案，此心殊快。

六月十八日　阴晴

召杨俊扎西研究应付拉不朗寺方案，以保全四川土地、人民，明白划分政教权限为主旨。根据此说，分别致函甘肃代表龚君子瑛、李君育三及拉不朗寺番目黄子才司令，复约定在齐哈玛会议日期。墨拉夷案，川方之当事人为中阿坝墨颡土官杨俊扎西及上阿坝各土官，甘方之当事人为拉不朗番兵总办黄位中及其子黄正清番兵司令。按：杨俊扎西远居边徼，在前未与内地通，及民十七（1928），杨氏抚权任川西汉军统领，驻军松潘，杨始内附，由抚权转呈二十八军邓军长，请委以游击司令之名义。其时余代行屯殖督办职权，邓军长咨以可否委任，余极端赞成之。至拉不朗寺当权者，原为活佛。前活佛死，考查结果，知其活佛转生于西康理化县①黄位中家。寺中之执事喇嘛派人往迎活佛，即位中之次子，而位中及其长子正清、三四子等均相率到拉不朗。其次子蒋旺祥巴自然为拉寺之活佛，承继其原有嘉木样佛之称号。位中未几亦任其番兵总办。正清，号子才，于民十七（1928）复由甘肃省政府委为拉不朗番兵司令。当今年约开会议之初，拉方呈报甘省政府，转请四川限制杨俊扎西以游击司令名义干预会议。余谓：墨拉无异诉讼之当事人，川甘两省特派员实居于裁判地位，如墨方不能以［游］击司令名义出席，则拉方亦应以番目资格与议，不得沿用番兵司令名义。特电邓军长请转电甘省，声明此旨，得覆，许之。

六月十九日　阴晴

上阿坝各土官来见，余开导宣慰，亦如墨洼、墨尔玛、杨俊扎西等。按：中阿坝原有十二寨及墨洼、墨尔玛、贾诺、热诺、纳格藏各帐房，全由杨俊扎西一人统率管理之。至于上阿坝六寨，又分为若干小寨，土官有二十四员之多，不及中阿坝之单纯。安豆八寨亦上阿坝之一部落，各有土官，然其甲地寨土官董周尚

---

① 理化县：今甘孜藏族自治州理塘县。

能提挈一切，而与杨俊扎西拴头。

六月二十日　阴雨　午后微雪

因有汉商赴果洛，特发抗申、抗甘、贡玛各土令文，令其来见。候宣慰文，由马通译官登霄口驿〔译〕，一番僧以番文笔记之，呈军部督署说明沿途经过及到墨颡情形，并写家信及致各方函。由杨俊扎西派军马专送。

六月二十一日　阴晴

又发麦昆、旺清、夺巴、木花颡、三俄落八土官各处令文，词意与令抗申、抗甘者同。

六月二十二日　晴

阿坝各番自墨拉纠纷起后，为防范拉方突然进兵，不敢出外经商，深以为苦。及余到达，各土官于本日来请可否前往松城贸易。余当允切实保护，并函甘省代表制止俄朗纳尔得人行劫，以为和平之表示。本日，阿坝番人及慈洼已有十余锅弄同赴松城。锅弄，即队商。因夷地匪徒出没不常，商人须结帮同行，一锅为食，故一帮曰一锅弄。慈洼为寺院以资本派人经商之特别名称，番人信佛，慈洼插红旗，或置红毡于牛马之上，无论何时何地，均无人对之行劫，其迷信观念之深可以知之。

六月二十三日　晴

上阿坝滋郎寺[①]大喇嘛藏哇贡安派番僧二来见，请保护。滋郎寺，即择参巴寺，为坐静寺院之意。当清光绪十七年（1891）间，拉不朗寺意图侵略川番，进兵袭阿坝，曾杀该寺僧人数名，焚毁经卷什物不少。嗣经两省奏请派员查办，勒令拉方赔偿命价、物品结案。今特请保护，亦惩前毖后之意也。

上阿坝墨洼寨土官之三子格尔藏[②]，率百姓数人来见。格年约十一岁，余抚

---

① 滋郎寺：即孜郎寺，位于今阿坝县各莫镇正大村，属藏传佛教觉囊派寺院。
② 格尔藏：也作噶而藏。

慰备至，缘其父索朗及其兄于民十九（1930）为拉不朗寺人所刺死，事至惨，不能漠视。而墨洼老土官之见杀，为阿拉启衅之一大原因。但格年既幼，其二兄海善言，曾在甘省某学校肆〔肄〕业，现任国军第九师青海警备司令马子香部副官，未回寨，寨事不可无人主持，爰令其寨首文诺、泽旺二人暂为管理之。

六月二十四日　阴雨

杨俊扎西因余一行员兵平安抵中阿坝墨颡寨，自本日起特延僧十余人讽经，此为念太平经祈福之意。番人最信佛教，凡事必讽经。有疾病不事医药，亦只念经禳解。习俗如斯，不足怪也。

六月二十五日　晴

上甲康汉回商全体于甲康前设幕欢迎余及全体官兵。各商或久居阿坝，或偶往来于松、茂、成、灌之间，大都少闻外间事情，不能为讳，故于席次举国家之大势、四川之现状详为演说，俾其了然。且西番对于草地汉商，以主客交易之关系，最为信任，由各商以宣扬政府之声威，说明屯殖之真谛，易于灌输入番人脑筋，此乃强有力之宣传工作，亦不嫌词费之又一理由也。又，汉人赴草地经商，以政府无相当之保障，时受番人压迫。余于杨俊扎西等来之时谈话，既告以五族共和，汉夷须一律平等。今于汉商复重申此义，以图汉夷之融洽，商务之发达及边境之乂^①安焉。

六月二十六日　晴

游览格尔低寺。此寺为黄河沿格尔低之支寺，凡两楹，殿宇崇高，金碧辉煌，有僧约五六百人。大喇嘛原在纳摩地方，不常到此，只掌教及管家喇嘛来见，环而立之，僧众颇多。当以虔心念经供佛，僧俗须一律平等各语诫之，番人信佛，因之崇拜喇嘛，而喇嘛恒借势凌人，对于汉商尤甚，余故为此说。

番人既信佛教，到处皆有寺院奉佛，且家有二子，必以一子为僧，余则类推，以故和尚喇嘛之数极多。寺门之前有两大车轮，上载铜釜，直径约八尺，高

---

① 乂（yì）：治理，安定。

约一丈，专供寺僧熬茶之用。闻系由甘肃洮州运来，番人作事之笨直即此可见一端。

六月二十七日　晴

中阿坝甲地寺①大活佛泽仲郎智禄周，派管家泽宗顿宋甲来见，以数十年以来未见政府人员，故特谒见，具述钦仰之忱。

本日赴阿坝河边游览，约八里即到达，其间平原宽阔，耕种地甚多，然亦有未耕种者。缘阿坝虽属半耕半牧，以其地广人稀，多半轮流种植。阿坝每年农作物之收入，不仅以供自身之用，且果洛以西之部落，每于秋冬之间运其香、茸、野牲皮、羊毛之属来易粮食，地方之富饶可以想见。阿坝河发源于上阿坝山后，水流较草地其他各河湍急，经下阿坝、梭磨各地，而与大金川合流。

六月二十八日　晴

上阿坝各土官来见，商筹赴上阿坝应行准备事项，并请示启行日期。发黄河沿乔柯四部，即勒尔玛、齐哈玛、下乔柯、阿万颡四部公文，宣传政府之声威，说明此行之任务。以其接近拉不朗寺属地，并令其调和阿拉意见。按：乔柯，通常称为三乔柯。

六月二十九日　晴

发安曲茶礼寺②谕单，令其呈明杀毙药夫案。因民国五年（1916）古历正月十六日，该寺曾杀毙汉人㧟药夫十五人，案悬未结，故有此问。

拟进住上阿坝及赴黄河南岸开会布告。上甲地土官泽巴矫因在病中，遣一隆波来见。隆波，即兵头。番人无常备兵，有事，人民皆应征调，由隆波统率。近年以来，以有阿坝③纠纷，阿坝人民随时备有糌粑、酥油袋，悬之壁间，大小不一。如出兵日期久，则用大袋；日期近，则用小袋。只待征调令到，其家之妇女

---

① 甲地寺：现称朗依寺，位于今阿坝镇洞沟村，属苯教寺院。
② 茶礼寺：即前述之查理寺，也作茶里寺。
③ 阿坝：疑为"阿拉"之误。

立为之备鞍马，男子则取袋上马以行，动作敏活，尚属可取。

又发作革十二部落、降杂喇嘛、色赤格尔低喇嘛等谕单，共二十份。按：作革十二部落，住黄河沿，通称为上十二部落。至降杂部落，为川番之好行劫者。商人马骏自康撒即抗申回，云：其土官康万庆定于数日内赶到墨颡来见。

六月三十日　晴

由墨颡，首程经格尔低寺、阿梗寨、纳休①、俄休寨②，约行四十五里抵上阿坝骨摩坎③，即下帐房。上阿坝各土官皆来迎候，骨摩寺即在其侧。是日，寺僧正演藏戏，人马杂沓。及余至，均前来探望，红男绿女、和尚喇嘛，环绕帐之四周，肩摩踵接，十分拥挤。所演藏戏当命人拍照，以志边地风景。

本日，又收甘省龚、李两代表函。

由中阿坝至上阿坝，其间人烟稠密，皆系寨落。平原多已耕种，稞麦青青，杂以野芸苔花，极是雅观。缘其地仍是半耕半牧，其未种麦稞者，一听野菜子之自然生长，倘易以家菜子，种取其实以榨油，岂不甚善。惜番人不知其利，而采购外来一元一斤之清油，翳可叹也。

七月一日　晴

上阿坝各寨土官来见，备述拉不朗寺对于上阿坝土官百姓种种苛虐情形，言次泣下，当尽情安慰之。

七月二日　晴

偕上阿坝各土官视察骨摩寺之喇嘛公馆时，有中阿坝所派番民设幕看守，当令杨俊扎西立时撒〔撤〕回，另由上阿坝各土官轮番派人守护，以示对于拉不朗寺注重和平。旋骨摩寺管家、喇嘛数人来幕求见，寺僧多上阿坝人，因信拉寺之教已久，对于拉方信仰较深，余当以最公平最诚恳之态度，就土地、人民之主权

---

① 纳休：在今阿坝县四洼乡纳休村。
② 俄休寨：在今阿坝县各莫镇俄休村。
③ 骨摩坎：在今阿坝县各莫镇。

及信教自由之界说，切实开导。各僧似领悟者然。

七月三日　晴

安豆泽寺[①]僧及各土官来见，泽寺为安豆八寨寺院之一，有僧六七十人。杨俊扎西派人报称，康撒大土官暨安羌各部落土官均来墨额求见。

按：抗申、抗甘、贡玛三部落，以前住牧区域，在今之绒㑇、绒洼，本有绒、抗申、抗甘等名称，嗣迁移于果落地方，称曰阿郡抗申、阿郡抗甘、阿郡贡玛。抗申，又作康撒。今之三土官为三弟兄，具有相当实力。当清嘉庆十九年（1814），中郭罗克（果落）贼番在尼牙木错住古地方，将接壤之蒙古玉树番放枪抢劫，并将百番长兵伤毙。朝命四川总督多隆武[②]、松潘总兵福智先后统率汉夷官兵前往查办，经三月藏事。自是以后，几一百二十年后，无汉官汉兵到达其间，当地夷人自未得见汉员。今康撒大土官闻风依附，而又以别种关系不愿到上阿坝，故余决定折回中阿坝接见之。

七月四日　晴

晨起，乘马赴独音寨，约行五里即达。此行系专为考察清光绪年间松潘同知武文源[③]所竖之碑。其碑在独音寨土官蒋旺扎西官寨门前。其文曰："漳腊参将杨茂林、松潘司马武文源，随带官弁张从礼、邹启程……暨马、步兵勇，汉、番书役人等，会同甘员办理拉不朗寺历年侵占川番寨落，焚杀择参巴寺院经卷、命物各案。驻军三月，公事完竣，爰赘数语，权作雪泥鸿爪之意云尔。光绪二十年（1894）岁次甲午秋日，山左武文源书并记于上阿坝。通事军功徐治国，择参巴寺掌教藏哇喇嘛，上阿坝土千户顿文蚌，副土目腊王旦王登"云云。

当余抵寨，土官蒋旺扎西即于寨前张幕备宴招待，看馔人各一份，为熟煮牛羊肉、延寿果饭、奶渣、酸奶、甜奶之属，味虽不佳，却清洁而丰富，亦可取。

正午返帐，即赴中阿坝。

---

① 泽寺：即下安斗寺，位于今阿坝县安斗乡华洛村，属藏传佛教格鲁派。

② 多隆武（？—1826）：乌素尔氏，满族镶白旗人，清朝大臣，时任四川提督而非四川总督。

③ 武文源：清代书法家，字西昆，直隶（今河北）人。

番人食品以牛羊肉、酥油、糌粑为常食，乃其习惯，而余等常需蔬食，故时觅菜蔬以佐食料。阿坝地方亦产菜蔬，如莴苣、白菜、青菜之属，然土官常禁百姓种植，只容寺院之喇嘛偶一试种。各土官喇嘛等以余喜蔬菜，时亦于寺院中采撷以进，然产量有限，供不应求，一行员兵常觅灰灰菜、野葱、野蒜以助之，别无香料，仅佐以郫县豆瓣，亦有味也。

七月五日　晴继雨

康撒大土官康万庆偕兵头汪甲、安羌寨首耶哥什昂洼等十余人来见，表示至切，余亦详晰开导之。按：安羌为下阿坝部落，系与康撒拴头，即曾投康撒者。

七月六日　晴

由墨颡返上阿坝骨摩坎，墨颡大土官为余等延僧念平安经，本日乃止。闻其耗费不少，但其每年延僧讽经及布施于寺院之费在五六千金以上、万金以下，信佛竟有如是之笃。

七月七日　晴

自本日至七月十九日，滞在上阿坝幕中。待甘省专员前来会议，无特别事件可纪，特略之。

七月二十日　晴

得甘省代表来书，云：不日可到黄河沿与会。故余率同员兵由上阿坝前进。上、中阿坝各土官派番兵六十名随往，以资护卫。

由骨摩坎拔幕启行十五里，墨穹寨附近居民二十余户，均系寨落。又五里色凹沟，二十里学克塘，张幕宿焉。色凹沟以上，又无人烟。仍浅山平原相间，温度与上阿坝略同。其变化在华氏四十五度至五十五度之间，而早晚较寒。

七月二十一日　晴

行二十里，越色拉山，一仆人乘马不慎鞍坠，而马惊逸，余马亦惊诧，几坠岩下，幸墨颡兵头独罗迅为勒之，得免于祸。又行二十里，瀹茗①休息。又五十里，行一大草场间，于洞让张幕止宿。本日经过地方多产贝母、羌活、秦艽，只无人烟。

七月二十二日　阴晴

行二十余里，越黑降山，又二十余里，抵黄河南岸齐哈玛扎西塘，经过之山峦、平原多毛虫，蠕蠕而动，几无可以置釜熬茶处所。北流入黄河之小河甚多，乘马打水凡四次，河水之深，不亚于噶溪河，而河面较仄，沿途多秦艽、甘松、大黄。中间有少数帐房，牧放之马、牛、羊不少，旧称黄河九曲。余所张幕之扎西塘即其第一曲也。

张幕后，闻甘肃代表龚子瑛君已于昨日到达。当派王、何两副官至龚幕，道余已至齐哈玛。旋龚代表偕拉不朗番兵司令部副官李虎臣、寺院代表露雪巴喇嘛及马通译官数人来幕，云黄氏尚无人来，有先决条件，须我方承认黄氏父子，方能赴会。其条件：（一）去年，杨俊扎西不遵约束撤兵，须先惩罚；（二）甫定条约，杨俊扎西即以兵围骨摩寺，亦须惩罚；（三）上阿坝六寨应作为骨摩寺教民，由拉方接收管理之；（四）去年，漏未提出之安豆八寨，应照上阿坝六寨办理。请余转令杨俊扎西答覆。余谓此等问题，当在中阿坝时，杨俊扎西曾有所陈述，谓："去年定约之时，杨曾请两省委员接收寺院，而两省委员均不肯负责，不得已始派百姓十余人于喇嘛公馆之侧张幕看护。且双方订约撤兵，杨即遵令办理。其时兵回本寨，路过寺侧，并未稍事停顿。"拉方即指为兵围寺院，殊与事实相反。现在中华民国法律上有信教自由之规定，教民之说殊无根据。如以教民关系，即应干预政权，则天主福音，外人亦在中国传教，如照拉方所说，我国管理人民之主权，岂不因此而断送于外人之手中？至于安豆八寨，拉方在去年开会之时，漏未提出。今我方允于会议时提出讨论，实属情至义尽，何能先事交割。两省委员各奉省府命令，不辞艰险，同时到达齐哈玛地方，而彼当事人反提出无理要求，借词不到，未免蔑视两省政府。且彼方所请求须先决定而后开会，何须有此会议之召集？辩论良久，龚代表亦认余之各种说法尚属适当，允从长计议而

---

① 瀹茗（yuè míng）：煮茶。

去。但内部意见亦须先事探求，故仍以拉方所提条件谕令杨俊扎西分条答覆，以期得一归宿点。

七月二十三日　晴

访龚子瑛代表于其幕中继续讨论昨日所提出各问题，久无结果。子瑛乃言，拉方既有番员二人，即李虎臣、露雪巴二员为代表，阿方亦可派代表二人先行到齐哈玛开预备会，视双方当事人之意见如何，再定以后办法。余极端赞成其说，旋返本帐，令杨派得力代表二人，速行来齐开会。

七月二十四日　晴

龚县长子瑛、李副官虎臣来幕交换意见。

七月二十五日　晴

齐哈玛为一大平原，张幕地方为尼哲河，北流入黄河，与黄河仅数里之隔。地势平衍，风较大而雨较多，气候至易变化，阴晴不定。除齐哈玛寺院①有屋宇十余栋外，其余绝无人烟。土官寨距此尚有一日程，以故每当风雨交加，蛰居帐中，不无客况凄凉之感。而狂风卷幕，须数人力揽帐绳，紧持帐竿，方可平安无事，何异实演《淘金记》②之折幕一出，诚可笑亦可怜也。

七月二十六日　阴　夜大雨

乘马赴黄河边游览，此为二道黄河。其北岸为俄朗纳尔得人，隶属于拉不朗寺，然尚有川番与甘番杂居。此段黄河水平而清，河广约八十丈。土人渡河仍无舟楫，多用木箱，如中土打谷之拌桶，用八马浮水曳之以行；或用整羊皮以空气实其中，曰水皮袋，系于身之两边，泅之而过，恐为世界水上交通绝无仅有之用具。

---

① 齐哈玛寺院：即齐哈玛寺，位于今甘肃省甘南藏族自治州玛曲县齐哈玛乡，属藏传佛教格鲁派寺院。

② 《淘金记》：美国查理·卓别林执导、编剧及主演的经典无声电影，上映于1925年。

七月二十七日　阴雨

中阿坝墨颡大土官杨俊扎西派特尔多、独罗为代表，率番兵二十余骑，到齐哈玛商议墨拉夷案进行办法。

七月二十八日　晴

烹羊、屠牛，并以余所带罐头食品就幕治具，宴龚代表及其随行人员。

七月二十九日　晴

同龚子瑛代表订立协约八条，以为解决墨拉夷案之途径，其大要：（一）土地、人民之主权属之四川。（二）信教自由，载在国法。所有上阿坝六寨、安豆八寨人民，仍旧许其信仰拉不朗寺嘉木样佛（拉寺活佛之称号），但骨摩寺僧不得借念经、熬茶为名，勒派款项。（三）骨摩寺之所有权属之拉不朗寺。（四）双方当事人对此约如同意，应于八月十五日以前亲身或派全权代表赴会；否则，于八月十二日以前，呈报两省特派员，由两省特派员分别呈报两省省政府，转报中央解决。在此期间双方不得擅自动兵，如有一方启衅，则由两省特派员协请川甘两省，调集大兵制止之。

七月三十日　晴

协约盖章，与子瑛代表交换存执，并谕杨俊扎西遵照协约办理，如期呈覆。

七月三十一日　晴

与子瑛代表游览齐哈玛寺院。寺仅正殿一椽，周围有僧寮十余家，并有唐洼帐房十余家。唐洼者，为贫苦番人即乞丐之称号。其接近寺院者，因其家之子弟为僧，念经收入较多，随时以之接济其本家之父母兄弟故也。

齐哈玛原属四川辖境，有居民五百余户，但其寺院仍拉不朗借地所建。寺僧每年派每户酥油五斤，著以为例，以无苛虐情事及其他纠葛，故仍听之。

八月十五日　晴

自八月一日至八月十四日，淹留帐中，待墨拉双方当事人回覆，无特别事件可纪，从略。

杨俊扎西对于两省政府特派员所订协约八条完全接受，并谓拉不朗寺之当事人何时到会，伊即亲身到来以示绝对服从政府。此项呈文已于八月十二日送呈余及子瑛代表处。但拉不朗待至本日犹无信息，余固焦灼，子瑛亦甚悬念也。

八月十六日　晴

当协约八条分别发送于墨拉当事人之后，子瑛代表、虎臣副官曾来幕商请先约附近公正番目到齐，以便开会。余谓拉不朗果否赴会尚无把握，此时何必遽约证人。子瑛、虎臣固以为言，余乃赞同。至是所约各土官、喇嘛已到有十余人，均前来见面，执礼甚恭。

八月十七日　雨

风雨交加，起居困难。而拉不朗仍无信息，殊觉愁闷。因函告子瑛代表，谓拉方之信只能再待三日，否则，认为其毫无诚意，彼此只有依照今番协定报呈省府之一法。

三乔柯部落之一尼耳玛土官［阿］采来见，黄河南北两岸均有此部帐房，所管百姓约一百四十户。余问其："曾见汉官否？"答曰："未也。"问其："知有政府否？"答曰："政府固当服从，但不知属川或属甘。至于中华民国之组织、五族共和之意义则更茫然，不知所谓。余当详为解说，并举疆域历史之关系，告其应归四川管辖。"阿采答曰："我部既系四川属地，人践川土，牲畜食川省水草焉，敢不服四川政府之命令？"并谓余即其命主子，此后当然唯命是听。但其部落狭小、人口无多，常受邻番压迫，特请作主保护。余当许之。

八月十八日　晴

龚代表、李副官偕来幕，出示拉不朗寺复书，云：如不先交上阿坝六寨归其管理，则决不能到会，退还前订协约八条。而征求墨颖代表意见，则谓上阿坝本属四川土地，拉不朗之骨摩寺不过在于川境借地建筑，何能因此便实行管民，遂其借教侵略之企图，且人民归其管理，彼便借念经、熬茶为名勒派款项。有时滥用兵权，土官任其宰割，人民任其蹂躏，势所必至，其何以堪。彼在前清时代，侵占川番寨落至一百二十五寨之多。当时，大皇帝命川甘两省派员查办，结果拉不朗理由不充，曾将侵地一一交还。今日何得谓为阿坝各地系其原来所有，反谓川番霸踞拉方寨落。兼之今回会议系拉不朗寺呈请兰州省府、转商四川邓军长所召集，乃两省大员均已到来，沿途受无限之辛苦。现在驻居帐棚为时已久，饮雪餐风，全是为谋番人之福利，番等唯政府之命是从，前日已有表示。而拉不朗寺竟蔑视政府命令，目无两省专员，抗不赴会，提出无理要求。番等虽然愚懦，实不愿屈服于横暴无理之拉不朗，请两省政府特派员另谋解决办法。然曲在拉方，并请原谅云云。余与子瑛复讨论多时，在阿坝方面确能服从政府命令，余可完全负担。而拉不朗方面倔强若此，子瑛公正明达，已无若何意见。于是双方认为会议无从进行，照番人说法，可谓口嘴中断矣。

日前到齐哈玛之番目，本为充当公证人而来。今闻会议中止，咸来问讯，并请双方政府人员暂留一二日，商一暂时结束办法。余当许之，并以此意函达子瑛，又嘱各公证人前往陈说，请龚代表不遽启行。本日经过情形，当以专函通知中阿坝墨颡大土官杨俊扎西暨上阿坝各土官，并令其派夫马来接。

八月十九日　晴

龚代表率其随行人员于拂晓时准备启行，其幕与余幕隔三里许。有人见之，询余如何处置。当令吕、王两副官，马通译官等前往挽留。同时，闻各公正番目亦往慰留，均无效。既各公正番目之代表色赤喇嘛及作革大土官等十余人来幕，详述挽留甘肃代表情形，言次甚不直拉方所为，且以不能制裁拉不朗，谓余稍失面子。当以余之权力，只能及于川番，拉不朗应由甘省管束，川员未如之何各语告之，始各了然。色赤为作革十二部落之一，系以寺院管理人民。又番人最讲面子，面子之名词为其时所称道，喇嘛等故有前者之发问。

八月二十日　晴继雨

会议中断势非得已，特具文分报成都、茂县各当局，并请转电甘肃省政府，制止拉方擅自动兵。

八月二十一日　晴

上阿坝各土官以余一行官兵在黄河边幕宿已久，备极辛劳。而拉方一味强横，会议无从进行，纯非曲在我方，信仰观念因之弥笃，相率偕来慰劳，且表示欢迎回上阿坝再筹以后办法。

安曲茶礼寺大喇嘛额耳洼派常机降木佐喇嘛来见。

八月二十二日　晴

由齐哈玛首程回上阿坝，因夫马及护卫番兵迟到，仅行三十里，于尼鸦河沟口宿焉。

八月二十三日　晴继微雨

晨，启行二十余里越黑降山，又行五十余里，于热必清墨多地方之草坪，张幕止宿。

八月二十四日　风继晴

约行五十里越甲垄山，经石人沟，过锡恩土官官寨，抵骨摩坎。各土官皆来欢迎，请余入住骨摩寺之大喇嘛公馆，以免露宿之苦。甲垄山上下各约十里，由北而南，倾斜较缓，南面比较陡峻，温度如稍低降即易积雪，可谓为草地比较之高山。石人沟为余所命名，缘沟南山巅有数巨石耸立，远望之殆如人形故云然。

由黄河边至骨摩坎，归途所经，最初之一日仍循旧路，后二日则折而西南行，沿途仍多平原，野草之多不亚于上、中、下三阿坝及阿依贡廉一带地方。土人帐房不少，帐之周围马牛羊殆难以数计，审其土质及气候，当可耕垦。因余前游齐哈玛寺院，其寺有洮州木工到此工作，暇时常于寺之隙地栽种大麦、青稞、白菜、莴苣，均油油然，以秀以长，可以证明。惟番人既习于怠惰，复惑于迷信，不肯种植农作物，任其荒凉而不顾。而药材如秦艽、甘松、大黄、羌活之属，多而且好，亦无人采撷，货弃于地，惜哉。

八月二十五日　雨

上阿坝各土官暨中阿坝墨颖大土官杨俊扎西之代表偕来谒见，言次深恨拉不朗寺之藐玩政府，抗不与会，并表示彼辈始终团结，服从四川政府，绝不与拉方妥协，亦不受任何部落之挑拨离间，希望四川当局特别为之保障。余恳切答复之。午后三钟许，轰轰有声，突然地震，约三分钟即止。

九月三日　阴雨

自八月二十六日至九月二日，只与上、中阿坝各土官筹商结束墨拉案及预备返省复命各事，无特别事件可纪，略之。

九月四日　晴

当八月三十一日傍晚，约午后六钟，余之番文书记官杨曶，即上阿坝锡恩寨土官之次子忽来报，称甲垄山后方确有匪警。一面命人侦查，一面令杨俊扎西及上阿坝各土官，调集夷骑防御。随行之汉兵亦特别注意，为防堵之工作。寻据探报，确有敌骑约三百骑前来袭击，见我方有备，已将甲垄山、石人沟、锡恩寨官民牧放之牛马，劫掠八十余头以去。锡恩土官闻警，率百姓跟纵〔踪〕追逐，至次晚到黄河边，夷匪已驱所掠牛马之半北渡黄河，仅追得其半而返。并察悉行劫者为上阿坝在前逃出之难民及黄河北岸之俄朗纳尔得人。

上阿坝骨摩坎距中阿坝墨頼官寨约四十里，杨俊扎西接得余之命令，即调兵前来防范。及是日午后八钟许，中阿坝已有夷骑百余到来，如前所述，番人集中兵力，其武器粮马皆先有准备，故动作如期之速。

上、中阿坝之川番以疆域历史之关系及川政府待遇之优渥，表示服从川省，固甚坚决。然以迷信宗教，如骨摩寺僧以及少数为他方所摇惑者，亦自有人。各土官为团结内部人心，坚政府之信任，允为始终保护计，选商于余。于适中之色溪卡地方，召集各土官会议，就便剀切宣谕，则各寨信仰四川必因之弥笃，其说不无理由，余特许之。

色溪卡界在上、中阿坝之间，四凹寨在其北，阿梗寨在其西面，临阿坝大河，平原之广约四十方里。本日，余率少数员兵到达，各土官已来其地迎候，稍憩，与各土官约略谈话。顷之，天忽阴黑，狂风骤至，雹雪交飞，又演折幕之滑稽动作。

草地向少森林，各寺院有低小树木，每筑墙加以护惜。在生长细柳、荆棘地方，土人即以之为燃料。色溪卡四面空阔，并荆棘、细柳而亦无之。土人为炊，向以牛屎作燃科，余欲解决造膳问题，亦不能不如此办理。饭菜别饶风味，此为内地人士未曾尝试者也。

九月四〔五〕日　阴午后雨

各土官来幕开会，余首先演说墨拉夷案之缘起、齐〔哈〕玛会议之经过及今后政府应付之方针、各土官应持之态度。继由中阿坝土官杨俊扎西、安豆八寨土官董周、上阿坝锡恩寨土官禄歌等先后发言，表示服从四川政府出于至诚，拉不朗寺排除异己之土官，苛虐人民，绝不愿与之妥协，甘愿出具切结①，造具户口清册，缴呈于余，请余转呈当局，以为保证。

前由松潘至阿坝曾经过贾诺地方，其土官因事他往，至是来见。

九月六日　阴

继续会议解决案：（一）具结输诚；（二）调查户口；（三）附和拉方逃往上阿坝难民财产由各土官查照番规暂行管理。

九月七日　雨

各土官缴呈切结，由色溪卡折回骨摩坎。

九月八日　雨阴

自本日至十月五日，其间只解决各番些小事件，或考查其疆域、风土、物产，无须特别纪事，略之。

十月六日　晴

墨拉夷案已暂时告一段落，阿坝各事现已办竣，定于本日由墨颡首程回省覆命。数日前，各土官及川甘汉商已先后分别设筵祖饯②。本晨，杨俊扎西复于其

---

① 切结：表示切实负责的保证书。
② 祖饯：旧时饯行的一种隆重仪式，祭路神后，在路上设宴为人送行。

官寨治具招待余及同行人员，并各馈良马方物。番俗讲究欢迎而不注重欢送，谓送行无异检视其人于驻在期间曾否私窃物品，潜携以行。故余之行也，各土官多未亲到，只杨俊扎西之妇华尔诺率其子华尔功成烈饶布敦送于寨门之外。其本人携樽酒送至中、下阿坝交界地方，系汉商告以汉俗乃有此举。此外，上、下甲康各汉商着新制夷装，乘马提榼①以送至中、下阿坝交界处者有四十余人。汉人赴草地经商，既须通其语言，复应易服，方畅行无阻，故汉人亦多用夷装。

甲康头汉商于余之到阿坝感想尚好，其原因：（一）各商远适边徼，不甚了解国情，余迭为之尽量说明；（二）汉商因地域及众寡之关系，常受番人欺凌，和尚喇嘛凌人尤甚，余为融洽汉夷计，对于汉夷人民，不问僧俗，常告以宜互相亲睦，大家均能领悟，不似从前之隔阂压迫；（三）汉夷间，从前些小纠纷，以平允式为之解决；（四）尽力保护。此外尚有一事，事虽微而极切要，余为汉商办到。缘汉人商场在土官官寨之前，寨门例于黄昏封锁，禁人出入，而居室狭隘且无厕所，汉商之有眷属，间或患病者，颇感不便。汉人妇女如于广场中择地便溺，恒有许多僧俗番人环观讥笑，尤为苦楚。余既严禁此种恶习，复令土官允许汉人建筑厕室。谈此话时，土官夫妇皆在，余委曲责其不近人情，土官唯唯听命，其妇亦笑而促成之。

本日循来时之途径，约行四十余里，张幕于卓根地方。杨俊扎西派其兵头特尔多护送到此乃返。又派二小兵头率夷骑二十余骑护送到马塘，因余此行路线决定由草地南首，经安曲、瀼口、马塘、扣苏、杂谷脑、理番县城，以达成都故也。

十月七日　午晴继雨

由卓根之热柯首程约行三十里，折向东行，一路多番人湫隘之土屋。又约三十里，过穷且克塘②，入安曲境界。又行十余里，于阿依纳湾③张幕宿焉。本日经过地方，平原甚多，可耕之地不少。有一处见土人正以牛犁田，番人犁田系

---

① 榼（kē）：旧时盛酒或贮水的器具。
② 穷且克塘：今分属红原县安曲镇、邛溪镇。
③ 阿依纳湾：即今红原县与阿坝县交界之阿依拉山。

并牛而耕，多用犏牛，间或用牦牛，主犁者为妇女，亦习惯然也。

安曲为以寺院管民之部落，分上、中、下三部。寺曰茶礼寺，其大喇嘛名额耳洼，年八十余，须眉皓白而精神矍铄。本寺在穷且克塘山后东南隅，闻余将到，特于寺前张幕，为黍以待。因预定驻宿地尚远，未及一往。其支寺八尔珍贡巴①高踞于穷且克塘道左山腰，楼阁综错，殆如渝城望南岸之西式屋宇。茶礼寺一带森林甚多，且极茂密，古木参天，为由阿坝以来所仅见之大林区。

当张幕宿阿依纳之初，天气尚属晴明，及晚犹星月在天，清风徐至；殊夜半忽然大雪纷飞，寒度锐降。顷之，积雪甚厚。余之寝具铺于坡际，不久为雪所浸渍。幕顶以堆雪不少，亦时时滴落，寒气逼人，终夜不暖。及晓起视，无异往年严冬于役于懋功方面之空卡、巴朗、牛头、虹桥诸大山，只见雪山雪海，白茫茫一片银［色］世界，风景固佳，然情况亦惨也。

十月八日　雪阴

黑水头人夺尔吉（即白脑壳头人）在茶礼寺养疴，实则伊有胃肠病，特来寺请喇嘛念经禳解。闻余路经其间，冒雪来见。大喇嘛额尔洼因年老不克来。昨日，余未到寺，伊至所慊心，亦托夺尔吉代表具述信仰之诚，兼进方物。

接见白脑壳头人之后，拔幕启行。经哲柯沟②约行六十里，幕宿贡马塘。

本日经过地方为上安曲全段及中安曲之一部，平原极广，为茶礼寺及安曲人之重要住牧地。所见马、牛、羊甚多，闻其牛在二万头、马在二千头、羊在十余万头以上，其富力为何如耶？然其住所不过帐棚一顶，服饰不过羊裘一袭，自表面观之，似极贫苦者然。

十月九日　初晴继雨

晨起约行二十里为下安曲地段，平原仍广。马通译官登霄，黄忠翰、张世芬两君因须返松潘，即由此分路。又约五里，抵噶溪河，此为由松潘来时于六月

---

① 八尔珍贡巴：即尕尔青寺，法称"尕尔青寺温尼强巴林"，位于今阿坝县查理乡塔瓦村，属藏传佛教格鲁派寺院。

② 哲柯沟：今阿坝县查理乡额色玛村折柯沟。

十二日所涉噶溪河之上游。以数日前大雨，山顶之雪因晴日而融化，河水较来时尤深。然余乘马涉水，已有经验，殊不之惧。顷之，安全达到彼岸。衣服裹腿为水所浸润，乃于河畔用皮火筒着火熬茶，兼以燎衣。又约行四十里，入上瀼口境，宿于龙日刮尔喀①上首之草坪间。本日经过地方，仍浅山平原相间，似可耕垦，牧放牛马者不少。

十月十日　微雨

晨行约十五里，上瀼口扎将切颖土官迎于道左，欢迎入其官帐房休息。乘马涉饶必清河之上游，顷之达到，稍事宣谕即辞去。其官帐房附近有百姓之帐房数十家，就衣履、帐棚观察，似觉贫苦可怜。然其牧放之马牛羊亦复不少。又约行三十五里，经蚕柘娘阿地方，入中瀼口界，又约二十里，乘马涉瀼口河至勒当降昆张幕。

十月十一日　阴

由勒当降昆拔〔幕〕启行二十五里，徒涉热谷冲河②。河面不宽，而水流较急。一路尚多平原，过河后已入下瀼口界。中瀼口土官韩泰活佛因事赴毛而盖，未及来见，仅派人进哈达方物，并派数人送余一行至下瀼口地界即返。沿瀼口河行又约十二里，本应乘马浮水渡河，以水深而流急，乃不经堂隆贡玛③、堂隆娃尔玛④、堂隆雁玛⑤各地，绕东山路以行。约四十里，于堂雁玛对面之草坪张幕止宿。在未下帐棚之前一小时，天即雨雪。至驻宿后，更大雪纷飞，寒风澈〔彻〕骨。初住一小牛棚中，以地太湫隘，故仍幕宿。

自热谷冲河以下，山势渐觉逼仄。土人帐房不过在于山边傍河之草场间，半耕半牧，人户约四十余户。道路因系沿山以行，已不似草地之平坦，崎岖陡绝，未敢任马奔驰。但有林木掩蔽，尚不觉其险也。

---

① 刮尔喀：今红原县龙日镇格玛村卡尔恰。
② 热谷冲河：流经今红原县刷经寺镇壤口村，分大、小热格冲河。
③ 堂隆贡玛：今红原县刷经寺镇壤口村汤龙公玛。
④ 堂隆娃尔玛：今红原县刷经寺镇壤口村汤龙哇尔玛。
⑤ 堂隆雁玛：今红原县刷经寺镇壤口村汤龙尕玛。

十月十二日　阴

晨拔幕启行，经甲当坝①、甲尼沟、刷金寺，共约六十里，抵康麮喇嘛寺②。本日所经地方，属下瀼口管辖。康麮喇嘛寺为三瀼口公共寺院，寺之大喇嘛赞拉活佛，名为下瀼口之主权者，实则曾与黑水白脑壳头人拴头，所有此一部落事务悉由白脑壳主持之。

将至寺之前三里许地方，有木桥一，高架河上，距河面可十丈，桥板斜而仄，行经其上，不免心惊目眩。康猫寺系依山建筑，年代较远，已呈衰颓景象，周围僧舍无多，且亦倾圮。赞拉活佛因迁移老家帐房，未及见。由其管家喇嘛饶布敦导余住其大喇嘛公馆。据云：此室已由赞拉活佛布施与西康汀卡之松朋呼图克图活佛，待其转世来此，作为供佛地方，例不让人居止。因松朋佛在日曾言：余为人公正和易，又为其挚友，故特别欢迎之。按：松朋佛生于西康，长就学于西藏，上年奉护国宣化广慧大师班禅额尔德尼之命来川，数往康猫调解黑水之争，开导黑水各支夷头，向政府悔罪输诚。余适奉命专办黑水夷案，与之往还甚密。其佛学湛深，深明大义，极所佩服。迨黑水案解决，返西康不久圆寂。今道经其间，室迩人远，思之怅然。

本日经过地方，不似草地之宽阔，但亦不如扣苏沟之狭逼，间有土人帐房。至刷金寺，相传产金，就大概观察，此言或亦不谬。

十月十三日　阴晴

阿坝夫马本定送至马塘，闻马塘已成一片焦土，绝无人烟。故于此命其折回，另雇夫马送至扣苏沟。晨间，夫马交换妥善，即由康猫启行，约五十里抵马塘。将至马塘之三里许地方，地名四大坝③，有梭磨河，即瀼口河下游，流经其间。仅架一木条小桥，以济行人，桥仄而动摇特甚，至为危险，牛马过桥因而倒跌、落水者凡数起。

马塘上通草地，下达杂谷脑，东连黑水各沟，西通梭磨、卓克基、松冈、党

---

① 甲当坝：在今红原县刷经寺镇加当村。
② 康麮喇嘛寺：即康猫寺。
③ 四大坝：在今马尔康市梭磨乡马塘村。

坝各土，昔为汉番通商之要区，有香号、茶号十余家，普通商六七十家。自民国四年（1915）黑水内讧，马塘即毁于火，后又数经销毁，所存者只乱石颓垣，屡议恢复，迄未实现，吁可慨已。

十月十四日　阴晴

由马塘启行，约十五里上鹧鸪山①顶，道途尚平，惟空气稀薄，人马喘息俱甚。下山行约二十里，路随峰梁旋转，曲折陡峻，为松理茂懋各属空卡、虹桥、牛头、巴朗诸大山之冠。以图安全，舍马徒行，困惫至极。下山后，于山脚坝②烹茶小憩，经烂营盘（清岳襄勤征金川，由党坝进兵，曾于此宿营）、头道寨③、二道寨、板板桥、奶子牛厂各地，共约行五十里，于二京岭④张幕止宿。

下鹧鸪山后，即沿大牛厂向西流来之水而行，已入扣苏沟境界。沿途一带本有夷人寨落，殊自黑水、扣苏内争，益以政府用兵以后，扣苏逃难之夷匪抢劫烧杀，民居悉被焚毁，已无寄宿地方，故仍须张幕野宿。

余先后于役扣苏沟（今改为来苏沟）凡数次，对于夷人只有抚绥而无压迫，故夷众闻余之路经其间，奉豌豆、胡豆、野菜之属求见，诉苦者有十余起，道及商旅裹足，不能驮运，难民骚扰，不敢耕作，甚至晚宿林间，室家离散各情形，几于泣血不能成声。余当尽情抚慰，并允婉陈当局，设法挽救，各乃散去。

自下瀼口以下至于二京岭一带，仅就道旁所见，森林极多，山后林木尚不知凡几。霜皮溜雨，黛色参天，郁郁葱葱，恐百年亦不能采伐尽净。若拟一整个经营之计划，一面伐木，一面造林，而又疏凿河道，以利运输，即林业一端，已是吾川一大利源，望当局及企业者注意之。

十月十五日　阴晴

由二京岭行约六十里，幕宿渺罗。民十七（1928），余同刘耀奎团长奉命

---

① 鹧鸪山：今马尔康市与理县界山，海拔4458米。因山的形体比较像朝着太阳飞的鹧鸪鸟，被人们称为"鹧鸪山"。
② 山脚坝：在今理县米亚罗镇大郎坝村。
③ 头道寨：在今理县米亚罗镇大郎坝村。
④ 二京岭：今理县米亚罗镇大郎坝村二经里。

伐扣苏叛夷，当地大头人八尔珍曾效忠政府，屡作前驱。昨年，其人为难民所暗杀，而其官寨距余幕不远，有人指点见之，曷胜怅惘。

十月十六日　晴继雨

由渺罗行五十里抵湫地①，宿于团总阿让家。自此而后，已可脱离幕天生活之苦。

十月十七日　阴

因交换夫马，只行二十余里，宿于鼓耳沟寨首阿甲家。有黑耳甲头人者，老成谙练，深明大义。自民十七（1928）余奉命入山从事屯殖之后，即约同大头人八尔珍汪都前来投诚。十八年（1929）扣苏之役，二十年（1931）黑水之役，无不提挈夷众为政府作先驱，厥功至伟。讵昨年为难民所暗杀，深所悼惜。嘛尔迷为其住居地方，今经过其间，其妇遮马首陈述黑死事之惨，请为抚恤。余当剀切抚慰之。

十月十八日　晴

由鼓耳沟行约六十里，宿关口。中间之新桥沟、石鼓磨各地，有松茂荣及泰和木厂正于其地从事伐木，所得颇多。惟闻松茂荣前此漂出之木材，因叠溪积水暴发，随水漂流散失殆尽，惜哉。

十月十九日　晴

由关口行约三十里，徒步越扑头山抵杂谷脑，驻扎杂谷屯之柳营。李连整队迎于场外，各机关法团人员亦咸到欢迎。余半年以来，白日鞍马，昏夜帐棚，跋山涉水，饮雪餐风，险阻艰难，殆已常〔尝〕试备至，今得安全到达杂谷脑，酥油、糌粑亦不致时时入口，一行员兵固大家欢欣，余亦引以为慰。但杂谷同人见余一行之服装特殊，面目黧黑，又各相视而笑焉。

扑头梁子由杂谷脑到关口，即由东至西之一方面比较曲屈而陡，行人苦之。

---

① 湫地：在今理县古尔沟镇丘地村。

去年，余办黑水夷案，驻在杂谷脑，曾与屯督署张雪岩秘书长、理番吴瑞岐县长共同建议，若将扑头对河之手托崖凿通，改由营盘街辟一新路以达关口，则可避免度越扑头之艰险，当局韪之并即兴工开凿，现已达预定工程之半。行旅咸歌坦途，为期当不远也。

　　按：由杂谷脑至理番，只一日程。而由理番至灌县，又只四五日可达。人所常到，无须特别纪录。故余之日记，截至抵杂谷而搁笔焉。

第八编　屯区交通纪

宿师良　编　谢培筠　校

是编为屯督署前秘书宿师良君所编辑。宿君毕业于四川农业专门学校，学识优长，人亦忍苦耐劳，余特荐请邓军长兼督办委以斯职。先命其调查松、理、茂、汶各县要政，继复偕之。视察懋、抚、绥、崇诸县屯，凡所经历辄笔之于书。于交通一项纪载尤详。而其情形多非内地人士所及知，特付铅椠以供参考，并志数语以存其真。

谢培筠　识

概　说

交通与文化、生计互为因果，便利则优，梗阻则陋，夫人而知也。松、懋各属僻在川省之西北，连甘肃、青海，西界西康，东南所邻各地亦为多山之区。其间鸟道羊肠千回百折，长峰巨岭绵亘巍峨，水不可以行舟，陆不可以并辔，其在汉人居处之一线官道，间尚有桥梁可济、旅店可居，但一入土人住牧之境则路断人稀，除〔险〕阻尤甚，故难有五十余万方里之地积与夫无限宝藏之地利。而文化落伍，百业不兴，推原其故，不可谓非交通梗阻之所致也。兹者营山邓军长晋公既巳〔已〕汲汲于边地之整理，特别组织屯督署从事屯殖。窃以为革故鼎新，恐无急于交通者，则是本编之成，岂徒为旅行者之指南而已哉。

（一）邮电

屯区（松、懋各属现已划为屯殖区域，故简称屯区，以下仿此）邮线可分二路言之。一由灌县经汶川威州、茂县等地以达于松潘，其支路由茂县东至于绵竹，由威州西至于理番之杂谷脑而止。一由灌县直达懋功，再由懋功北接于抚边及两河口，西北经崇化达于绥靖、绥抚，以往尚未推广也。至于电报一项，原仅松灌间有之，近已由威州延至杂谷脑，如能再事推广，南入于懋、抚各地，则消息灵通矣。

按：由松潘经弓杠岭[①]至南坪，由杂谷脑经虹桥山以至抚边之两河口，近已添置邮班。茂县、松潘、懋功各地近己〔已〕安设无线电台。

（二）水道

屯区河流湍急，河身狭隘，且多巨石，壅阻不易疏浚。其可以行舟者，仅

---

① 弓杠岭：藏名"都喜欢山"，位于九寨沟县漳扎镇与松潘县川主寺镇交界处，因形如弓杠而得名，垭口海拔3690米，是岷江水系和嘉陵江水系的分水岭。

绥靖、崇化间九十里内有之，然只限于皮船。船形如釜，中支条木，外蒙牛皮。驾者持桨而立，乘者蠖屈而坐。至多只能容人四五，随波逐浪旋转而行，飘荡中流，可称奇观。此外即皮船亦不可得而用也。

屯区桥梁亦多异制，捻竹为绳，系于河之两岸者，名曰"溜筒"，即所谓绳渡悬也。有用一绳者，有用二绳者，皆取倾斜之势，渡时用皮带或细绳一端系于大绳之上，一端系于木壳（俗呼溜筒），以束人身，然后握带举足飘然而过。此物随处皆有，盖土人之普通设备也。平引多数竹绳上铺木板，左右置扶手者，名曰"索桥"。茂、汶道中多见之构造。如索桥而以铁索代竹绳者，名曰"铁索桥"，懋功之三关桥是也。懋功、抚边间之猛古、马鞍两桥，近来新造铁索桥，虽耗巨款，亦已成功。于两岸筑石垒，于石垒立大支柱二，曰"将军柱"。依柱架大梁，为数二或三，更于大梁上架无数小梁，顺次延及河心，始于梁上铺板者，名曰"碥桥"，仅见于理番沱江之上，盖因河身较狭，即此可渡也。

（三）陆道

通常有大小两路之称。大路指由松潘至灌县而言，小路指由懋至灌，或由威州至懋属而言。大路在岷江之东，鸟道迂回，险夷互见；小路时沿江岸，时越高山，路基狭隘，崎岖异常。大小两路之中虽有多数支路，然皆锢蔽幽僻，不能如脉络之相贯也。不宁惟是，即其通行之道里情形，人亦语焉不详。故特列为详表，并将各县交通概况分别说明如左。其有关于军事或掌故者亦附及焉。

（四）各县交通概况

甲

松潘幅员广大，物产丰饶，屯区中之最有经营价值者也。北至南坪，南至茂县，东至平武；皆距三百六十里。南坪为松潘之分县，以地势窎远①，今仍置县佐以治之。道中弓杠岭横梗其间，故其产物出口多取道甘肃之碧口②及平武，而

① 窎远（diào yuǎn）：指（距离）遥远。
② 碧口：在今甘肃省陇南市文县碧口镇。

平武为粮食输入松属之途，行人较北道为众。惜由县治至施家堡①之一百余里内或则山高寒冷，常有夷匪为患，或则溪流氾溢，每每断阻行人，如能大加修治，则松货出口可由此运至距松二百余里之水晶堡②，改由水道下至江油，循涪江而达重庆，较诸驮运至灌、绕道至渝，其省事何止数倍。南至茂县所属之叠溪计二百四十里，道中市村稠密，运输较便，叠溪以下复为崎岖之路。西出黄胜关以入于草地者，微外之高原也。北邻甘肃、青海，西界西康，南界理番四土，纵横千里，一望平畴，居民以游牧为生，故盛产牛羊毛皮及野牦皮、药材等物，松潘商务之重心，产物之策源也。惜因河流汛滥、地带荒凉，不便居处，而其逐水草而居之。土人智识锢蔽，性好掠夺，商旅之经于其地者必须夷装，乘马荷枪，结队随向导而行，否则不为夷匪所害，亦感行旅之苦，整理经营恐无有急于此者。清代每届夏季由松镇酌派部队护送茶商出关，借以威摄悍夷，年着为例，亦善法也。

乙

理番东至威州七十里与汶川交界；西至芦杆桥一百九十五里，由芦杆桥迤南越虹桥山入懋功，凡三百五十里；北越鹧鸪山至马塘，凡一百二十五里。马塘者，理番四土及松潘南首之中心也。往昔商务颇盛，后因梭磨内乱，焚毁殆尽。民十八年（1929），幸屯督署荡平扣苏叛夷，始渐恢复旧观。此二路在附近理城之数十里内尚属平坦，余皆路基狭隘，勉可通行。又由县治北循孟董沟而上，不经鹧鸪高山即可达于马塘。西由梭罗沟迤南而行，不越虹桥巨岭亦可入于懋、抚各地。此后商务发达，二者皆有改道之必要焉。

丙

懋功东越巴朗、牛头诸山，经汶川县境出于灌县，凡六百五十余里。北由抚边越虹桥山出于理、威各地，亦六百余里。二者起讫之路较平顺，惟越山一段地僻人稀，气寒瘴重，每岁春冬两季常死行人。如能避去此种天然障碍，则声气灵通，必可期其繁盛。西至丹巴（旧称章谷屯）一百八十里，由丹巴越大炮山③

---

① 施家堡：在今松潘县小河镇。

② 水晶堡：在今绵阳市平武县水晶镇。

③ 大炮山：又称"打婆山"，藏语呼为"打破拉"，意即公马山或骏马山，位于今甘孜藏族自治州康定市、道孚县、丹巴县三地交界处。

可至西康之铲〔泸〕定、康定等县。南逾夹金山可至天全、卢山等县。东、北两线为商货出入之途，西、南两线为粮食输入之路。西北越空卡山入于崇化屯，凡一百八十里；崇化至绥靖九十里，绥靖以上为卓斯甲土司住牧之境，商旅所罕至者也。

丁

茂县东由土门地方通于绵竹、安县①、北川等处，食用品及边茶输入之要道也。行旅众多，络绎不绝，往岁松茂商品多由土门运至安县，凡二百八十里；改由小炭船运至绵竹，又九十里再由绵竹直达于重庆。嗣因时局影响不得已改道灌县，此后局势承平，商务发达，吾料其必复原状。诚能如此，则商务重心不在灌县，而在此间矣。南至威州九十里，北至叠溪一百二十里，皆沿岷江东岸而行。到叠溪一段山高路险，每年常有人畜坠岩之事，已〔已〕由屯殖督办署督绅于山麓另辟坦途，费款约五万元，方告成功。惜于民国二十二年（1933）八月二十五日，叠溪地震，继以积水崩溃，新路复毁，大可惜矣。

戊

汶川地瘠民贫，物产不丰，有九石一土之称，然以其为屯区之门户也，故于交通上亦甚重视焉。南至灌县，北至威州，皆在岷江东岸，其间险夷互见，现由屯督署派刘耀奎团长督修，已成坦途。此外，东有僻径可通于彭县。西北由瓦寺土司住牧境内之草坡（草坡有二：一在其南，一在其北。此处指在北者而言），可达于理番，皆为商旅所不常经之地，又由索桥或中滩堡可合于懋灌大道，已于懋功详之，兹不赘也。

（五）道路里程表

按：后表所载地名系以重要与否为取舍标准，其不甚著名者，则于备考栏内记之。

甲

由灌县经汶川、威州、茂县等地到达松潘之部。

---

① 安县：今绵阳市安州区。

里数	地名	备考
—	灌县	由此北溯岷江而至松威茂汶，经汶境而入懋、抚、绥、崇屯区之关键也。其至成都，凡百二十里，可行汽车。
8	白沙	河名。发源于彭县之海窝子，至此流入于岷江河口。有索桥，桥名"利涉"，入山者须过此桥。
5	麻柳湾	汶、灌接壤于此，由此至龙洞，有猪脑坝、茶关、楠木园等地。楠木园之附近有地，名茅亭，产茶甚佳。
11	龙洞①	龙溪沟②由此入于岷江，沿河而行，可合于前途之映秀湾，惟须绕道娘子岭③山麓之狮子山、白岩、马家村等处，道阻且长，故常由此登山。
6	龙溪镇④	在娘子岭之麓，有人百余户，汶川县公安分局在焉。由此经尖尖树、小湾、大湾、乱石窖等地到银台观。
15	银台观⑤	此处为娘子岭之极峰，有道院一所，自此经西瓜脑〔堖〕⑥至映秀湾。
15	映秀湾	山下游数里之中滩堡，过索桥可至灌县所属之水磨沟、漩口一带。此地住户七八十家，有茶号、堆栈，出场向右上山为旧道，向左下坡傍河而行为新道，较旧道平而且近，惜仍狭隘，故驼〔驮〕运仍循旧道。
10	豆芽坪	此地有人十余户，由此经麻柳湾、沙坝、清水驿等地至东界脑。
10	东界脑	前行数里有一小溪来会，溪之左右各有人数家，地名太平驿⑦。
10	兴文坪	此地有人三十余户，由此五里至娑婆店，道中有小娘子岭、一碗水等地名。
10	银杏坪	此地产础玉，用以琢成器皿，尚属雅观。由此经连山村至沙坪关，凡五里，经笋筐湾至澈〔彻〕底关亦长五里。
10	澈〔彻〕底关	道中有小径可通彭县，由此过佛堂坝⑧至桃关路甚崎岖，夏季溪水汜滥，每每断绝交通。
10	桃关	往昔汶川分县设于此处，后经洪水之灾，迁于龙溪，前年又不慎于火烬。县仅二三家矣。由此十里至沙坝，又二里至索桥。

---

① 龙洞：在今都江堰市龙池镇，属紫坪铺水库淹没区。原为汶川县辖地。

② 龙溪沟：在今汶川县漩州镇。

③ 娘子岭：位于四川省都江堰市龙池镇（东麓）与汶川县映秀镇（西麓）交界处，传说当年杨贵妃出蜀去长安曾路过此地，故名。

④ 龙溪镇：在今都江堰市龙池镇。原属汶川县。

⑤ 银台观：在今汶川县映秀镇娘子岭垭口，为汶川县文物保护单位。

⑥ 西瓜脑〔堖〕：在今汶川县映秀镇娘子岭西麓。茶马古道（都江堰至松潘段）"三堖九坪十八关"之"一堖"。

⑦ 太平驿：在今汶川县映秀镇，明代在此设驿站。

⑧ 佛堂坝：又称"福堂坝"，在今汶川县映秀镇，有宋代摩崖石刻造像一铺，为汶川县文物保护单位。

（续表）

里数	地名	备考
12	索桥	草坡河由对岸来会于江，江上有索桥，过桥通草坡及三江口等地。此地有人二十余户，由此至飞沙关有大邑坪、磨子沟、羊店等小地名。
8	飞沙关	关在小峰之上，有废塔一座。关下逢午刻必起信风，遇晴尤甚，其力可卷河沙而上，高达数丈，关前仅有住户数家，其至汶川须经三店、高店子、河坪等小地名。
10	汶川县①	由灌县至此共计一百五十里，城内仅正街一道，冷静异常。县署、文庙、教育局、学校在焉。城外始有商店，过索桥通瓦寺土司官寨。
10	白鱼落②	至此可望见对岸之瓦寺官寨。此地仅有人数家。由此十里至板板桥，有居民二十余户，又五里至磨刀溪，以达于七盘沟。
19	七盘沟	有居民约二十户，街市整洁。由此前行三里至沙窝子，道旁有溜沙一段，蜿蜒十余丈。系由风卷河沙堆积而成，异观也。由沙窝子经浑水沟、较场坝等地至威州。
11	威州③	由汶至此计四十里，其地为岷、沱两江合流之所。东南北三面皆在汶川境内，故有借土管民之说。理番设有县佐在此。由此北溯岷江而上为入茂、松之路，西沿沱江而行为入理、懋之路，其至雁门须经姜氏坝、过街楼等地。姜氏坝因姜维屯兵得名。
9	雁门关	此地有居民十余户。场外坡际之两侧岩石逼辏〔凑〕，形如洞府者，即雁门关也。
11	青坡	茂、汶交界于此。有居民二十余户，市街逼狭，为骡帮住足之所。
16	文镇	市街清洁。居民约二十余户，对岸为茂县牟托土司住牧之地。
10	凤毛坪	此地又名羊毛坪。有人十余户，由此五里至独足龙门，其地有小城一座，仅存废址。
12	白水村	有人十余户。市街逼狭，场后坡际尚有人二十余家，地势既僻，行人所不能望见者也。
8	石鼓④	有沟流入于江，上有木桥。市中有人十余户。
15	宗渠	有居民数十家。距茂县里许处有前清提督夏毓秀公祠，祠后山间名南庄。对岸名水西，风景甚佳。

① 汶川县：今汶川县绵虒镇，旧为汶川县县治所在。

② 白鱼落：在今汶川县绵虒镇玉龙村。相传附近一洞泉中曾有白鱼降落，因而得名白鱼落。

③ 威州：今汶川县县城。

④ 石鼓：在今茂县凤仪镇石鼓村。茶马古道（都江堰至松潘段）"三垴九坪十八关，一锣一鼓上松潘"之"一鼓"。

（续表）

里数	地名	备考
15	茂县	由威至此共计九十里。松、灌之中心也。城内有居民千余户，入松之路由此出北门而行约二里许，有地名踏水墩者，骡帮县住足之所，旧称茶关。又二里许，名燕耳岩。燕耳岩至石溜沟，凡五里。
10	石溜沟	又名十里沟。居民仅二三家，距此八里之遥，有民十八（1929）改修之道一段。
10	渭门关	居民约三十余户。由此前行十里至小沙湾，其地原有居民十余户，今只存一家矣。自此以往路渐崎岖。
20	沟口寨	居民约四十余户，有沟自右来会，沟口居民甚众。
11	搭〔擦〕耳岩①	此处有居民十余户。由此过窝窝店至观音岩有一隧道，相传为李道人资捐所凿，道人籍隶崇庆，初为石工，逃俗后乐于为善，有碑记其事。再经浅沟至长宁，又五里至两河口。
15	两河口	理番黑水河由此来会。居民仅一二家。由此至首蓿堡②五里，途中有地名烟堆坡，系前代举烽告警之遗迹，又经真武坝至石大关五里。
15	石大关	此地有居民六十余户。后山有高黄三寨，对岸有沙平番寨。由此经鹦哥嘴至大定十里，道中乱石甚多，尤以麂子坪为甚。
15	麂子坪③	自此离开河岸，纡回登山渐入崎岖之境。
5	马脑顶	有居民十余户，房舍颓废，气象萧条，大有目不忍睹之概。由此五里至水沟子，有居民七八户，又五里许至黄草坪，有路可绕过小关子。
15	小关子④	地势险峻，松、茂间之要隘也。囊岁江防汉军之战，相持甚久，后由黄草坪向右绕入后方始克汉军。然道路险僻，苟非迫不得已，不能出此途也。由茂县至此共计一百二十里，道路崎岖，非三日不能到达。市中有人百余户，对岸为松坪出山之要道。清季常驻重兵。
5	叠溪	变后设警佐一员以资镇摄。按：叠溪以下，经民二十二（1933）积水暴发，如沟口寨、文镇、箩筐湾、沙坪关等处多为水所冲没道路，已不如前此之平坦。
13	平羌沟⑤	又名平桥沟。有人数户。由此下山前行七里至沙湾，有人五六十户。路渐平坦，但仍不少乱石、危岩；又五里胡儿寨⑥，原有居民十余户，今已零落不堪矣。

① 搭〔擦〕耳岩：在今茂县沟口镇水草坪村，因山势陡险、道路狭窄而得名。
② 首蓿堡：又称"穆肃堡"，在今茂县叠溪镇，原属石大关乡。
③ 麂子坪：又称"几字坪"，在今茂县叠溪镇。
④ 小关子：在今茂县叠溪镇。
⑤ 平羌沟：在今茂县叠溪镇。
⑥ 胡儿寨：又称"胡尔寨"，在今茂县叠溪镇。

（续表）

里数	地名	备考
17	普安	有人数十户。由此五里至一碗水，其地有观音庙一所，庙内神龛下有石罅溢水，故名。
10	太平	有居民十余户。其后山名罗布沟，对面有高碉，名牛尾寨。由此十里至水镇，经茂县界碑至平定关，按沙湾、普安、太平等地因叠溪地震巳庐舍荡然。
20	平定关	居民约六七十家。半呈颓废之象。自此以往路多夹道。相传为前代用兵设伏之所。每钜〔距〕二三里之遥筑石为垣，高与人齐，长约丈许。今多倒坍，为行路之障碍。
10	靖夷堡①	堡垒旧址在今堡外坡上，今已全废。坡下有人四十余家。由此过桥左折五里至莲花岩，仅存废址一片，又五里至镇夷堡。
10	镇夷堡②	居民数户，旧堡已废。由此五里至镇平〔坪〕，有人数十家。山势渐形开展，林木亦甚苍郁，不复如前之荒凉矣。
15	金瓶岩	此地为云昌呷竹各寨出山之路，入山可由白草至北川县。
10	平夷堡③	对岸为獞猓子族住牧之地，居民多避害迁去。由此五里至格达坝，又名万金坝，又五里至平番营④。城内有清季守备署旧址。
15	镇江关	松南之重镇也。有人百余家。由叠溪到此共一百二十里。
13	北定关	清末松潘番变，焚掠至此，始为军团所阻。其原有城堡今多颓废，现有居民约三十户。
17	归化⑤	此地有人五六十户，有沟，名龙溪，来会于江。由此十里至龙韬堡，又十里始至新塘关。
20	新塘关	关内居民十余家。由此经得胜堡至安顺关。
20	安顺关⑥	雪布河由对岸来会。有桥，名福兴，通于彼岸。由此十里至云登堡，遇晴可见松城对山之塔。
20	西宁关	此地有人十余户。由此五里至雄鸡屯⑦，其地纯系农家，无设市者。
20	石河桥⑧	居民约五十家。至此须过桥左行直上，为合松东之岐〔歧〕途。

① 靖夷堡：在今松潘县镇坪乡解放村。
② 镇夷堡：又称"镇番堡"，在今松潘县镇坪乡。
③ 平夷堡：又称"平夷关""平夷铺"，今名永和城，在今松潘县镇江关镇永和村。
④ 平番营：在今松潘县镇江关镇五里堡村。
⑤ 归化：即"归化关"，在今松潘县岷江乡岷江村。
⑥ 安顺关：在今松潘县安宏乡安宏村牟尼沟与岷江交汇处，现存明代烽火台一座。
⑦ 雄鸡屯：在今松潘县青云镇雄山村。
⑧ 石河桥：在今松潘县青云镇石河桥村。

（续表）

里数	地名	备考
10	红花屯	此处有一小村落，隔河为下尼巴番寨。河流平缓，两岸亦宽广异常。
10	松潘县	由镇江关至此凡一百二十里。路短且平，一日可到。其地，市密人稠，城垣广大，岷江横贯其中，川西之重镇也。东至平武，南至茂县，北至南坪，皆遥三百六十里。西出黄胜关为入草地之路。

乙

由灌县至懋功之部。

里数	地名	备考
	灌县	由此出西门而行，余详前。
3	二王庙	至此过索桥，沿岷江西岸而行，由索桥至对岸韩家坝①二里，韩家坝至关口五里，关口至水西关又五里。
12	水西关②	居民约五十家，前行五里处有地名金沙坝。
15	猴子坡	此地有倾斜极缓之小山坡及居民数家。
10	麻溪③	其对岸为茅亭，以产茶著名。由此至岩后八里，各有居民数十家。
10	漩口④	以上道路甚平，山势开展。以下渐形崎岖，此处为入山之大站，居民众多。由此十〈五〉里至垮博店，又十五里至水磨沟。
30	水磨沟⑤	由灌至此共计九十里。市街繁盛，为入山之要站，途中所需物品可在此购买，以次不易得也。前行十里，至天生桥⑥，为汶、灌接壤之所。又五里至大白石⑦，各仅客店一家，由此至草坪之路有二：一越鹞子山⑧，路短而多山坡；一经三江口，路长而较平顺。
30	三江口⑨	此地为汶川巨市，居民约一百余家，过此即人家稀少。

---

① 韩家坝：在今在都江堰市玉堂街道。

② 水西关：在今在都江堰市紫坪社区。

③ 麻溪：在今都江堰市龙池镇，原属麻溪乡（已撤销）。

④ 漩口：在今阿坝州汶川县漩口镇。

⑤ 水磨沟：在今阿坝州汶川县水磨镇。

⑥ 天生桥：在今汶川县水磨镇。

⑦ 大白石：在今汶川县水磨镇白果坪村，原属白石村。

⑧ 鹞子山：在今汶川县三江镇。

⑨ 三江口：在今汶川县三江镇。因西河、中河与黑石河在此汇合得名，三河汇流而成寿溪河（也称寿江），向东流出汶川。

（续表）

里数	地名	备考
12	草坪①	居民七八家，但无市物者。
10	九龙山②	此山倾斜甚缓，中多农家。由此下山至安家坪十里，安家坪至冒水子五里，冒水子至白果坪五里，白果坪至麻柳坪五里，皆沿河岸而行，居民甚少。
25	麻柳坪③	至此虽开，河岸迤逦入山，四里至三角眼，又四里至蒿子坪，又五里至三星号，皆少人居。
16	童槽④	此地旷无人居，道路倾斜甚急。冬季须备钉爪等物，始不致为冰所苦。由此八里至牛头山麓，其地名穿心店，又十里至烧茶坪，各有破店一楹。
18	烧茶坪	当牛头山之半，行人多就此休息热茶改名。
15	牛头山⑤顶	此山高出海平面约三千二百米达，冬季林木荫蔽，冰雪甚厚，不良于行，故有"春巴朗，冬牛头"之谚。由此下山十二里至空桐树，又十里至新店子，各有旅店一所。
22	新店子⑥	此地为牛头山之麓。由此五里至蒿子坡，又五里至转经楼⑦，又十五里至皮挑河。途次小桥极多，计大小七十余座，山尤逼狭，舆马不能畅行者也。
25	皮挑河⑧	至此出山，沿巴郎河北岸而行五至脚磨沟，又十里至观音岩，居民渐众，各有数家或十余家不等。
25	卧龙关⑨	居民十余家，瓦寺土司总管林镇江驻此。由此至糍粑街，途中须经头道桥、二道桥、小岩洞、三道桥等地，各有客店一二家，或竟无之。
35	糍粑街	居民只有一家，途次荒凉之致〔至〕，前行五里至新店子，又十二里至龙岩，其景象亦复类此，惟自卧龙关以次始较平顺。
20	烧火坪	由此至邓村须经文庙街、三圣沟、驴驴店等地，各距五六里不等，居民甚少，地尤隐僻，越山可至天全等处，匪人出没，其间行人所宜注意者也。

---

① 草坪：在今汶川县三江镇草坪村。

② 九龙山：根据前后路线推测为今汶川县三江镇疙包山。

③ 麻柳坪：在今汶川县三江镇。原属麻柳村（已撤销）。

④ 童槽：在今汶川县三江镇草坪村铜槽沟组。

⑤ 牛头山：位于汶川县三江镇与卧龙镇之间，原为灌县至懋功茶马古道小西路之南线必经之地，现仍有部分道路残存。

⑥ 新店子：在今汶川县卧龙镇卧龙关村。

⑦ 转经楼：在今汶川县卧龙镇转经楼村。

⑧ 皮挑河：又称"皮条河"，岷江支流，发源于巴朗山东麓，从西南流向东北，贯穿卧龙镇全境。

⑨ 卧龙关：在今汶川县卧龙镇卧龙关村。

（续表）

里数	地名	备考
28	邓村①	居民五六家，至此又离开河岸，迤逦上山三里至菜园子，又十二里至高店子②，各有客店一所。
30	相爷坪③	清季金川之役，大学士讷清赐死于此，故名。现有庙宇一椽，可蔽风雨，由此山宜在拂晓启行，如在午间必遇大风，尤以冬季为甚。
30	巴朗山顶	此山高出海平面约四千五百七十余米，达空气稀薄，行步宜缓。
15	万人坟④	此地为清季平定金川之役阵亡将士埋骨之所，有屋一椽。
25	松林口	此地有人四五家，前行十五里至高店子，北至山麓，又五里至破寨子，各有人二三家。
30	日隆关	至此人烟渐众，路亦平顺，其至双碉凡八里，有人数家。
20	沙坝⑤	由此十里至滴水岩，又五里至木耳岩，又五里至广金坝⑥，途次多沃日农家。
23	达维⑦	此地居民约六七十家，场后有喇嘛寺⑧，名乘妙。寺中有喇嘛二百余人。由此十二里至热耳岩，又十里至木了桥⑨，其情况如前，又由此越夹金山可至天全。
24	将军碑⑩	清金川之役，理番人袁国琏阵亡于此，其兄国璜立碑记其事，故名。有客店一家。
10	仰天窝	此地为山坡凹下地，故名。自日隆关以来，山已多土少石，由此五里至木栏卡⑪，有农村一处。
15	沃日官寨⑫	官寨在市场之后，建筑古丽，市中有人数十户，别思沟由此进山。

---

① 邓村：在今汶川县卧龙镇卧龙关村邓生组。

② 高店子：在今小金县四姑娘山镇（原名日隆镇）。

③ 相爷坪：又称"向阳坪"，今汶川县卧龙镇卧龙关村向阳坪。

④ 万人坟：又称"万人焚"，在今小金县四姑娘山镇长坪村。

⑤ 沙坝：在今小金县四姑娘山镇沙坝村。

⑥ 广金坝：又称"石鼓"，在今小金县达维镇石鼓村。

⑦ 达维：在今小金县达维镇。

⑧ 喇嘛寺：即达维寺，在今小金县达维镇达维村，属藏传佛教格鲁派寺院。

⑨ 木了桥：即木桠桥，在今小金县日尔乡木桠村。

⑩ 将军碑：因树有袁国琏死事碑而得名，在今小金县日尔乡木桠桥村。

⑪ 木栏卡：在今小金县沃日镇木栏村。

⑫ 沃日官寨：指沃日土司官寨，全国重点文物保护单位，位于今小金县沃日镇官寨村。

（续表）

里数	地名	备考
15	小水沟①	此地为一小市镇，土汉分界于此。由此十里至高店子②，有村落，无商店。
20	老营屯③	此地旧名明角宗。有居民十余家。由此五里至观音岩，傍山临河，形势险峻，又五里至破寨子④，合于懋抚路。
15	懋功县	县治通称新街子，高出海平面二千五百四十米达，位于小金河之南，美诺沟之两岸。东至灌县六百五十二里，南至天全属之碗碛一百二十里，西至康定六百里，西北至崇化一百八十里，北至抚边百二十里。

丙

由威州经理番抚边到达懋功之部。

里数	地名	备考
	威州	又名新堡关，为泯、沱两江合流之处，两江之上各有索桥一道，两江之中，名保子关。河西名桑坪⑤，由此经桑坪至羊角墩五里，又五里至钱邑⑥，居民约三十户，前行里许至风洞子，地势险峻。
20	下庄	居民十余户。
10	古城⑦	此地为古威州旧址。居民约十余户，前行数里至谢溪沟⑧，相传为谢坊〔方〕叔⑨先生之故里。坊〔方〕叔，宋嘉庆〔定〕中进士，官至淳熙左丞相兼枢密使，《宋史》有传。
51	通化	理东之巨市也。有人百余家。古广柔县遗址。由此五里至甘溪，有人四十余家，市街整洁，惜少商店，又十里至长河坝，对岸为九子屯，又五里至欢喜坡⑩，山势异常逼狭。

---

① 小水沟：在今小金县沃日镇甘沟村。

② 高店子：在今小金县美兴镇大水沟村。原属老营乡（已撤销）。

③ 老营屯：今小金县美兴镇老营村，因清代在此屯兵而得名，同时也是旧时当地茶马古道上的一处集散地。

④ 破寨子：在今小金县美兴镇春厂村。

⑤ 桑坪：在今汶川县威州镇桑坪社区。

⑥ 钱邑：应为铁邑，在今汶川县漩州镇克枯村。原属威州镇。

⑦ 古城：在今理县桃坪镇古城村。原属桃坪乡（已撤销）。

⑧ 谢溪沟：在今理县桃坪镇桃坪村，位于杂谷脑河南岸。

⑨ 谢坊〔方〕叔（1201—1272）：字德方，号溪山，宋宁宗嘉定十六年（1223）中进士。

⑩ 欢喜坡：在今理县薛城镇。原属欢喜村（已撤销）。

（续表）

里数	地名	备考
25	理番①	理番通称保县。在马鞍山之麓，孟董沟由对岸来会于江，南沟水横贯，城中有李文饶筹边楼旧趾〔址〕。由威至此凡七十里，由此七里至破碉房，居民仅一家，路狭而平，余多类此。
20	蒲溪沟	至此路成弧形，弧上有居民数家，蒲溪沟自左流入于江，沟内居民甚众，盛产粮食。
10	木堆②	居民十余户。由此七里至红水沟③，居民多姓何，其后山通杂谷脑。民十七年（1928）来苏夷匪劫掠此间，即由此道而来。
19	塘上	此处有人十余户。干堡屯在前方数里。对岸山下有桥可通。
10	维关④	至此过河上坡，坡上即关塞所在，山势峭削，险峻异常，古来军事之重地也。有人十余户，即唐之维州。
10	杂谷脑	又名兴隆场，理西之巨市也。由理番至此共六十里，路短且平，半日可到。场内有商店二百余家，场后坡上有喇嘛寺⑤，为理番各屯之宗庙。对岸名营盘街，即杂谷屯官寨，丹扎木沟由此来会于江，进沟通瓦寺草坡各地。
10	扑头梁子	山路险狭僻无人居。由此至关口须经牛血坪、黄土坡等小地名。
20	关口	灌商姚宝珊建有模范乡村数椽于此。由此过扑头寨至二道桥改道，经杂谷屯格山老寨，再由关口过桥，可不越扑头山。
5	二道桥	梭罗沟由此流入于江，沿沟入山有捷径可通抚边，但未开辟，故少人行，此地有客民三四家，由此过梭罗沟迤北行十里至简阳坪，山势逼狭林木荫蔽，居民甚少。
20	新店子	此处仅有居民一家，山势渐形开展。由此十里至庄房，为杂谷屯与来苏沟接壤之处，又五里至二道坪，经蛇卡至石鼓磨过桥折入河北而行。
30	鼓耳沟	道侧坡上有居民数十户，多系烬余，十八年平定来苏之役所焚毁者也。由此五里至大沟口⑥过桥，路极崎岖，尤以狮子坪一带为甚。
15	狮子坪	紧接望乡台，地势险峻僻无人居。由此五里至麻耳嗻，始改前观，又五里至转经楼，路尤平坦，再五里经小秋地至大秋地过河。
15	大秋地	至此居民渐众，山势亦甚开展。由此过河五里〔至〕大石包，三里至小火地，二里至大火地，三里至各半口，途次农家尚多，但无商店。

---

① 理番：指理番县县治所在，即今理县薛城镇。

② 木堆：在今理县甘堡乡甘堡村。

③ 红水沟：又称"洪水沟"，在今理县甘堡乡八十脑村。

④ 维关：又名危关，在今四川省理县杂谷脑镇兴隆村维关组。

⑤ 喇嘛寺：即宝殿寺，位于今理县杂谷脑镇官田村，属藏传佛教格鲁派寺院。

⑥ 大沟口：今理县古尔沟镇大沟村与小沟村河流交汇处。

（续表）

里数	地名	备考
12	芦杆桥	由杂谷脑至此共计一百三十五里，仅有破屋一间，由此过桥迤南而行五里至大板昭，为一小村落。
15	猛古	夷民较众，地势开展，过此以往又复路断人稀矣。
30	虹桥北站	由猛古到此皆在丛林僻径之中，此地原名座棚。民国十八年（1929）冬，屯殖督办署谢处长竹勋视察理懋露营于此，时值大雪，倍爱〔受〕其苦事后建此站，以利行旅，并定今名。
20	虹桥山顶	此山高出海平面约四千九百七十米〈达〉，比成都高出四千三百七十〈米〉达。冬季积雪甚厚，空气尤薄，行人务须缓步，始无晕山之险。
25	虹桥南站	此地原名两岔河，改创沿草〔革〕详于北站，由此至松坪①十里，有人一家，又十里至鱼海子，皆在乱石丛林之中。
20	鱼海子②	居民仅一家，至此路渐平整。
30	两河口	居民约百余家，为绥、抚及卓、松各土之中枢，抚北之巨市也。由芦秆〔杆〕桥至此凡一百四十里，南至抚边九十里，西经德尔扎山至绥靖二百四十里，北越梦笔山至卓克基约一百余里。
20	大寨③	此地系清季平定金川之役派遣杂谷屯兵三十二户驻防之所。由此十里至马耳康路甚平坦。
25	叨乌④	居民三四家。
15	新店子	道傍坡上有人数家，由此十里至墨龙沟⑤，〔清〕季平定金川之役进兵之地也。
20	天生桥	两岸石岩突出，借此架桥，故名。对岸有别思满屯庄子一所，前行七里有沟，名美诺。
10	抚边屯	屯治在小金川西岸高台地上。居民不上百家，市街亦甚简陋，由两河口至此凡九十里。
20	木坡	通称穆坡，有人二三十家，对岸有喇嘛寺⑥，法圣，寺甚壮丽，即别思满屯家庙。

---

① 松坪：又称"三松坪"，即今小金县两河口镇三松坪。

② 鱼海子：又名虹桥鱼海子，今小金县两河口镇虹光村鱼海子远牧点。

③ 大寨：在今小金县两河口镇大寨村。

④ 叨乌：在今小金县两河口镇油坊村。

⑤ 墨龙沟：在今小金县抚边乡墨龙村，位于抚边河西岸。

⑥ 喇嘛寺：即木坡寺，法称"木坡夏珠林"，位于今小金县木坡乡招牛村，属藏传佛教格鲁派寺院。

（续表）

里数	地名	备考
10	老喇嘛寺①	有居民四五家，因焚于火，仅存遗址。
20	八角	有人三四十家，抚南之巨市也。对岸山中有寿经喇嘛寺②，为八角屯家庙。民国六年（1917），妖僧察都和尚僭号倡乱之地也。
30	破寨子	此为抚属之破寨子，到懋时尚有一地同名，由此五里至凉水井，又十里至羌家湾，居民皆只二三家。
20	猛古桥	此地系沃日河与小金川合流之所。原架小木桥二座，如遇洪水冲毁，须由猛古山绕道二十余里至懋，现改建铁索桥，此去五里为观音岩，又五里为破寨子。
15	懋功县	由威至此共计六百一十六里，居民稠密。市分三街，一名营盘街，在美诺沟之东，卯甲梁子之下，有街无市；一名粮台街，在美诺沟之南，县政府及教堂焉，沟上有上中下三木桥；一名新街，在小金河之南，与粮台街隔一河湾，市街整洁，商务繁盛，余已详前，兹不再赘。

丁

由松潘至平武之部。

里数	地名	备考
	松潘县	由此出东门而行十五里至水草坝③，道傍仅旅店一家，其余农家甚多。
20	雪兰关④	此地有人三四家，前行二里至桥桥上⑤，亦有人二三家，山间有雄黄矿一区。由桥上至凤洞子⑥八里，〈越〉倾斜甚缓之，雪山至天花石⑦其间空气稀薄，常有夷匪为患，宜结伴缓行。
25	三岔子⑧	此地在雪山之麓，有路可至漳腊，前有居民一家，今已迁去。

---

① 老喇嘛寺：在今小金县木坡乡招牛村。

② 寿经喇嘛寺：即八角寺，法称"僧格扎西却林"，位于今小金县八角镇太阳村，属藏传佛教格鲁派寺院。

③ 水草坝：在今松潘县青云镇大寨村。

④ 雪兰关：又称"雪山梁子"。

⑤ 桥桥上：在今松潘县青云镇大寨村。

⑥ 凤洞子：又称"凤洞关"，在今松潘县青云镇大寨村。

⑦ 天花石：在今松潘县黄龙乡大湾村。

⑧ 三岔子：在今松潘县十里回族乡三岔坝村。

（续表）

里数	地名	备
15	下草湾①	涪江发源于此，对岸山中有风景极佳之黄龙寺。由此十里至红崖关②，又十里至伏羌③，皆只旅店一家。
30	三舍汛④	由松至此凡九十里，道路尚属平顺，由此至施家堡即大相迳〔径〕庭，此地有人三四十家。
20	驷马桥⑤	前途有墩上牌坊沟、干河坝、镇远⑥诸地，道中两山逼辏〔凑〕，路尤崎岖，由此至老塘房须经小关子⑦、月耳岩诸地。
20	老塘房	自此路更崎岖，尤以辖夷口一带为甚，由此十里至苜蓿厂，各有旅店一家，余无居人。
20	施家堡	至此胸襟为之一阔。其地有人三四十家，由此十里至四望堡⑧，渐见村落，又五里至叠台沟⑨，路渐平顺，叠台沟至小河之间名龙韬堡⑩。
30	小河营⑪	由松至此共计一百八十里，其地气候煦和，居民众多，松东之巨市也。
20	凤崖堡⑫	有居民数十家，道中农村渐众，始见稻田。
10	木瓜墩⑬	松潘、平武交界于此，水晶堡在前方二十里处。
150	平武县	旧龙安府治，由松至此共三百六十里。

---

① 下草湾：在今松潘县黄龙乡大湾村。
② 红崖关：又称"红岩关"，在今松潘县黄龙乡大湾村。
③ 伏羌：又称"福羌堡"，在今松潘县黄龙乡大湾村。
④ 三舍汛：又称"三舍堡""三舍关""三舍驿"等，在今松潘县黄龙乡三舍驿村。
⑤ 驷马桥：今松潘县小河镇四马桥。
⑥ 镇远：在今松潘县黄龙乡建新村，原有仰止墩和镇远堡，今已不存。
⑦ 小关子：在今松潘县黄龙乡，原有小关堡，今已不存。
⑧ 四望堡：在今松潘县小河镇四望堡村。
⑨ 叠台沟：在今松潘县小河镇新光村。
⑩ 龙韬堡：即"龙潭堡"，在今松潘县小河镇新光村。
⑪ 小河营：即今松潘县小河镇政府驻地。
⑫ 凤崖堡：在今松潘县小河镇丰岩堡村。
⑬ 木瓜墩：在今松潘县小河镇木瓜墩村。

戊

由松潘到南坪之部。

里数	地名	备考
330	松潘县	由此出北门，沿岷江西而行，自县城至南坪均系沙平路，道中虽有弓杠岭之高，夷匪为害，但甚宽广。
30	虹桥关①	由松潘至此，须经火烧屯②、高屯子等地，至此过桥折入河东而行。
10	漳腊	此地在岷江东岸，玻璃泉横贯城中，水甚清澈，对岸以产金著名，纯用土法开采，颇有所获。
20	柏木桥	道中有村落，无商店，至此以往村落渐少。
15	小西天③	至此渐无人居，上山十五里至金线塘而夶夶沟到达弓杠岭之腹。
30	弓杠岭	此地林木葱茏，夷匪出没不常，故无人居。由此十五里至大石头，始有塘房一楹。塘房者，前代传达文书之驿站，即今之递步哨也。每距十余里或二十里为一塘，每塘有兵一二名，今已全废。
30	踏马④	此地有黄铁矿甚旺。由此十五里至错盘好，仍无旅舍。
30	箭梗塘	至此始有人家。
15	戎洞	情况如前。
30	踏藏⑤	由松至此共计二百一十里，道中林木甚多，居民渐众。由此十五里至永和塘⑥，经藏咱寨⑦至分汛塘。
30	分汛塘⑧	由此至沙坝之间为隆康汛⑨及永靖关⑩。
30	沙坝⑪	由此至黑河塘之间为林近塘⑫，至此始见童山⑬，农村渐众。

---

① 虹桥关：在今松潘县川主寺镇。

② 火烧屯：在今松潘县十里回族乡火烧屯乡。

③ 小西天：在今松潘县川主寺镇安备村。

④ 踏马：今九寨沟县漳扎镇塔玛。

⑤ 踏藏：在今九寨沟县漳扎镇。

⑥ 永和塘：在今九寨沟县漳扎镇永竹村。

⑦ 藏咱寨：即"中寨子"，在今九寨沟县漳扎镇。

⑧ 分汛塘：在今九寨沟县漳扎镇彭丰村。

⑨ 隆康汛：又称"隆康泛"，在今九寨沟县漳扎镇隆康社区。

⑩ 永靖关：又称"永定关"，在今九寨沟县漳扎镇沙坝村。

⑪ 沙坝：又称"沙坝塘"，在今九寨沟县漳扎镇沙坝村。

⑫ 林近塘：又称"宁静塘"，在今九寨沟县漳扎镇二道桥村。

⑬ 童山：即童家山，在今九寨沟县白河乡。

（续表）

里数	地名	备考
30	黑河塘①	黑河由此会于白河，十五里燕子垭②，为一村落。
30	芝麻塘③	由此至南坪之间为中田山。
30	南坪	自踏藏至此共一百五十里，路较狭隘，且多石砾。由此东行三十里至汤珠河④，又四十里至柴门关，与甘肃文县交界，又九十里即至文县。

己

由芦秆〔杆〕桥至马塘之部。

里数	地名	备考
	芦秆〔杆〕桥	由此向北直行余已详前。
15	大夹壁	此地有夷民十余家。由此至渺罗须经长河坝、麻里斯多、八卦碉等地，途次农家甚多，半已颓废，盖经黑水及活佛之变，尚未复元故也。
20	渺罗	原有居民六七十户，今只十余户。由此五里至党杠梁子⑤，亦只十余户，较昔减去大半，均系民十四年（1925）黑水内乱时所焚毁者也。
10	十八卦沟口	沟内居民较多，沟口仅磨房一座。至此过桥折入河之左岸而行，由此十里至大郎坝、二京岭，又五里至红水沟，再三里至二道寨，各有居民数家，途次林木甚多。
20	尽头寨	原有居民十余户，悉被焚毁。现有少数人民居于对岸。由此五里至奶子牛厂，为昔时土司牧牛之所，又五里至板板桥，林木葱茏，行人多就此露宿，又十里至烂树子，三处皆无人居。
30	山脚坝	此处亦无人居，有路可通黑水。至此上山五里至猫儿鼻梁，山势倾斜甚急。
15	鹧鸪山顶	至此路基极狭，空气尤薄。每年夏季当有冰雹、风雪之苦。由此至山脚，其地林木甚多，故名松林口。
15	马塘	由芦秆〔杆〕桥至此共计一百三十五里。往昔商店甚多，今已墟废。由此三十里经壳躬沟至康猫喇嘛寺，再上入松潘草地，横入黑水。西南行一百二十里经王家寨、烧坡、梭磨等地至卓克基，又六十里至松岗。

---

① 黑河塘：今九寨沟县漳扎镇与白河乡交界处。

② 燕子垭：又称"张那哈"，在今九寨沟县白河乡燕子垭村。

③ 芝麻塘：在今九寨沟县白河乡芝麻塘村。

④ 汤珠河：在今九寨沟县双河镇境内，由西南向北流入白水江。

⑤ 党杠梁子：即"胆杆岭"，在今理县米亚罗镇胆杆村。

庚

由懋功县经崇化屯至绥靖屯之部。

里数	地名	备考
	懋功县	按：由懋功至崇化之路有二。一由新桥塘①进山六十里至崇德，由崇德越空卡梁子②至卡撒，凡八十里；沿卡撒沟而下四十里至崇化，此为夏季雪融之路。若在冬季则须绕道中梁子至崇化。本表所列即为此途。
15	新桥塘	此地在大金河北岸，有河流入于大金，进沟为越空卡至崇化之路。由此十五里至科多，路极平坦。
30	村都③	沿途农家甚多，惜无商店。
15	僧格宗④	此地有人数十家，由此十里至三又沟，为丹巴、懋功交界之地。由三又沟进山经一枝碉⑤至长胜店⑥，其地有人约百余家，皆在山间。僧格宗为清代金川之役大有关系之地，有焚毁军米遗迹，米粒尤隐约可辨。
15	长盛店	由此迤逦上山五里至塔子沟，为金川平定后，指定理番上、下孟屯及九子屯屯兵各三十名驻防之所。又五里至唐家磨房，上坡十里至尽头寨，地属丹巴。
40	三家寨	又称尽头寨，位于中梁子之腹，有人四五家。
30	中梁子⑦山顶	此山之东倾斜甚缓，其西较峻，山顶产虫草、贝母等物。
35	黄草坪⑧	由中梁子至此始有人一家，前行数里，沿曾达沟而下。
20	清福寺	此寺有喇嘛数十人。
30	曾达沟口	曾达沟由此流入于大金川沟口，有人三四户，对岸为马尔邦，有人十余户，循金川河右阴山而上，路险，只能徒行，不通舆马、渡皮船，由马尔邦沿金川河左而上，再由较场坝渡河，而东路极平坦。
20	崇化屯	由懋功至此共计二百二十五里，屯治在大金河之东，有人百余家，多以耕稼为业，与抚边情形大〈数〉致相同。

---

① 新桥塘：位于今小金县新桥乡新桥沟与小金川交汇处，因清朝在此驻军设塘而得名。

② 空卡梁子：今小金县崇德乡与金川县卡撒乡界山。

③ 村都：在今小金县宅垄镇。

④ 僧格宗：又称"新格"，在今小金县宅垄镇元营村。

⑤ 一枝碉：在今甘孜藏族自治州丹巴县太平桥乡。

⑥ 长胜店：又称"长盛店"，在今甘孜藏族自治州丹巴县太平桥乡长胜店村。

⑦ 中梁子：在今甘孜藏族自治州丹巴县太平乡纳粘村。

⑧ 黄草坪：在今金川县曾达乡大沟村。

（续表）

里数	地名	备考
10	广法寺	此寺为清季金川平定后敕建之所。西藏派有堪布驻此。由此前行十里至末木扎，又十里至牛厂，地势开展，路亦平顺，惜仍罕见农村。
28	渡口	至崇化起，皆沿大金河东而行，至此乘皮船西渡。
2?	独松	由此北至绥靖，西至二凯，居民约十六七家。
20	甲咱	居民二十余家。
30	绥靖屯	此地在大金河之西。东至两河口二百四十里，南至崇化九十里，可行皮船，西至二凯矿厂四百九十四里，居民众多，为抚崇两屯之所不及。

辛

由茂县至绵竹之部。

里数	地名	备考
	茂县	由此东行五里为水磨坝①，有居民数家。
10	夹山墩②	
20	小关子③	
20	甘溪④	
20	土门	由此南行三十里与北川县交界。
20	关口	
20	大崖坪	
20	横梁子	
20	彭家包	
20	高川⑤	
20	鹦哥嘴⑥	

① 水磨坝：在今茂县凤仪镇静州村。
② 夹山墩：在今茂县凤仪镇静州村。
③ 小关子：在今茂县富顺镇胜利村。
④ 甘溪：今茂县富顺镇甘沟。
⑤ 高川：在今绵阳市安州区高川乡，推测为今高川坡。
⑥ 鹦哥嘴：在今绵阳市安州区高川乡高川坡南。

（续表）

里数	地名	备考
10	大石坝	
20	道喜沟①	
10	月耳门②	此地与睢水关为安县属。
20	睢〔雎〕水关③	
10	福星场④	即少贵滩，为绵竹所属。
15	塘房	
15	绵竹	

按：茂绵路线人所习至，无须特别说明。

壬　附表

按：本篇附载各表皆系不甚通行、无足重轻之僻径，所经各地多无村落、旅舍，故未加以详细说明，所以不欲付之阙如者，便于参考耳。

一、由南坪至平武之里程表

南坪…三〇…汤珠河（由此上山经碟子坪、花木桥、两河口至屋角⑤）…六〇…大屋角⑥…一六〇…白马路…一一〇…平武（以上共计三百六十里）。

二、由理番至刷金寺之里程表

理番…二〇…四马溜口⑦…一五…子达寨⑧…一五里…老鸦寨…一〇…塔司坝⑨…一〇…卡子寨（上、下孟屯交界于此）…一〇…老尺沟…一〇…白杨

---

① 道喜沟：在今绵阳市安州区睢水镇道喜村。
② 月耳门：在今绵阳市安州区睢水镇月儿门村，清时为茂州与安县交界处。
③ 睢〔雎〕水关：在今绵阳市安州区睢水镇。
④ 福星场：在今德阳市绵竹市富新镇。
⑤ 屋角：在今九寨沟县勿角镇英各村。
⑥ 大屋角：在今九寨沟县勿角镇新阳村。
⑦ 四马溜口：在今理县下孟乡四马村。
⑧ 子达寨：在今理县下孟乡仔达村。
⑨ 塔司坝：在今理县上孟乡塔斯村。

沟①…一五…平河沟…一五…羊马河…一〇…凉水井…一〇…青杠坡…一〇…木香坡…一〇…美人沟…一〇…柏树桥②（上孟屯与黑水交界于此）…一〇…张家岩…三〇…龙口卡子…三〇…横梁子，由此越鹧鸪山至马塘二十五里…三〇…马河坝③…四〇…刷金寺，以上共计三百里。

三、由两河口至绥靖屯之里程表

两河口…二〇…大板昭④…二〇…水卡子…十五里…银厂沟…二〇…木城⑤（须露营）…三〇…得尔扎山卡…一〇…新店子（此地只屋一间）…三〇…杨家碉…四五…绥靖（以上共计二百四十里）。

四、由绥靖至二凯金厂之里程表

绥靖…二〇…四大庵⑥…一〇…可耳马山⑦…一〇…牛厂…三〇…俄坡…五〇…木池⑧…二〇…尽头寨…五〇…蒲村喇嘛寺⑨…五〇…长海子⑩…二〇…大草坪…二〇…苍苍喇嘛寺⑪…六〇…王簪山…六〇…转经葫芦…三〇…必杨都梁子…三〇…两河口…二〇…鱼别大桥…四…二凯（以上共计二百八十里）

五、由独松至二凯金厂之里程表

独松…五…正底塘⑫…二〇…八月沟⑬…四〇…格不便却梁子（此山高于巴郎）…八…三道海子⑭…四…两义河…五…龙卡…一二…阿柯里⑮（又名勒

---

① 白杨沟：在今理县上孟乡木尼村。

② 柏树桥：在今理县上孟乡木尼村。

③ 马河坝：在今黑水县沙石多镇马河坝村。

④ 大板昭：在今小金县两河口镇大板村。

⑤ 木城：在今小金县两河口镇木城村。

⑥ 四大庵：在今金川县沙耳乡丹扎木村。

⑦ 可耳马山：今金川县沙耳乡克尔玛村克尔玛山。

⑧ 木池：在今金川县撒瓦脚乡木赤村。

⑨ 蒲村喇嘛寺：根据路线推测是今昌都寺，法称"华尔辛旦罗布林"，位于今撒瓦脚乡阿拉学村，属苯教寺院。

⑩ 长海子：又称"情人海"，在今金川县阿科乡。

⑪ 苍苍喇嘛寺：即仓仓寺，法称"塔钦桑珠旦尼达尔基林"，位于今金川县毛日乡壳它村，属藏传佛教宁玛派寺院。

⑫ 正底塘：在今金川县独松乡正里塘村。

⑬ 八月沟：今金川县独松乡八一沟。

⑭ 三道海子：在今金川县阿科里乡三道卡子附近。

⑮ 阿柯里：在今金川县阿科里乡阿科里村。

尖）…七…泽朗沟梁子①…三〇…转经葫芦…三〇…必杨都梁子…五…鱼别…四…二凯（以上共计二百七十八里）。

六、由茂县至色耳古金矿区之里程表

茂县…一〇…镇夷堡…一〇…椒园堡②…五…窄溪沟③…一五…刁林沟④…一〇…松溪堡⑤…一〇…水草坪…二〇…沙坝…一〇…龙坪⑥…一五…卡渣⑦…一〇…杜家坪⑧…一〇…白溪寨⑨…五…杨柳坪…五…二木瓜子⑩…一〇…地娃…一〇…长五间…五…皂角树⑪…一〇…珠丝洞…五…兴隆坪…五…苦地瓜子⑫…五…神树林…一〇…色耳古。

---

① 泽朗沟梁子：在今金川县阿科里乡措朗沟与毛日乡交界处。

② 椒园堡：在今茂县渭门镇椒园堡村。

③ 窄溪沟：在今茂县渭门镇椒园堡村。

④ 刁林沟：在今茂县沟口镇沟口村。

⑤ 松溪堡：在今茂县沟口镇飞虹村。

⑥ 龙坪：在今茂县沙坝镇龙坪村。

⑦ 卡渣：在今茂县沙坝镇王家山村。

⑧ 杜家坪：在今茂县沙坝镇。

⑨ 白溪寨：在今茂县沙坝镇白溪村。

⑩ 二木瓜子：在今茂县洼底镇。

⑪ 皂角树：在今茂县洼底镇皂角坪。

⑫ 苦地瓜子：在今茂县赤不苏镇二不寨村。

四川松理懋茂汶屯区屯政纪要

陈学志　龙巧利　潘　莉　校注

邓锡侯署签

屯政纪要·序

　　《屯政纪要》这个书，是继《四川松理懋茂汶屯区庶政概要》而作的。《概要》梓行在民廿（1931）的秋天，其时混沌初开，只略具眉目，没有什么可资参考的。兹篇纪载，比较的繁密。民廿以后的区内设施，尽具于是。现虽两经兵燹，所残留的不过什之三四。究之按册而稽屯区政象，尽有痕迹可寻，这却是不可视为时过境迁的一个废物。

　　但是屯政对象，在边地和边民。论其地：毗连西藏，自西康建省，北交青海，南结云南，遂将它的位置、形势，变为内地。然蛮山鸟道，消息时通，仍隶藏族如故。至于广荒不治，俨然一大瓯脱①，介在川、康两省的中间。论其民：言语、性质、习俗、宗教，与夫其他一切生活，同于藏而殊于汉。由数千年以至今日，原始情形，未或稍易。然则屯务云者，仅沿袭从前的镇抚形式；政务云者，仅成立单纯的施治形式而已耳！而被治的方面，地方怎么经营？人民怎么改进？都说不上，仍是夏自夏、夷自夷的旧模型，汉族的文化从未丝毫地浸入他的皮毛的。侯②尝考之：彼少数民族，能保其初民的生活状态，历各朝统一局势，不被消灭，这实在是由于吾族处闭关时代，墨守怀柔的成训，叛则挞伐，服则羁縻的缘故。迨近世纪，列强交侵，国防见重，应〔民〕生问题，无如国内又割裂纷歧，无暇顾及边鄙，所以同一版宇，僿野至今。非其别具有什么特种能力、特种价值，足以自存到这个田地，这是很显然的。

　　今者世界大战将届暴发，列强正努力寻求国防问题怎么解决，就像把全国

---

① 瓯脱：原指古代少数民族屯戍或守望的土室或屯戍之人，后也用于指边地或边境荒地。
② 侯：即邓锡侯，时任国民革命军第二十八军军长兼四川松理懋茂汶屯殖督办署督办。

的智识才力尽量拿来供给此项解决消费的用途，尚难达到圆满的目的似的。吾国也正在受了这样的波动，注意及此。东方多事，西眷殷切。不意乃有此项特殊边民，盘踞着这样具严重性的国防位置上面，公然与我汉族文野悬殊，形成对立。内在的矛盾，显露到这个地步，此时何时？可乎不可？

在民族心理学家，谓一种族能长期独立，非由外部环境与政治制度，尤非其智慧所致，而乃在其品性。品性差异，遂使心理组织不同，属于心理上的固性，变形极缓，必受之以渐。先以教育转移其心理组织，然后由组织变迁，改移其品性，乃能与文明民族其趋一辙。此种结果，却非突变所能获得的。但在近代政治学家，都不主张迂迴的说法：谓一民族的生存与观念必以种族地理和历史的统一为根据，应充实其天然疆界，应同化其各种分子，应推广其文化于劣等种族；又谓共同社会的意志应决定其政治地位的理由，多数民族得利用此种决定，作为同化或镇服少数民族的努力的根据，而办到同化与统一；又谓一群共同生存在一个明白划定的地域内的人种成立一个国家，其国家为求国内统一的努力，即违反其一部分人民的愿望，亦为正当举动；又谓若以多数民族文化推展到少数劣等民族，使广大领域泯其畸形，即使不得已而用武力，亦是应该的。故依民族学家意见，不主用逻辑学上的突变；依政治学家意见，非突变不合逻辑。自我看来，世界是演进的，但不变只是演化，不是进步。主观的话，吾国自来是用夏变夷的，以环境催促的缘故，我不附和阴柔派的缓慢政策。

但是，一个在同一地域驯伏已久的民族，凿饮耕食，与汉无争，因为门户的关系，猝然临以强力，似又未免近于躁急派的恣睢气习。我现在斟酌缓急的情形，综合中外古今的学说，求出一个适当最新的方式，就是用阳刚的手腕，图温和的成绩，举国家的财力、实力强制其同化与统一。就我羁勒以后，一切出以和平，安定其族类心理和生活，这个就是置庄岳求齐语①的成法而新用之。对外为我自完整我国家内部历史上、地理上的统一；对内则实行总理民族平等的遗教，使边民与内地人民同立于文化水平线上，新建设一个和平、光明、共由的世界。这样一样，国防无虞，矛盾消化，边民安处，建设可施，其庶几乎为屯政极轨

---

① 置庄岳求齐语：典出《孟子·滕文公下》，庄岳是战国时期齐国国都临淄著名的闹市区，孟子称外地人在此生活便能很快学会齐语，意指周围环境对人的影响是很大的。

乎！此种意见，早胚胎于设置屯殖督署之初，而不克具体规划进行者，则因戍区财力不足，又未知国家筹边政策若何故耳。兹欲给国防方面以研讨的资料，特于《纪要》篇首补叙及之。

中华民国二十五年二月　日　营山邓锡侯序于崇庆[①]军次

---

① 崇庆：今四川崇州市，时为邓锡侯所率国民革命军第二十八军军部驻地。

屯政纪要·目次

引　言（135）①

第一章　屯政机关（137）

　　第一节　屯务行政机关（137）

　　第二节　垦务机关（141）

　　第三节　财务机关（142）

第二章　屯区状况（143）

　　第一节　疆　域（143）

　　第二节　山　川（144）

　　第三节　气候及土质（145）

　　第四节　人　口（146）

　　第五节　物　产（156）

第三章　交　通（161）

　　第一节　陆　路（161）

　　第二节　水　道（172）

　　第三节　邮　电（173）

第四章　军　事（175）

　　第一节　分区置戌（175）

　　第二节　查禁输入武器（176）

　　第三节　移兵屯垦（177）

第五章　夷　务（181）

　　第一节　关内屯土及关外部落之政治及社会组织（181）

　　第二节　化夷之措施（183）

　　第三节　麦额与拉卜楞寺之政教纠纷（188）

---

① 原版并无页码，为便于查阅，特补注页码。

第六章 垦 务（197）

　　第一节 查 荒（197）

　　第二节 招 垦（200）

　　第三节 指导垦民（204）

第七章 民 政（207）

　　第一节 整顿县府内部（207）

　　第二节 增设及裁废县政机关（208）

　　第三节 整饬司法（208）

　　第四节 推进自卫自治（209）

　　第五节 积极正俗卫生（209）

　　第六节 厉行禁烟储粮（210）

第八章 财 政（215）

　　第一节 开 源（215）

　　第二节 节 流（219）

　　第三节 筹设金融机关（219）

第九章 教 育（225）

　　第一节 学校教育（225）

　　第二节 社会教育（227）

第十章 农林牧畜（229）

　　第一节 农 业（229）

　　第二节 林 业（230）

　　第三节 牧 畜（236）

第十一章 矿 药（239）

　　第一节 矿 业（239）

　　第二节 药 业（241）

第十二章 工 商（247）

　　第一节 工 业（248）

　　第二节 商 业（248）

　　结 论（249）

屯政纪要·引言

昔杜君卿①有云："置边防，遏戎狄也。"又云："光武报臧宫②等请，谓务广地者荒，务广德者强，诸将自是不复言兵事。"以光武此语为持盈知足，合治国要道，盖因唐时碛西③怛逻之战④，云南渡泸之役⑤，均丧师无功而云然也。今则不然，边势丕变，迥殊前代。凡前之所以策遏戎者，今属左计⑥。且今之戎狄不足患，患在与戎狄接近者大有国在，方欲诱其入彀，我岂可从而驱之。我之边防，若不推设戎境之外，使尽内属，佐我戍守，势必为近戎狄者利用以制我。藏、卫之事，其殷鉴也。然则立国今日，虽欲不勤远略，不谋拓殖，其可得哉？其可得哉？松、理、懋、茂、汶，夏属梁州地。茂州、汶山，即冉駹国。周初羌、髳与孟津之会，髳即苗人。秦置蜀郡，别松、茂为湔氐道。汉置汶山郡。唐置松州、茂州。明平定吐蕃置松潘、保县。逊清康雍间⑦收复大小金川，改置抚边、绥靖、崇化三屯。当羌夷强盛时，负隅凭险，叛乱相寻，甚或络绎内犯，

---

① 杜君卿：即杜佑（735—812），字君卿，京兆万年（今陕西省西安市）人，唐朝著名政治家、史学家，著有《通典》，诗人杜牧的祖父。

② 臧宫（?—58）：字君翁，颍川郏县（今河南郏县）人，东汉开国名将，云台二十八将之一。曾参与平定巴蜀。

③ 碛西：唐朝对西域的称呼。碛指莫贺延碛，即位于今新疆哈密和甘肃敦煌之间的哈顺沙漠。

④ 怛逻之战：即怛逻斯之战，是唐安西都护府的军队与来自阿拉伯帝国的穆斯林和中亚各国联军在怛罗斯相遇而发生的战役。怛罗斯即今哈萨克斯坦的塔拉兹。

⑤ 云南渡泸之役：指唐贞元十七年（801）春在四川与云南交界的泸水发生的以唐、南诏为一方与以吐蕃、大食为另一方的战斗。

⑥ 左计：与事实相悖的打算、不适当的策划，引申为失策。出自宋文天祥《保州道中》："厉阶起玉环，左计由石郎。"

⑦ 康雍间：有误，应为清乾隆年间。

黎庶蒙殃。经历代柔之以德，威之以兵，乃始帖耳驯伏。攘外之功，史藉〔籍〕昭垂，班班可考。惟有清二百余年，蓬婆①筑城，滴博②设戍，仅备武力，杜渐防微而已。泊入民国，叛服不常，国家多故，未遑筹及。锡侯来戍西川，侦悉有人视同藏、卫，入山调查，窥我藩篱，欲睡卧榻之侧，将贻剥肤之痛。且其地位处青、甘、川、康之间，其夷人多习藏语。藏既窥康，难免不煽兹戎众，为其内应。设不先事经营，俾就羁勒而通青、康成一横障，隔绝西番。一旦被人啮及，紧邻四省之边境以后皆无宁日。又况该五县蕴天然之富源，地下五金宝藏，矿旺脉丰，地上巨材珍品，尤难胜数。稍予疏导，即可源源输出。其地位重要，特产充裕，既已如此。加国际方面，因经济侵略，金融日枯，川内又苦人口过剩，粮食缺乏。该五县地面广漠，荒芜不治。倘招承开垦，移扎屯田，不但调剂有无，合于生众食寡之大道，且今边实防固，永断自藏来侵之交通，为国为川，纵有劳费，且弗能已，况所得者尤非少数。遂于民国十六年（1927）定计划，松潘、理番、懋功、茂县、汶川五县，抚边、绥靖、崇化三屯为屯殖区域（以下简称屯区），设屯殖督办署于茂县，专司其事。加派重兵，分区扼险控勒，镇慑番夷，俾沐汉化。于是查户口以别夷种，设学校以通语言，派巡回讲员以宣布行政旨趣，奖公司会社以领荒，移驻军平民以耕食，改建道路以便利运输，设守要隘以肃清劫夺。又辟农场试验以尽地利，置储蓄汇兑以活金融。迄今纲举目张，成效可睹。特将各项计划暨其实施之过程，撮叙大要，用备省揽。其川青、青康铁道与金矿开发，一切敷设，虽与国防金货有关，非有巨资，万难轻试。然边事日棘，今昔殊科③，外力侵入，已接萧墙。昔之闭关遏戎，既不切于现情，即今之化夷为汉，亦岂能救兹眉急，此则不胜杞忧者也。

---

① 蓬婆：山名，在今茂县西南。

② 滴博：山名，一作的博岭，在今四川理县西北的鹧鸪山。

③ 殊科：不同。

第一章　屯政机关

松、懋地带为川西屏障，正西接青海，西南毗西康。因政教之未周，致进化之濡滞[1]。岷江以西，满布西藏民族，生活信仰，全同西藏，历代欲有事于西藏者，除铲〔泸〕定、西宁两线外，不能以此地为入藏之新捷径。于是以国家数千年之版图，竟历数千年而为西藏藩篱。民国廿余稔，尤其十六年（1927）以后，全国地区均在三民主义下日趋于现代化，而松、懋区域，独充实保持其太古时代之封建制。且又接近四川腹地，其有碍于国家之设施，以及经边之大略，胡可胜计。而药材、毛草乃至黄金，尤关四川与全国之资源，不予经营，直接影响于一省，间接当使中枢对于青、康之力量，失直线与弧线之贯澈〔彻〕，岂仅宝藏不兴，夷患堪虞而已哉。乃于决计从事屯殖之首，先置改造工具，而为屯政机关之设备焉。

第一节　屯务行政机关

唐代吐番入寇，曾分兵一路取道松、懋，以袭秦、陇。自后谋国者，均重视此方。清初于松潘置镇。嗣平金川，于懋功置协。其懋功厅所属之懋、抚、绥、崇、章五屯，完全为办理军粮之官。养兵外，他鲜重视，仅于相距数百里设一厅，以理民事而已。自入民国，松潘尚存汉军统领遗制，亦只镇压攘夺，其他悉

---

① 濡滞：停留，迟延，迟滞。《孟子·公孙丑下》："三宿而后出昼，是何濡滞也！"

非所问。因是而使蚩蚩①编氓②，力藏于身；博大山川，货弃于地。于是注重防务部署，兼顾生产建设，特设一较为完备之提挈机关，名曰"四川松理懋茂汶屯殖督办署"。崇其名号，义取威夷，充实组织，贵能并进，全部系统如左表：

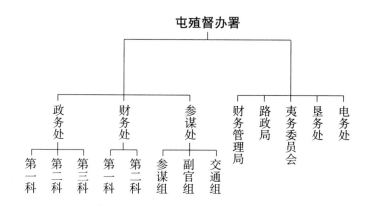

其屯殖督办署组织条例及修正条例并录如左。

四川松理懋茂汶屯殖督办署组织条例

第一条 松潘、理番、懋功、茂县、汶川等县及抚边、绥靖、崇化各屯，为中华民国国民革命军第二十八军屯殖区域，设置四川松理懋茂汶屯殖督办署，办理屯殖事宜。

第二条 四川松理懋茂汶屯殖督办署设于茂县。

第三条 本区域内军政、民政、财政事务，由屯殖督办商承本军军长统一整理之，并督率所属职员及考核任免地方军、民、财、政各官吏。但督办因公不能常川驻茂时，得派员代行，并负其责。

第四条 前条行政人员之任免，仍随时函由各主管官厅加委。

第五条 本区域现驻部队及屯土官兵，悉由国民革命军第二十八军军长拨归屯殖督办直接指挥调遣。于必要时，得商由本军军长增调之。

第六条 本署关于军事指挥事宜，设军事指挥官一员，由国民革命军第

---

① 蚩蚩（chī chī）：敦厚老实的样子。一说无知的样子。

② 编氓：编入户籍的平民。

二十八军军长拣任，秉承督办督率军事主管科，办理指挥本区域内驻军及屯土官兵事宜。

第七条　本区内屯殖事宜，悉依各项现行法令执行，仍函达各主管官署备案。但有特殊情形时，得制定单行条规。

第八条　本署设总务处，置处长一员；秘书处，置秘书长一员。由国民革命军第二十八军军长拣任，秉承督办指挥职员，办理本署事宜。

第九条　总务处设四科，各设科长一员，秉承处长办理本科事宜。各科均设科员委员，秉承科长办理本科事务。但属于军事，得设参谋、副官、军法、差遣、录事，仍由主管之科长秉承军长、指挥官及处长督率办理之。

第十条　总务处设置技术官，秘书处设置秘书官，均秉承总务处长及秘书长分掌文书、技术事宜。

第十一条　本署职员由督办任免，录事由处长选任之。

第十二条　本署各科分掌事务如左：

甲　第一科，掌理军政及本区域内部队及屯土官兵，并各县屯团务事宜。

乙　第二科，掌理财政及不属于各科事宜。

丙　第三科，掌理民政、教育、夷务、交通事宜。

丁　第四科，掌理农业、林业、工业、矿业、药厂、牧畜事宜。

第十三条　各科关于技术事务，技术官有襄理之责，得由总务处长指派佐理之。

第十四条　本署设置税务督察一员，秉承总务处长，得随时督察屯区内各税卡之税收，以及本署第二科财政收支、报销各事宜。

第十五条　本署经费及职员定额，视事务繁简，由督办商由国民革命军第二十八军军长定之。

第十六条　凡本区域内屯殖事宜及进行程序，暨军、民、财政整理事项，由督办同各职员随时拟定。其重大事宜，由督办咨商国民革命军第二十八军军长核定后执行之。

第十七条　本署关防由国民革命军第二十八军军长刊发。

第十八条　本署军事指挥官官章由国民革命军第二十八军军长刊发。

第十九条　本署办事细则由督办拟定，咨由国民革命军第二十八军军长核定施行。

第二十条　本条例由国民革命军第二十八军军长制定，自公布之日施行。

第二十一条　本条例有未尽事宜，得由督办增减，咨由国民革命军第二十八军军长修订后施行。

修正四川松理懋茂汶屯殖督办署组织条例

第一条　中华民国陆军第二十八军划成区松潘、理番、懋功、茂县、汶川五县，抚边、绥靖、崇化三屯为屯殖区域，设置四川松理懋茂汶屯殖督办署，办理屯殖事宜，由军长兼任督办。

第二条　四川松理懋茂汶屯殖督办署设于茂县。如因情势需要，得于屯殖区域内设置行署。

第三条　屯殖区域内军政、民政、财政事务之处分及文武官吏之黜陟，统由督办处理。但督办因公不能驻署时，得委任人员代行职务。

第四条　屯殖督办署任免军、民、财各项人员，仍由各主管官厅加委。

第五条　屯殖督办署内之驻军及屯团土官兵，统由屯殖督办节制指挥。

第六条　屯殖区域内一切事务，悉据各项现行法令处理，函达各主管官署备案。但得斟酌地方情形，制定单行条例。

第七条　屯殖督办署设参谋长一员，参谋处长、政务处长、财务处长各一员。参谋长秉承督办督率各处，办理屯区一切事宜；各处处长秉承督办商承参谋长，分掌屯区军务、政务、财务事宜。

第八条　屯殖督办署各处由督办视事繁简，设置员司，承上级之命，办理各处一切事务。

第九条　屯殖督办署经费暨员司薪额，由督办核定之。

第十条　屯殖区域内一切开发事务之规划举办，由督办署各员司详密设计，呈由督办核定施行。

第十一条　屯殖督办之关防，在国府未颁发以前，暂由督办自刊备用。

第十二条　屯殖署〔督〕办署办事细则，由督办核定施行。

第十三条　本条例自公布日发生效力。

第十四条　本条例如有未尽事宜，由督办修改之。

第二节　垦务机关

曰垦殖者，提挈之行政机关自属重要，而实体之设施机关亦未可稍忽。松、懋建设之需要，曰耕、曰牧、曰采矿、曰造林、曰制毛制革，皆属当务之急。然限于财力，未能同时并举。与务广而荒，宁择一责效，故首止从事于垦务。但距内地较远之区，土著人稀，事业莫共移民以从，内地人丁不安蛮荒。清末赵尔丰垦殖道、炉、甘、瞻一带，即徙川北之民，厚其资给，为之筑室，为之娶妇，意能安居，获臻繁荣。殊入民国，取缔一懈，相率旋里，十年经营，尽付东流，往事足鉴。故事不务多，而地亦不务远。止先就茂、汶两县从事垦荒，特于茂、汶两县各设一垦务局，嗣合组为一，名曰茂汶垦务处。条例规程，分录如左。

茂县、汶川县垦务局规程

第一条　屯殖督办署以开发茂县、汶川县属林野荒地及改良农、林、牧畜事业，期尽地利，特设茂县、汶川县垦务局。

第二条　茂县、汶川县垦务局，承屯殖督办署及茂县、汶川县政府之指挥监督，办理次记各事项。

甲　关于保安林及禁垦地之编定事项。

乙　关于官、公、私各种荒地之境界划定事项。

丙　关于移民地之选定计划及移民事项。

丁　关于土地之处理及开垦事项。

戊　关于官有林野及农、牧地方之管理经营事项。

己　关于农、林、牧畜之试验改良事项。

第三条　茂县、汶川县垦务局以次记各员组织之。

局长一员，技术兼调查委员二员，文牍兼书记一员，庶务一员。

第四条　办事细则由垦务局定之。

第五条　本章程有未尽事宜，得呈请修改之。

第三节　财务机关

一事之举，财为命脉。过去兵多饷巨，内地财力无法经边。虽曾于万分拮据中先后拨助数十万，然只济于一时，无由资其持久。兼从前五县三屯财务情况，棼①如乱丝，或轻重极偏，或动饱私橐，司农兴仰屋之嗟，黎庶患苛敛之苦。款失其用，用辄无款。乃就屯区分设松潘、理汶、懋抚绥崇三财务管理局，划一税率，酌济盈虚，前弊悉除，现状克维。其组织大纲如左。

四川松理懋茂汶屯殖督办署松潘财务管理局、理汶财务管理局、懋抚绥崇财务管理局组织章程

第一条　本署为整理屯区税收，剔除苛扰起见，特设置松潘、理汶、懋抚绥崇三财务管理局。

第二条　松潘财务管理局设于松潘，理汶财务管理局设于威州，懋抚绥崇财务管理局设于懋功。

第三条　各管理局得酌量运道及货物出入情形，呈请分设税卡。

第四条　各管理局按照另定之估本章程，征进出口税千分之六十五，实行一税制。旧有各县局所收之过道税及其税卡，一概撤废。

第五条　各管理局置局长一员，会计一员。其办事员、巡查员、卡员视事务繁简，呈请酌量设置。

第六条　本章程自公布日施行。

第七条　本章程有未尽事宜，由屯殖督办署随时修改之。

---

① 棼（fén）：纷乱，紊乱。

第二章　屯区状况

屯区为屯政之对象。若于其疆域、山川、风土、人口、物产各项，无详密调查、确实统计，则屯政措施难免隔膜，必也劳而少功，故屯署成立后，即分遣农、林、工、矿、政治、教育各专门人员赴各县屯实地考查，求明真象。兹就考察所得，撮记其大概于次。

第一节　疆　域

屯区位于四川西北部，据岷江上游，东以鹿头山脉界平武、北川、安县、什邡、彭、灌等境；东北界甘肃之岷县、西固①、文县等境；北以岷山山脉散布于黄河南岸之山脉，与甘肃临潭县属杨土司之地连界；西北以岷山山脉与甘肃属番拉不朗寺及青海连界；西及西南以大雪山山脉与西康之石渠、炉霍、道孚、甘、巴连界。南以青城山脉及邛崃山脉之夹金山脉与宝兴、崇庆、灌县连界。纵短而横长，南北最长处约一千二百里，东西最广处约一千七百里（实数未测，此只依里程计）。

---

① 西固：在今甘肃省甘南藏族自治州（下称甘南州）舟曲县。

第二节 山 川

岷江两岸，跬步皆山，层崖耸峙，谷地狭隘。地势至为高峻，由北而南，渐趋低缓；西北高原，俗称草地，广阔达十万方里。山势舒徐，地多沼泽，加以气寒〔候〕严寒，农垦未兴，莽莽荒原，开辟有待也；大小金川流域，山势仍绵亘高峻，惟山间较多平地，差胜岷江流域。境内诸山，来自昆仑之巴颜哈〔喀〕喇山系，经西康入川。向东一支，绵延于川北及陕、鄂两省边界者，称大巴山脉。余自松潘北境，歧而为二，由此而南夹峙岷江。在江岸之东者，如弓杠岭、雪山、太白、九峰①、娘子岭等高峰，统名鹿头山脉。在江岸之西者，如噶冻山、噶奈山、哲补山、虹桥山、山王顶、巴郎山、牛头山、灭金山等高峰，统名牛头山脉。又屯区诸山，自古随地异名，而统称为岷山。

境内诸水，略可分为二派，以邛崃山脉为分水界。邛崃山脉以东之水入于岷江，以西诸水大都入于大金河。

岷江，一名汶水，其源有二。正源滥觞〔觞〕于羊膊岭下，其一发源于较东之弓杠岭，南流会于漳腊，昔人所认为江源者是也。南流经松潘城东南隅，更南纳松平〔坪〕沟、小姓河②、窗河、黑水河，经茂县城西，西南流绕威州城西，则与自鹪鸪山发源东来之理番河③会焉。又南经汶城④西直下至楠木园⑤，始折而往南。在汶川以下则纳草坡河、纳凹河⑥、三江口河⑦诸水，其流始大。川西

---

① 九峰：今名九顶山，又称九鼎山，因有九座山峰而得名，位于茂县县城附近。

② 小姓河：今名热务曲，发源于松潘县毛儿盖镇与燕云乡间之腊子山南麓，流经燕云乡、红土镇，在镇江关镇汇入岷江。

③ 理番河：即杂谷脑河理县段。

④ 汶城：在今汶川县绵虒镇政府驻地绵丰村，民国时为汶川县府驻地。

⑤ 楠木园：又称楠木堰、拦木园，位于四川省都江堰市龙溪镇茶关村境内，旧时为岷江上游漂木的最后集结地，现已被紫坪铺水库淹没。

⑥ 纳凹河：推测为今汶川县境内之渔子溪，又称二河，发源于巴郎山东麓，在映秀镇中滩堡村汇入岷江，全长近90公里。

⑦ 三江口河：今寿溪河，俗称寿江，发源于汶川县和大邑县交界处的大塘山，西河为其上游和主流，在三江口纳中河、黑石河后而汇入岷江。

十四属灌溉之利，咸仰赖焉。

大金河源出松潘西北之泽郎寺番界山中，南经三阿坝入理番绰斯甲夷地。东纳梭磨河，西纳绰斯甲河（一名二凯河），南经绥靖、崇化折而西南，至西康之丹巴，自巴郎山、虹桥［山］发源而西之小金［川］河来汇。

此外羊膊岭以东，则有涪江，自松潘雪栏山东流至水晶堡以入平武。白龙江[1]，自松北弓杠岭山中东流纳黑河[2]之水，东南至柴门关[3]入甘肃文县界。羊膊岭北麓则有祥楚河，北流入甘肃岷县。又有包座河，北入甘肃杨土司属地。又有三横河：一曰多拉都昆仑河[4]，源出羊膊岭之北麓，流向西北以入黄河；二曰都尔大度坤都仑河[5]，源出大分水岭之北，北经唐个寺，纳噶溪河之水，北流入黄河；三曰德特昆都仑河[6]，源出大分水岭，经辖米、物藏各番地，纳墨竹溪河之水，北流以入于黄河。

以上诸水，行万山中，奔流湍急，不利行舟。且水力宏肆，啮击山岩，沿岸路基，倾圮时闻，胥由乎此。

第三节　气候及土质

北部终岁苦寒，三时积雪。自亚洲内陆而来之西北风，鼓吹不息。午后率疾风卷地，飞沙扬尘，故气候干燥而少雨。降雨期自五月至九月即止。

南部较暖，风势渐和，雨量亦较多。降雨期自三月至十月止，雨期外常见霜、雪、冰、雹。农作概只一季。而高地苦潦，低地患旱。农事丰凶，随地位之

---

[1] 白龙江：即今白水江，白龙江上游支流之一，发源于弓杠岭北麓，向东流经二道桥纳黑河，再向东南经九寨沟县南坪镇、保华乡、双河镇、郭元乡过柴门关入甘肃文县境内。

[2] 黑河：发源于九寨沟县大录乡与松潘县交界处，流经九寨沟县大录乡、黑河镇，在黑河塘与白河交汇，始称白水江。

[3] 柴门关：在今四川省九寨沟县郭元乡青龙村，为四川与甘肃两省交界地的一处险要隘口，素有"秦蜀锁钥"之称。

[4] 多拉都昆仑河：即洛尔斗曲，嘎曲河支流之一，在今阿坝县贾洛镇境内。

[5] 都而大度坤都仑河：嘎曲河支流之一，在今若尔盖县唐克镇境内。

[6] 德特昆都仑河：黄河上游支流之一，推测在今若尔盖县辖曼镇境内。

高下，适得其反。

境内石炭纪之岩层，所在皆是。花岗岩尤为普遍。平谷之间，概属砂土、砾土。高地不无粘〔黏〕土，但属偶见耳。又因破岩碎石散布殆遍，致石多土寡，世称九石一土，盖以此也。至草地平原，虽多壤土，但沮洳泥泞，腐植过多，终岁寒湿，非排水改良，难称沃壤。

第四节　人　口

（一）种族及数量

屯区人种计有汉、回、羌、番之别。其种族数量及来源、性状如次表。

屯区民族种类数量表

县别	汉族		番族		共计	
	户数	丁口数	户数	丁口数	户数	丁口数
松潘	5787	33528	16955	44205	22742	77733
理番	2800	11200	10200	58000	13000	69200
茂县					18296	12416
懋功	3020	11000	3100	10000	6120	111000[1]
抚绥崇三屯	4800	20100	7200	30100	12000	50200
汶川	3360	17000	1400	7500	4760	24500
总计					76918	343949[2]

右表所列，回附于汉，羌附于番，以其数少也。

---

① 111000：有误，应为21000。

② 343949：有误，应为225049。

屯区民族来源性状表

族别	来源	性习	一般之职业	备考
土著汉人	多两湖、两广之人。明末清初随军移住。	多数习于怠隋〔惰〕苟安。	除少数能业农商外，余多失业。	
客籍汉人	多安、遂、潼、乐、简阳、中江、平、青、安、绵①之人，大都内地经济落伍者。	性耐劳苦，善居积，至俭朴。	或挖药烧焙，或农耕。储积小本，渐事贸迁，而致中人产者，实繁有徒。	
回族	由甘肃、青海移来。	强悍好胜，宗教观念至深，同族间团结力亦大，与他族不通婚姻。	多业商及屠宰。	
羌族	为屯区土著民族。	习苦耐劳，生活苟简，知识浅陋。	几完全从事于农业。	
熟番	由青、藏移来番族之与汉人相习者。	略同羌族。	多数业农牧。在松潘、理番边境者，亦间营商业。	
生番	由青、藏移来番族之与汉人暌离者。	性慓悍，善射击、骑马。	多狩猎、游牧，或专事劫夺。	

（二）生活状况

羌民散居于松、理、茂、汶一带山地，与汉族接触之机会最多，同化颇深。有语言而无文字，濡染汉族最久者，并语言亦复遗忘。惟祀神均在屋隅，尚可以资识别。宗教以巫为主，无论婚丧病苦，胥惟巫是求。巫击羊皮鼓，唱蛮歌。神曰夷珠，就高山森林中斩牲而祀。近有英教士在汶属上水里②等地宣传耶教，指夷珠即耶苏，谓羌民宗教与之同源，竟能诱起羌族之信仰。其说诈，其心险矣。羌民职业，类多业农，勤于劳作，性情谨愿③；惟俗尚饮酒，醉辄滋事，是其所短耳。

番民隶属于各土司。其先来自西藏、青海，故语言、文字多因之。多业农、

① 安、遂、潼、乐、简阳、中江、平、青、安、绵：指四川安岳、遂宁、梓潼、乐至、简阳、中江、平武、青川、安县、绵阳等县。

② 上水里：在今汶川县映秀镇飞沙关与威州镇萝卜寨之间。

③ 谨愿：谨慎，诚实。

商，兼事牧畜。其为工者，艺术古拙，别具作风。能学佛而为喇嘛者，则荣耀乡里。与汉族接触少者，俗称生番。犹存犷悍之习，好利好斗，轻生易死。履绝壁危岩，若行平地。虽至亲往往以细故相仇杀，累世不解。病不服药，延巫或喇嘛祈禳〔禳〕而已。刻木为信，烧羊蹄而占，聚必痛饮。所谓畏威而不怀德，记仇而不记恩。习俗然也。

番、羌多着自织之厚麻布细毡，恒以獐皮作套裤，生羊皮作背心或鹰膀[①]，均以革作面，取其出入林箐，不为刺棘所苦也。妇女衣著较男子为长，边缘亦喜饰以花纹。羌人妇女，亦环其耳而结其发，头部包以青、白等布。脚均未缠，特鞋端翘起微尖，略效弓弯耳。番妇衣皆大领，足着革靴，长可至膝，但衣长不着裤。或戴大盘帽，缠以珊瑚勒子，则为重饰也。

食以芋〔玉〕麦、小麦、青稞、黍、粟、荞麦、洋芋为主。草地一带则以糌粑、酥油为主要食品。除资产阶级外，罕食稻米。非有大故，不食鲜肉。食品至简，新鲜之菜蔬，以及调味之酱、醋，均少用之。高山住民，专以洋芋、荞麦充食，即玉麦亦视为珍品矣。能自煮酒，其味淡而略酸。晏客以酒多为丰，入城市辄买酒牛饮。官府犒赏，亦非酒不餍其欲。

房舍至为简陋。四周缭以石垣，上承梁柱而铺以土木，坚筑使牢，故其顶极平，便于收获农产。工作佳者，亦觉整齐而坚固。特臭秽黑暗，亟应改良。外观如西式建筑，施独木梯于外，仅刳长木为级，受脚之处，至形窄小。屋虽高，仍一梯达顶，妇幼鸡犬，皆从此登降，亦从无失足之事。屋有三层、二层两种。三层者，上以供俸神祇；中为家人住室，炊爨寝息在焉；下为厩舍。其二层者，人居下层，供神及储粮于上层，厩舍另设屋外。

汉、回两族，多居各县城市及交通便利之地，俗尚似灌、崇、安、绵各县，而俭啬过之，多业农、商。近年烟毒流行，习染者众，生计愈益贫苦。回民除婚丧宗教之礼外，大体与汉人相同。

（三）分布情形

屯区土著原为羌人。唐宋以还，青、藏番族由西、北两方侵逼，使其内窜。

---

① 鹰膀：即坎肩，是一种不带袖子的上衣，也称半臂。

而汉族自东、南两方堵剿，遏其越扰，遂浸微弱。迄今仅栖息茂、理、汶一带高山中矣。至青、藏番人，则散布于草地及关内各屯土，部落、户口数量甲于各族。汉人虽随历代兵威所至，岷江及大金川流域生聚日蕃，然多住于交通便利之城市，其深入理番之五屯、四土及草地各部落者，以彼等无组织，政府不扶持，辄被番族同化，良可概〔慨〕也。若夫回民户口甚少，松潘较多，懋功次之。兹列各县屯土概况表于下，以示番族分布之情况。

甲、松潘屯土概况表

名称	官寨地点	种族	辖寨数	户数	口数	备考
拈佑土百户	阿革寨	西番	7	91	200	原属中营，在县治西南。
热务土百户	热务	同	17	279	680	同。
牟尼土千户	包子寺①	同	7	126	310	同上。又以上三土官中以此较强。
峨眉土千户	峨眉喜②	猼猓	15	526	1460	同拈佑。
七布土千户	徐之河③	同	8	145	420	同拈佑。
麦杂土千户	蛇湾④	同	15	583	1300	同拈佑。
毛革土千户	阿按	同	18	468	1200	同拈佑。
阿思土千户	峒大	西番	12	139	390	原属左营。在县治东北，此部势力较大。
三舍土百户	草峒和药	同	9	120	540	同阿思。
下尼巴土百户	下尼巴	同	8	129	340	同阿思。
寒盼土千户	寒盼	同	9	161	550	原属漳腊营，在县治北。
商巴土千户	商巴	同	11	117	440	同寒盼。
祈命土千户	祈命	同	11	172	510	同寒盼。漳腊金厂在其属境。
羊峒土司	羊峒踏藏	同	3	169	380	同寒盼。

---

① 包子寺：因当地有座包子寺而得名，在今松潘县进安镇包座村。
② 峨眉喜：也作峨弥喜，在今黑水县知木林镇知木林村乌木树组。
③ 徐之河：在今黑水县慈坝乡格窝村俄体寨。
④ 蛇湾：在今黑水县卡龙镇色湾村色湾寨。

（续表）

名称	官寨地点	种族	辖寨数	户数	口数	备考
阿案土目	阿案①	同	4	158	390	同寒盼。
挖药土目	挖药	同	2	31	110	同寒盼。
押顿土目	押顿	同	2	110	330	同寒盼。
中岔土目	中岔	同	3	116	308	同寒盼。
郎寨土目	郎寨	同	3	118	304	同寒盼。
竹自土目	竹自	同	3	87	112	同寒盼。
藏咱土目	藏咱	同	3	110	330	同寒盼。
东拜土目	王亚	同	2	115	320	同寒盼。
达弄土目	恶坝	同	2	111	500	同寒盼。
香咱土目	香咱	同	7	537	573	同寒盼。
咨马土目	咨马	同	2	324	682	同寒盼。
八顿土目	八顿	同	2	285	382	同寒盼。
上包坐土千户	佘湾②	同	9	266	332	原属漳腊营，在县治西北。
下包坐土千户	竹当③	同	10	187	382	同上包坐。
川柘土千户	川柘④	同	7	322	554	同上包坐。又川柘为废潘州故址，地形重要。
谷尔坝土千户	那浪	同	7	265	524	同上包坐。
双则土千户	红凹⑤	同	7	311	632	同上包坐。
上撒路土百户	木路恶	同	8	77	240	原属漳腊营，在县治西北。
中撒路土百户	杀按杠	同	8	98	280	同上撒路。
下撒路土百户	竹弄	同	14	174	480	同上撒路。
崇路土百户	谷谟	同	24	423	880	同上撒路。
作路土百户	森纳	同	8	101	220	同上撒路。

---

① 阿案：在今九寨沟县漳扎镇漳扎村中寨子。

② 佘湾：在今若尔盖县包座乡。

③ 竹当：在今若尔盖县包座乡卓塘村。

④ 川柘：在今若尔盖县求吉乡甲吉村潘州寨。

⑤ 红凹：即双则红凹。

（续表）

名称	官寨地点	种族	辖寨数	户数	口数	备考
上勒凹土百户	贡按	同	6	118	280	同上撒路。
下勒凹土百户	卜顿	同	6	150	300	同上撒路。以上自上撒路起共称口外铁布七寨。甘肃杨土司颇存觊觎。
班佑土千户	班佑	同	1	18	45	旧属漳腊营，在县治西。
巴细土百户	色既坝①	同	17	274	652	同班佑。
阿细②土百户	柘弄	同	10	168	352	同班佑。
土〔上〕作革土百户	上作革	同	1	57	210	同班佑。
合坝土百户	独杂	同	1	66	210	同班佑。
辖漫③土百户	辖漫	同	1	124	390	同班佑。
下作革土百户	下作革	同	1	113	380	同班佑。
物藏土百户	物藏	同	1	41	130	同班佑。
热当土百户	热当	同	1	72	250	同班佑。
磨下土百户	磨下	同	1	21	78	同班佑。
甲凹土百户	甲凹	同	1	54	220	同班佑。
阿革土百户	阿革	同	1	60	260	同班佑。以上班佑十二部落近来情势迁变，详说明一。
郎惰土百户	郎惰	同	8	143	690	旧属漳腊营，在县治西北。
鹊个土百户	鹊个	同	4	261	410	同郎惰。
上阿坝土千户	甲多④	同	37	1158	3311	在县治西南，半耕半牧。
中阿坝土千户	麦颡⑤	同	46	1794	3720	同上阿坝。
下阿坝土千户	阿强⑥	同	39	882	2110	同上阿坝。称口外三阿坝。

---

① 色既坝：也作蛇作坝。

② 阿细：在今若尔盖县阿西镇。

③ 辖漫：也作辖曼，在今若尔盖县辖曼镇。

④ 甲多：在今阿坝县各莫镇甲尔多村甲尔多寨。

⑤ 麦颡：在今阿坝县阿坝镇铁穷村，麦颡土司官寨驻地。

⑥ 阿强：在今阿坝县安羌镇安羌村。

（续表）

名称	官寨地点	种族	辖寨数	户数	口数	备考
上俄罗克① 土百户	车木塘②	同	10	251	151	口外三俄罗克。在县治西南。居民以狩猎游牧为生。上郭罗克，现约二千户。
中俄罗克土百户	插落	同	17	485	1640	同上俄罗［克］，现约二千余户。
下俄罗克土百户	纲卡	同	29	333	1110	同上俄罗［克］，现约二千余户。
上阿树土百户	银达	同	35	257	810	以下三阿树，在县治西南，曾被甘边拉不朗寺侵扰，以狩猎游牧为生。
中阿树土百户	宗个	同	27	488	1020	
下阿树土百户	郎达	同	26	240	870	
小阿树土百户	小阿树	同	11	136	542	
丢骨土千户	丢骨	同	24	184	480	旧属平番营，在县治东南。
云昌土千户	云昌	同	29	281	810	同丢骨。
呷竹寺土千户	呷竹寺	不详	18	100	318	原属平番营，在县治南。原系三十二寨，归流者十四寨，民多汉化。
中羊峒土司	隆康	西番	7	124	698	原属南坪营，在县治东北，民多汉化，其土官均已改为守备。
下羊峒土司	黑角浪	同				已经改土归流。
芝麻寨土司	芝麻寨	不详	5	86	303	同中羊峒。
中田寨土司	中田寨	同	4	72	317	同中羊峒。
勿谷土司	勿谷	同	8	196	782	同中羊峒。
边山寨土司	边山	同	8	182	741	同中羊峒。
小姓寨土千户	小姓	同	18			同中羊峒。

---

① 俄罗克：应为郭罗克，下同，也作果洛，历史上分为上、中、下郭罗克三部落，均在今青海省果洛藏族自治州。

② 车木塘：在今青海省果洛藏族自治州达日县车木塘寨。

（续表）

名称	官寨地点	种族	辖寨数	户数	口数	备考
共计	72部落	西番62	632	14597	37364	
		猼猓4	56	1722	4380	
		不详6	61	636	2461	
		72	749	16955	44205	

附注：右表为屯署甫成立时之调查。据二十二年（1933）谢处长培筠之调查，则有次之变迁。

一、班佑、［上］作革等〈上〉十二部落变更为班佑、上作革、唐个、辖米、汉鲁[1]、上中下郎洼、阿细基落帐房、洪洼、作克采、物藏、热当、阿革东、热拉落帐房、特阿三部等十三部落[2]，约三千二百户，而特阿一部，即占二千余户。

二、乔柯一部，现通称为三乔柯，分四部：一为阿西齐哈马，约五百户；二为下乔柯，约三百户；三为勒尔马[3]，住黄河南北岸，约一百户；四为阿万，约二百户。

三、除表列部落之外，尚有三安曲[4]及三瀼口各部，在草地间。上安曲毒马、中安曲龙子马、下安曲噶孙马，位阿坝、瀼口间，在昔应属理番，约六百余户。虽均有土官，然其权均在安曲茶理寺[5]大喇嘛额耳娃之手，庞然自大，应予裁制者也。三瀼口在梭磨、安曲之间，旧属理番，约五百户。

---

[1]　汉鲁：也作漢鲁。

[2]　十三部落：有误，应为十四部落。

[3]　勒尔马：也作勒而马。

[4]　三安曲：在今红原县安曲镇至阿坝县查理寺之间，分上、中、下安曲。

[5]　茶理寺：即查理寺，位于今四川省阿坝县查理乡，属藏传佛教格鲁派，由第一世安曲活佛贡确旦比坚赞于1823年创建。

乙、理番屯土概况表

名称	官寨地	种族	辖寨数	户数	兵额	备考
杂谷屯守备	格山老寨	西番	28	750	350	在理番城治之西60里，为仓旺土司故地。
干堡屯守备	干堡	同	20	650	600	在县治西40里。
上孟董屯守备	老鸦寨	同	8	530	530	在县治西北70里。
下孟董屯守备	子达寨	同	14	580	570	在县治西北18里。
九子屯守备	二瓦寨	同	10	500	500	在县治东12里。
梭磨宣慰司	梭磨	同	74	4000		在县治西北450里。
卓克基长官司	卓克基	同	36	3200		在县治西北540里。
松岗长官司	松岗	同	36	2000		在县治西600里，一名茸杠。
党坝长官司	党坝	同	5	400		在县治西南750里。
共计	五屯四土		231	1260	2550	

丙、茂县屯土概况表

名称	官寨地	种族	寨数	户数	口数	备考
静州长官司	静州	羌	5			县治东北2里。
岳希长官司	岳希	同	5			县治西3里。
陇木长官司	陇木	同	12			县东。
长宁安抚司	沙坝	同	不详			县北
水草坪土巡检	水草坪	同	3			县西北。
竹木坎副巡检司	竹木坎	同	4			县北。
牟托土巡检	牟托	同	3			县西南。
实大关副长官司	实大关	同	2			县北。
大定沙坝土千户	大定沙坝	西番	不详			在县西北。
松平土百户	松平沟	同	11			同上。
大姓土百户		同	7			同上。
小姓土百户		同	8			同上。

（续表）

名称	官寨地	种族	寨数	户数	口数	备考
小姓黑水土百户		同	3			
共计	13土		63寨			

附注：茂属各土司，自有清以来，即相继改土归流。虽仍准土司继续承袭，固已名存实亡。故户口数目，难于分析记载。

丁、汶川屯土概况表

名称	官寨	种族	寨数	户数	口数	备考
瓦寺宣慰使司	涂禹山	西番	28			
共　计			28			

附注：汶川只一瓦寺土司，原有番族悉皆汉化。除喇嘛而外，无复藏族宗风，已难分析记其户口、数目矣。

戊、懋功屯土概况表

名称	官寨	种族	寨数	户数	口数	备考
鄂克什宣慰司	沃日	西番	39	1700	6850	在县治东50里。
汗牛屯守备	汗牛	同	34	400	1564	在县治西南180里。民国十七年（1928）因守备绝嗣，屯署令县废除，改置公安局。
宅垒屯守备	宅垒沟	同	11	300	1129	在县治西南，三分之二属丹巴，三分之一属懋功。
别思沟屯守备	别思沟登春沟	同	11	400	1582	在县治东北，抚边屯之东南。
八角碉屯守备	八角	同	18	200	759	在懋功及县治之东北，抚边之西南。
绰斯甲宣抚司	周琐	同	26	10000	29678	在懋功及绥靖之北方。境内有二凯、俄热之产金大矿区。所辖草地接壤青海。
河东屯守备	河东屯	同	17	274	1020	在懋功之北，绥靖之东。

（续表）

名称	官寨	种族	寨数	户数	口数	备考
河西屯守备	河西屯	同	22	64	1335	在懋功之西北，绥靖之西。
共计	2土6屯		133	13558	53928	

附注：

按：懋功及三屯地段，崇化屯已有屯无土，所有崇境番夷，在大金川河东者统归河东屯管理，在河西者统归河西屯管理。

第五节　物　产

屯区以高寒故，所有物产天然生产者多，人工培制者少。兹将各属特产别为农、林、矿、牧、药材、硝焙六项，记其大概。

（一）农产

食粮以玉蜀黍、小麦、荞麦为大宗。北部只产青稞、大麦、荞麦。南部仅汶川之中滩堡[①]至茅亭[②]沿江一带，微产稻米。食米完全仰给于灌县、绵竹、平武等地。至农家特产，惟花椒、芋片、茶、梨数者，略有成数。他如茂县之甜杏仁，汶川之胡桃、栗，懋功之白瓜子，均以产量甚少，从略。

花椒。花椒盛产于茂县及懋功一带，汶川、理番两县羡其利丰，近年亦群起栽植。

芋片。草地外均产之。惟能烘漂得法、成庄出售者，仅限于汶川南部耳。

茶。仅限于汶川南境产之。分边茶、腹茶两种。边茶由松、理两县转销草地番夷，腹茶则输销内地各县。近以腹茶受商人操纵，边茶为印茶及湖茶[③]侵销，

---

① 中滩堡：在今汶川县映秀镇中滩堡村。

② 茅亭：在今四川省都江堰市龙池镇茅亭村，在清代因产贡茶"茅亭茶"而闻名。

③ 湖茶：茶名，又称副茶、茯茶、福茶、府茶、附茶、黑茶，因产于两湖地区而得名。叶粗而色黑。

产量浸衰。腹茶年产约五十担,边茶年产约二千担之谱。

汶川之龙溪、茅亭、兴文坪所产之茶,为川茶上品,惜未加推广,产量甚微。

梨。理、茂、绥、懋均产梨,而以懋功及绥靖产者品质特佳,量亦较多,俗所谓"金川梨"是也。惜交通不便,只能输出其产量之一部。

(二)林产

屯区山峦重叠,林木种类甚多。就中可供建筑及制备器物者,厥为云杉、麦吊杉、真杉、铁杉及松、柏、檀、桦、槐、椆等,而以杉、桦产量最富。各木厂代运至成、灌销售者,为云杉、真杉两种。桦则以其木挖瓢,以其皮制草帽汗缘,而运诸腹地各县。又供涂料用之漆,产额亦巨。言其产地,则真杉及小木漆(人工栽植者),限于汶川南部。其余各种木材及大木漆(野生漆树),遍产于汶、理、茂、懋及三屯全境。惟松潘境内只产云杉、松、柏、柏杨,且其黄胜关外之草地,仅灌木离离,了无可用之材也。至于竹类,慈竹、班〔斑〕竹产于汶川南部,其量无多,恒以制作竹器,销于屯区各县。油竹以制笔杆。白夹竹、拐棍竹,以捻竹索、作纸料,汶、理、茂遍山皆产,灌县堰工所需篓筅,咸仰给之。他若香菌、松菌、黄丝菌、獐子菌、羊肚菌、鸡爪菌,则副产于林地者也。

(三)矿产

屯区金、银、铜、铁、锑、铅、硫黄、石炭、雄黄、础玉等矿均有,而产金最富。岷江及大小金川流域产沙金,漳腊产粒金,蚂蟥沟产崖金。兹列调查所得之各矿产区于次:

产金地区

松潘属。漳腊、赤密、黄胜关、晓晴沟、松平〔坪〕沟、毛儿革[1]、镇江关。

理番属。刷经寺、砍竹沟、王家寨、烧坡、罗兜寨、夹石口、关口、百丈

---

[1] 毛儿革:即毛儿盖。

房、磨子沟、红水沟、木卡营、三齐寨、色耳古①、围古、白窝、古耳沟。

茂县属。驴子坪、平〔坪〕头村、沟口寨、吴家沟。

懋功属。蚂蟥沟、日隆关、陈文笙沟、汗牛屯。

抚边属。昭牛、牧〔木〕坡、登春沟。

绥靖属。双柏树、丹扎木、勒乌围、噶耳丹斯、二凯、俄热、观音菩萨。

汶川属。七盘沟②、卧龙关、三江口。

银矿区域

懋功属。崇德沟、日隆沟。

铜矿区域

松潘属。塔藏。

理番属。平山。

懋功属。汗牛屯（红铜、鸡血铜）。

汶川属。一碗水③。

铁矿区域

茂县属。石礸沟④。

汶川属。板桥⑤、桃关⑥。

理番属。郊坡。

煤矿区域

茂县属。大石桥、大坝、宗渠⑦、文镇⑧。

汶川属。珠罗坝⑨、雁门⑩。

---

① 色耳古：即色尔古。

② 七盘沟：在今汶川县威州镇。

③ 一碗水：在今汶川县映秀镇一碗水村。

④ 石槽沟：在今茂县土门镇。

⑤ 板桥：在今汶川县绵虒镇板桥村。

⑥ 桃关：在今汶川县映秀镇桃关村。

⑦ 宗渠：在今茂县凤仪镇宗渠村。

⑧ 文镇：在今茂县南新镇文镇村。

⑨ 珠罗坝：又名珠脑坝、朱脑坝，位于四川省都江堰市龙池镇查关社区，现被紫坪铺水库淹没。民国时属汶川县。

⑩ 雁门：在今汶川县威州镇雁门村。

松潘属。三汛[①]。

铁矿区域

懋功属。日耳寨[②]、班烂山。

汶川属。卧龙关、三江口。

铅矿区域

理番属。梭罗沟[③]。

茂县属。青坡[④]。

汶川属。桃关沟[⑤]。

硫矿区域

茂县属。小关堡。

理番属。龙溪沟。

雄黄区域

松潘属。雪栏关[⑥]、雄黄沟[⑦]。

玉矿区域

理番属。通化。

汶川属。银杏坪[⑧]。

（四）畜产

草地番民以游牧为生，牧畜乃其专业。其余各属，因多荒旷地土，恒农而兼牧。品类以马、牛、羊为主。马兼括骡、驴，牛则兼括黄牛、犏牛、牦牛而言。羊有山羊、绵羊之别。

---

① 三汛：即三舍，在今松潘县黄龙乡三舍驿村。清军曾在此设汛营，故名三汛；又因此地距松潘县城90里而得名三舍。

② 日耳寨：在今小金县日尔乡日尔村日尔寨。

③ 梭罗沟：在今理县朴头镇境内梭罗沟村。

④ 青坡：在今汶川县威州镇雁门村青坡组，与茂县南新镇交界。

⑤ 桃关沟：在今汶川县映秀镇桃关村。

⑥ 雪栏关：在今岷山主峰雪宝顶，岭上旧有关，故名。

⑦ 雄黄沟：在雪栏关左，盛产雄黄。

⑧ 银杏坪：今汶川县映秀镇一碗水村银杏坪，以植有银杏树而得名。

草地畜产，除用以自给衣食外，每年以其剩余之牛皮、羊皮、羊毛及狩猎所获之野牲皮、毛、肉、骨运销内地，年中贸易常达八九十万之巨也。其牛革、皮、毛输出数量，约如次：

牛皮二万张，羊皮三十万张，羊毛二万担。

草地而外，畜产物多以供衣服之用，输出者为数甚微。

此外野产动物，禽类如雉、马鸡、贝母鸡、雪鸡、鹈雕、鹰鸡，利其肉，视为山珍。兽类如豹、野牛、猞猁、金线〔丝〕猴、青猴、狐狸、狼、猪、熊，其革运销省外。

（五）药材

屯区产药在百种以上，羌活、大黄、当归、木香、甘松，产量最多。秦艽〔芁〕、五加皮、赤芍、泡参、贝母、厚朴、虫草、鹿茸、麝香、熊胆、豹骨、鹿筋、鹿胎、野牛脚等，产量较少。其余品种甚多，统称杂药。除当归、厚朴、黄柏系由人工栽培，大黄则有栽培与天产两种外，均就荒山野中寻求挖掘，为农民重要副业，年产总值当在二百万元左右也。

（六）硝碯

火硝熬自土中，茂、理两县均产之。碯自草木灰熬炼而成。茂南及理、汶两地均盛行熬煮，亦为农家重要副业。惟入山砍伐大林碯者，斧斤所至，寸草不留，该地竟成焦土，不但以后材木萌蘖不易，驯至①水源亦失于含蓄，酿成十年九旱，酌加取缔，盖急务也。

屯署既明屯区状况，乃分交通、军事、夷务、垦务、民政、财政、教育、农林、牧畜、矿药、工商拾项②，衡量人力财力，筹画实施方案，次第进行，以下逐项记其崖略。

---

① 驯至：逐渐招致。

② 拾项：应为十一项。

第三章 交 通

邮电、道路之于国家，正如人身之脉络，其通塞利顿，文野贫富繁焉。屯区各属，僻在西陲，其山斜削，毂辙虽通，其水怒驰，舟楫罔济。仄径缠蛇，乃在山腹，仰可落帽，俯不见底，往来行旅，闻声须预为避让，不则窒焉。山多碎石，凸出欹垂，谷风乍扬，石坠沙起，商旅嗟叹相闻，游客望而却步。坐是民智锢蔽，百业不兴，宝藏虽丰，开发无从。俄经营西比利亚[①]，先筑西比利亚铁路；美经营北美，先筑大北铁道。所以屯政之第一步，即为交通之整理。

第一节 陆 路

屯区各属介于甘、青、康、藏间，其道路之通塞，微独关系屯区荣枯，于开发西北，巩固国防，融和汉番回藏，影响尤巨。则选择路线，不可偏重经济资源，并应顾及军事运输。屯署衡量双方，选定四干线五支线，次第辟治。

（一）干线

甲、灌宗线。由灌县经汶川、威州、茂县、松潘县，历青海之察汉津、贝勒拉察布、拉尼巴尔，以达宗扎萨克，为中山先生《建国方略》所定之路线。纵贯草地全境，上通青海，下接成、灌，左顾西康，右掣甘肃。货物出入殷繁，商贸往来必经。中间市镇如灌县、威州、茂县、松潘，又物产集散、经济流通之枢纽

---

① 西比利亚：即西伯利亚。

也。十九年（1930）春，屯署派员勘查，秋间开工修治松灌一段。除叠溪山麓，凿辟新路，工程浩大，迄二十二年（1933）始通外，全线均于二十年（1931）冬季竣事，里程如附表。至松宗一段，以应与邻省协力，且须深入夷地，迄今未勘筑。

灌县至松潘里程表

灌汶段			
起止地点	**里数**	**起止地点**	**里数**
灌县至白沙①	8里	东界脑至兴文坪	10里
白沙至麻柳湾②	5里	兴文坪至银杏坪	10里
麻柳湾至龙洞	11里	银杏坪至彻底关⑦	10里
龙洞至龙溪镇	6里	彻底关至桃关	10里
龙溪镇至银台观③	15里	桃关至索桥⑧	12里
银台观至映秀湾④	15里	索桥至飞沙关⑨	8里
映秀湾至豆芽坪⑤	10里	飞沙关至汶川县	10里
豆芽坪至东界脑⑥	10里	合计	150里
汶茂段			
起止地点	**里数**	**起止地点**	**里数**
汶川至白鱼落	10里	文镇至凤毛坪⑩	10里
白鱼落至七盘沟	19里	凤毛坪至白水村⑪	12里

---

① 白沙：在今四川省都江堰市龙池镇白沙社区，旧有白沙索桥横跨白沙河上，为灌县至松、茂的唯一出入口。

② 麻柳湾：在今四川省都江堰市龙池镇麻柳湾村。

③ 银台观：位于今四川省都江堰市与汶川县交界处的娘子岭上，为茶马古道松茂道的重要节点，现存道观一座，名银台观。

④ 映秀湾：在今汶川县映秀镇老街村。

⑤ 豆芽坪：又称豆耳坪，位于今汶川县映秀镇老街村北约3公里处，现已成乱石窖，无人居住。

⑥ 东界脑：又称东界垴、棕荐垴、中界垴，在今汶川县映秀镇东界脑村，现已基本荒废。

⑦ 彻底关：在今汶川县映秀镇一碗水村，2008年汶川大地震时垮塌。

⑧ 索桥：又称下索桥，今汶川县绵虒镇草坡新村索桥组。

⑨ 飞沙关：又称凤岭、凤头关，位于今汶川县绵虒镇高店子村。

⑩ 凤毛坪：在今茂县南新镇凤毛坪村凤毛坪组。

⑪ 白水村：在今茂县南新镇别立村白水寨组。

（续表）

汶茂段			
起止地点	里数	起止地点	里数
七盘沟至威州	11里	白水村至石鼓	8里
威州至雁门关①	9里	石鼓至宗渠	15里
雁门〔关〕至青坡	11里	宗渠至茂县②	15里
青坡至文镇	16里	合计	136里
茂松段			
起止地点	里数	起止地点	里数
茂县至石榴沟③	10里	平定关至靖夷堡	10里
石榴沟至渭门关④	10里	靖夷堡至镇夷堡	10里
渭门关至沟口寨	20里	镇夷堡至金瓶岩⑥	15里
沟口寨至搽〔擦〕耳岩	15里	金瓶岩至平夷堡	10里
搽〔擦〕耳岩至两河口	15里	平夷堡至镇江关⑦	15里
两河口至石大关	15里	镇江关至北定关⑧	13里
石大关至麂子坪	15里	北定关至归化	17里
麂子坪至马脑顶	5里	归化至新塘关	20里
马脑顶至小观子	15里	新塘关至安顺关	20里
小观子至叠溪	5里	安顺关至西宁关⑨	20里
叠溪至平羌沟	13里	西宁关至石河桥	20里
平羌沟至普安⑤	17里	石河桥至红花屯⑩	10里

---

① 雁门关：在今汶川县威州镇雁门村过街楼组，现关口已毁无存。
② 茂县：指今四川省凤仪镇，时为茂县县治所在。
③ 石榴沟：今名十里沟，在今茂县渭门镇十里村。
④ 渭门关：在今茂县渭门镇渭门关村渭门组。旧时亦称禹门关，相传大禹曾到此即回，故名。
⑤ 普安：在今茂县叠溪镇胡尔村。
⑥ 金瓶岩：在今松潘县镇坪乡金瓶岩村，现存有明代城墙。
⑦ 镇江关：在今松潘县镇江关镇镇江关村。
⑧ 北定关：在今松潘县岷江乡北定关村。
⑨ 西宁关：在今松潘县安宏乡西宁关村。
⑩ 红花屯：在今松潘县红花屯社区。

（续表）

茂松段			
起止地点	里数	起止地点	里数
普安至太平①	10里	红花屯至松潘县②	10里
太平至平定关	20里	合计	371里

乙、灌懋线。由灌县经三江口、牛头山、班烂山、日隆关、达维、沃日至懋功县城，约长六百三十三里，灌、懋交通旧道也。以中间班烂山地势高寒，冬季冰雹积雪，窒碍交通。曾议另辟新道。新道有三。一为跟达桥③线。由懋功城一百四十里至日隆关，又六十里至于长坪沟④，向右越班烂山尾悬岩，约七十里达山顶，踪青羊足迹，缘流沙而下，约三十里至坐棚。又约五十里至跟达桥，又约七十里至中滩堡，自此三十里至漩口，又六十里至灌县。计长约六百里。二为长坪沟线。由懋功城一百四十里至日隆关，又六十里至长坪沟坐棚。可通牛马。又约二十里至长坪沟梁子，即山顶，虽陡峻，尚宽阔。由山顶下行约十五里至药棚⑤，中间有乱石窖，小于梭罗沟，大于班烂山。由药棚下行九十里至二道桥⑥，其间乱石横阻。又四十里至杂谷脑，合于威墨线，又三百二十里至灌县。计长约六百八十里。三为梭罗沟线。由懋功城四十五里至沃日，又约二十五里至别思沟界牌，又约六十里至别思满屯官寨，又约五十里至石管家处之两河口⑦，又约六十里至粮台山坐棚。由此沿海子⑧上行约八里达粮台山顶，强半流沙，极为险峻。由山顶下行约二十里至二道岩，沿途怪石嶙峋，即著名之乱石窖。自此下河沟，半是沙岩，约六里至梭罗沟坐棚⑨，更沿河向阳山而行，沟渠密布，皆

---

① 太平：在今茂县叠溪镇太平村。

② 松潘县：指今松潘县进安镇，时为松潘县县治所在。

③ 跟达桥：在今汶川县耿达镇耿达村。

④ 长坪沟：在今小金县四姑娘山镇长坪村。

⑤ 药棚：在今理县朴头镇庄房村三座棚组。

⑥ 二道桥：在今理县朴头镇四南达村，即梭罗沟沟口与317国道交会处。

⑦ 两河口：在今小金县结斯乡向花村。

⑧ 海子：在今小金县结斯乡结斯沟内之米汤海子。

⑨ 梭罗沟坐棚：在今理县朴头镇梭罗沟村大梁湾棚子组。

独木桥。约七十里至梭罗沟寨①。又约四十里至二道桥，又四十里至杂谷脑，又三百二十里至灌县。计长约七百八十里。新道第一最近，但天险难辟。第三最远，建筑亦难。第二线建筑较易，又非甚远。若决辟新路，斯颇适宜。然培筑旧道，劳费较少，班烂山路基宽稳，只需将山峰、乱石窖削高填低，于山峰附近塘房、大石包等处多筑小屋，便避冰雹。于临崖一带密植望竿②，即无晕山之苦。另辟新道，对于春雪、夏水、冬冰之毁损不稔预防，结果殊难预卜。且改道而后，懋之达维、日隆关，汶之邓村、卧龙关、三江口，灌之水磨沟、漩口、麻溪八市镇，必就衰落，变为盗窟兽穴，以是决仍旧道。二十一年（1932）冬，分段兴工，修由懋功至日隆关、由水磨沟至牛头山二段，牵于毗河军事，半途停止，此线之里程如次。

灌县至懋功里程表

起止地点	里数	起止地点	里数
灌县至二王庙	3里	卧龙关至糌粑街④	35里
二王庙至水西关	12里	糌粑街至烧火坪⑤	20里
水西关到猴子坡③	15里	烧火坪至邓村	28里
猴子坡至麻溪	10里	邓村至相爷坪	30里
麻溪至漩口	10里	相爷坪至巴郎山顶	30里
漩口至水磨沟	30里	巴郎山顶至万人坟	15里
水磨沟至三江口	30里	万人坟至松林口⑥	25里
三江口至草坪	12里	松木口至日隆关	30里
草坪至九龙山	10里	日隆关至沙坝	20里

---

① 梭罗沟寨：在今四川省理县朴头村梭罗沟村梭罗沟组。

② 望竿：即护栏。

③ 猴子坡：在今四川省都江堰市龙池镇，为旧时茶马古道灌县至小金段上的一个关口，与水西关相接，现已淹没于紫坪铺水库下。

④ 糌粑街：在今汶川县卧龙镇卧龙关村三道桥组与新店子组之间，原有小贩聚集于此售卖小吃，现已荒废。

⑤ 烧火坪：在今汶川县卧龙镇卧龙关村新店子组前二公里处的半山腰，靠近龙岩沟。

⑥ 松林口：在今小金县四姑娘山镇长坪村松林口组。

（续表）

起止地点	里数	起止地点	里数
九龙山至麻柳坪	25里	沙坝至达维	23里
麻柳坪至童槽	16里	达维至将军碑	24里
童槽至烧茶坪	18里	将军碑至仰天窝①	10里
烧茶坪至牛头山顶	15里	仰天窝至沃日官寨	15里
牛头山顶至新店子	25里	沃日官寨至小水沟	15里
新店子至皮条河	25里	小水沟至老营屯	20里
皮条河至卧龙关	25里	老营屯至懋功县	15里
		合计	633里

丙、威墨线。由威州经理番、杂谷脑、来苏沟、芦杆桥、马塘、瀼口、下阿坝而至墨颡，即中阿坝斜贯屯区中心，乃镇抚四土、五屯军用要道，且较由灌县、松潘至墨颡短四五日途程。而威州、理番、杂谷脑、马塘、墨颡均繁盛市场；马塘，又理番四土及松潘南首之中心也。屯署十八年（1929）讨平扣苏夷乱，十九年（1930）开始平治，以黑水夷纠［合］扣苏罪夷作乱，劫行商，毁马塘，仅完威、理一段。二十年（1931）虽修筑理番至芦杆桥一段，其杂谷脑、二道桥间之手爬岩石工，为征黑夷军事及震②、水灾牵制，二十二年（1933）始通。二十三年（1934）修筑芦杆桥至马塘［段］，并恢复马塘城市。规模粗具，开市有期，而"赤匪"③突破嘉［陵］江，屯区旋即沦陷，殊可惜也。此线之里程如次：

威州至墨颡里程表

起止地点	里数	起止地点	里数
威州至下庄	20里	大夹壁至渺罗	20里
下庄至古城④	10里	渺罗至十八卦沟口	10里

---

① 仰天窝：在今小金县日尔乡木桠村与沃日镇木栏村之间。

② 震：指1933年8月25日四川茂县叠溪大地震。

③ "赤匪"：国民党对红军的污称，此处指红四方面军。

④ 古城：在今理县桃坪镇古城村。

（续表）

起止地点	里数	起止地点	里数
古城至通化	15里	十八卦沟口至尽头寨	20里
通化至理番县①	25里	尽头寨至山脚坝	30里
理番县至蒲溪沟②	20里	山脚坝至鹧鸪山顶	15里
蒲溪沟至木堆	10里	鹧鸪山顶至马塘	15里
木堆至塘上③	10里	马塘至康猫	40里
塘上至维关	10里	康猫至下濑口	60里
维关至杂谷脑	10里	下濑口至中濑口	60里
杂谷脑至二道桥	35里	中濑口至上濑口	60里
二道桥至新店子	20里	上濑口至安曲	40里
新店子至鼓耳沟	30里	安曲至齐蔺⑥	30里
鼓耳沟至狮子坪④	15里	齐蔺至阿依纳山⑦	30里
狮子坪至大秋地⑤	15里	阿依纳山至热柯⑧	40里
大秋地至芦杆桥	12里	热柯到墨颡	60里
芦杆桥至大夹壁	15里	合计	802里

丁、松墨线。由松潘经黄胜关、哈洞山⑨、色既坝、噶溪河、甲本塘至墨颡——由松潘横贯草地以至墨颡之大道也，约长五百九十里。此外绕小道由松潘七十里至黄胜关，七十里至哈清垒，六十里至哲补山，二十里至洞垭沟，八十里至勒格垒，六十里至库孔，三十里至阿依贡康，三十里至饶清河，二十里至

---

① 理番县：指今理县薛城镇，时为理番县府驻地。

② 蒲溪沟：位于今四川省理县蒲溪乡，此处指蒲溪沟与杂谷脑河交汇处。

③ 塘上：在今理县甘堡乡甘堡村。

④ 狮子坪：在今理县古尔沟镇沙坝村，因地形如狮子而得名。

⑤ 大秋地：在今理县古尔沟镇丘地村。

⑥ 齐蔺：在今红原县至阿衣拉山之途中，具体地点不详。

⑦ 阿依纳山：即阿衣拉山，在今阿坝县查理乡境内。

⑧ 热柯：在今阿坝县查理乡至阿坎镇铁穷村之间，具体地点不详。

⑨ 哈洞山：疑为今松潘县与红原县交界处之尕里台草原附近的山脉。

扎西塘①，六十里至房沟吉湾，二十里至噶溪河，四十里至上清谷，六十里至甲本塘，三十里至纳格藏，三十里至热柯，五十里至麦昆，又十里至墨颡，长七百七十里，较大道长一百八十里，故决采大道，但以关内各夷未尽帖服，度支竭蹶，无力勤远，对此线迄未着手勘筑。其里程如次。

松潘至墨颡里程表

起止地点	里数	起止地点	里数
松潘至黄胜关	70里	阿摩狼坎至噶溪河	35里
黄胜关至哈清垄	70里	噶溪河至柔格库	35里
哈清垄至噶冻山	60里	柔格库至甲本塘	65里
噶冻山至色既坝	60里	甲本塘至热柯	30里
色既坝至二十四马鞍腰②	60里	热柯至麦昆	30里
二十四马鞍腰至阿摩狼坎	45里	麦昆至墨颡	10里
		合计	590里

（二）支线

甲、懋芦线。由懋功县城经猛古桥③、八角、抚边屯、新店子、大寨、两河口越虹桥山，经猛古至芦杆桥，合于威墨线。此乃懋功通理、茂之要道，而两河口为绥、抚两屯及卓、松各土之中枢。民二十年（1931），建猛古铁索桥。民二十一、二十二两年（1932—1933），将懋功至抚边、抚边至两河口道路修治平坦。其越山一段，气寒瘴重，绝少人烟，尚无筑修良法也。此线之里程如次。

---

① 扎西塘：推测在今红原县邛溪镇。

② 二十四马鞍腰：今红原县阿木乡，是阿木柯河电站以东、瓦松公路以南、色迪镇东南方向的一座山梁，当地群众称之为"甲本"。

③ 猛古桥：今小金县美兴镇老营村猛固桥和马鞍桥的合称，省级文物保护单位。其分别横跨于沃日河和抚边河上，为旧时懋功至汶川、懋功至卓克基大道必经之地，战略位置重要。

懋功县至芦杆桥里程表

起止地点	里数	起止地点	里数
懋功县至猛古桥	15里	叨乌至大寨	25里
猛古桥至破寨子	20里	大寨至两河口	20里
破寨子至八角	30里	两河口至鱼海子	20里
八角至老喇嘛寺	20里	鱼海子至虹桥南站①	20里
老喇嘛寺至木坡	10里	虹桥南站至虹桥山顶	25里
木坡至抚边屯	20里	虹桥山顶至虹桥北站②	20里
抚边屯至天生桥	10里	虹桥北站至猛古	30里
天生桥至新店子	20里	猛古至芦杆桥	15里
新店子至叨乌	15里	合计	345里

　　乙、绥懋线。由绥靖屯经独松③、崇化屯、黄草坪、三家寨④、僧格宗、新桥塘而至懋功，长三百一十五里。民国二十一、二十二两年（1932—1933）平治完竣。其里程如次。

绥靖屯至懋功县里程表

起止地点	里数	起止地点	里数
绥靖屯至甲咱	30里	黄草坪至中梁子山顶	35里
甲咱至渡口⑤	22里	中梁子山顶至三家寨	30里
渡口至广法寺⑥	28里	三家寨至长盛店	40里
广法寺至崇化屯	10里	长盛店至僧格宗	15里
崇化屯至曾达沟口⑦	20里	僧格宗至村都	15里
曾达沟口至清福寺	30里	村都至新桥塘	30里

---

① 虹桥南站：在今小金县两河口镇虹桥沟尾两岔河。
② 虹桥北站：在今理县米亚罗镇猛古村座棚组。
③ 独松：今金川县独松乡政府驻地。
④ 三家寨：在今小金县宅垄镇元营村千家寨组。
⑤ 渡口：在今金川县独松乡卡拉塘村附近。
⑥ 广法寺：在今金川县安宁镇莫莫扎村。
⑦ 曾达沟口：今金川县曾达乡曾达沟与金川河交汇处。

（续表）

起止地点	里数	起止地点	里数
清福寺至黄草坪	20里	新桥塘至懋功县	15里
		合计	340里

丙、松文线。由松潘经漳腊、弓杠岭、踏藏、沙坝、黑河塘、南坪①、柴门关至甘肃文县，长五百二十里，为沟通甘、松商务之要路。虽中间弓杠岭地势高寒，夷匪出没，但由松至南，均沙质平路。弓杠岭上亦甚宽广，颇易修筑。民国二十一年（1932）完成松南段，兼于弓杠岭上驻兵护商，渐繁盛矣。南文段因须邻省合办，迄未修治。其里程如次。

<h3 style="text-align:center">松潘至文县里程表</h3>

起止地点	里数	起止地点	里数
松潘县至虹桥关	30里	踏藏至分汛塘	30里
虹桥关至漳腊	10里	分汛塘至沙坝	30里
漳腊至柏木桥②	20里	沙坝至黑河塘	30里
柏木桥至小西天	15里	黑河塘至芝麻塘	30里
小西天至弓杠岭	30里	芝麻塘至南坪	30里
弓杠岭至踏马	30里	南坪至珠汤河	30里
踏马至箭梗塘③	30里	珠汤河至柴门关	40里
箭梗塘至戎洞	15里	柴门关至文县	90里
戎洞至踏藏	30里	合计	520里

丁、松平线。由松潘经雪栏关、下草湾、老塘房、小河营、木瓜墩至平武，计长三百六十里，为粮食入松要道。如能修治完竣，则松货可运至水晶堡，改由水道循涪江而达重庆，较驮运至灌转渝便捷，不啻霄壤。惜三舍汛至施家堡间约六十里，两山对峙，峭壁入云，侧足沿江而行，渡江往返凡十一次，施工极难，

---

① 南坪：在今九寨沟县南坪镇。

② 柏木桥：在今松潘县川主寺镇山巴村，过此桥到岷江西岸继续前行可到小西天。

③ 箭梗塘：在今九寨沟县漳扎镇甘海子社区附近。

未经修凿。其里程如次。

松潘县至平武县里程表

灌汶段			
起止地点	里数	起止地点	里数
松潘县至雪栏关	20里	老塘房至施家堡	20里
雪栏关至三岔子	25里	施家堡至小河营	30里
三岔子至下草湾	15里	小河营至凤崖堡	20里
下草湾至三舍汛	30里	凤崖堡至木瓜墩	10里
三舍汛至四马桥	20里	木瓜墩至平武县	150里
四马桥至老塘房	20里	合计	360里

戊、茂绵线。由茂县经小关子、土门①、横梁子②、大石坝③、睢水关、塘房至绵竹，长二百九十里，为食品及边茶入茂要道。民十九年（1930）督绅平治，越年完成。其里程如次。

茂县至锦竹县里程表

起止地点	里数	起止地点	里数
茂县至夹山墩	10里	高川至鹦哥嘴	20里
夹山墩至小关子	20里	鹦哥嘴至大石坝	10里
小关子至甘溪	20里	大石坝至道喜沟	20里
甘溪至土门	20里	道喜沟至月耳门	10里
土门至关口	20里	月耳门至睢水关	20里
关口至大崖坪	20里	睢水关至福星场	10里
大崖坪至横梁子	20里	福星场至塘房	15里
横梁子至彭家包④	20里	塘房至绵竹县	15里
彭家包至高川	20里	合计	290里

---

① 土门：在今茂县土门镇建设村。

② 横梁子：位于今茂县与绵阳市安州区交界处，又名胡子岭。

③ 大石坝：在今四川省绵阳市安州区高川乡。

④ 彭家包：在今四川省绵阳市安州区高川乡高川村。

屯区道路旧有大小两路之称。小路自前清平大小金川后，未闻修筑。大路亦只督抚阅边，虚应故事，略为补苴。宜乎蜀道之难，斯为其最。而山势陡峻，鸟道纡迴，沙砾易坠，岩石难凿，修筑匪易。气候严寒，夏水冬冰，路基常以冲裂，地质松坚，难于密固。路身恒致倾圮，保护尤艰。屯署衡量情势，规定干支各线，划高填低期于平，逢弯切角，遇正抽心蕲其直。宽度至一丈二尺至一丈八尺，以求骡马驮物，并行可通，肩舆负戴，分道而驰。不过具车路之雏形，然山间民众，则视为破天荒矣。其征工办法，系于农隙（农作仅一季，闲日颇多），召集民丁，晓以利害，令其劳作，公给口食，计日而罢。石工则自内地雇往，汉夷均无怨谳。其护路办法为分段令居民组护路会，由公家酌拨护路基金存放生息；每岁孟冬集会培修该段道路，即用此项息金供酒食之需。屯区道路以地势、气候、土质特殊，旋修旋坏，舍此固别无保护善策也。

第二节　水　道

屯区河流，皆急流恶湍，乱石槎枒，难行舟筏。绥靖、崇化间可通皮船，不能载物。汶川之映秀湾与灌县之漩口间，行筏无阻，为径甚短，初无经济价值也。民二十年（1931），纳茂绅议，拟疏浚岷江。嗣以波涛汹涌，巨石壅塞，施工极难，且纵疏浚畅通，一遇山洪，仍复旧观，遂罢。仅督饬各县、屯按年修整索桥、溜索。所谓索桥，捻竹为绳，施于两岸，一桥骈列十余绳，绳头系极坚之石础或木柱，绳上横铺以木板，左右置扶手，人行其上。溜索者，即所谓绳渡，乃夷人古昔渡河之制：用篾索一根或二根，横敷河岸，皆取倾斜之势。渡时用皮带或麻绳一端系于竹绳，一端系于木壳（俗呼溜筒），以束人身。然后握带举足飘然而过，人畜什物，均可横渡。民十九年（1930），于茂县青坂添建竹索桥[1]一。民十八年（1929），于懋功通丹巴道上距懋城里许之旧三观桥[2]，建一铁索桥，长约三十丈，俾丹巴产粮得以运济小金。二十年（1931）复就懋功通抚边

---

[1]　竹索桥：即镇西桥，四川解放后改为铁索桥，21世纪初拆除，现仅存部分桥墩条石基础。

[2]　三观桥：今阿坝州小金县美兴镇美兴村三关桥组之三关桥，横跨于小金川上。

道上距懋城十五里之猛古、马鞍两旧桥，改建两铁索桥。两桥相距六十余武[①]，各长十余丈，便利由懋功至理、茂、松之交通。铁练〔链〕均由灌县铸成，人力运往，经时约四年，派由崇庆县商民禀承县府一手监造，费款无多（三桥共约一万余元），而成功甚良。此外曾拟于杂谷脑建铁索桥一，计议已定，犹未兴工。

第三节 邮 电

屯区邮线，原仅由灌县经汶川、威州、茂县至松潘；由灌县经三江口越牛头、班烂达懋功，再北接抚边及两河口，西北经崇化达绥靖；由茂县通绵竹；由威州至理番之杂谷脑。嗣以道路宽平，商务渐盛，商请西川邮务管理局添设由松潘至南坪、由杂谷脑经虹桥至抚边、两河口之邮班。二十三年（1934）冬，曾议发展草地交通，推广由松潘至阿坝、由阿坝至威州邮班，尚未实现。

电报一项，有线电初仅设松灌一线。民二十一年（1932），敷设由威州至懋功线，只完成威杂一段。二十二年（1933），敷汶川之映秀湾至懋功线，只完成映秀湾至三江口一段。二十三年（1934），敷设茂绵线，只完成茂县至土门一段。倘此三线全部完成，则消息灵通矣。无线电系民二十三年（1934）秋装置，茂县置十五瓦特电机一部，松潘、懋功各置五瓦特电机一部，尚拟于马塘、墨颡各置一部，议定未及实施。

---

① 武：步。行走时两脚间的距离。

第四章 军 事

屯区民族复杂，夷居高山，汉住城市，夷族占大部分，汉人不过十之一二。而夷性□□，攻心有时而术穷，防御偶疏，变乱即起。民国以来，有松潘辛亥之变、热务寨民二（1913）之变、八角屯逆僧若巴民六（1917）之变、梭磨民十六（1927）之变、黑水民二十（1931）之变，戎官拒土，层出不已。又屯区多深山穷谷，盗匪易于出没，商贾被劫之事，更仆难数。凡此均由驻兵过少，轻视启戎，故分区驻兵，以镇摄夷众，肃清盗匪，实为屯政先驱。而编组屯军，实行屯垦，化兵士为土著，教夷民以树艺，则屯殖之根本也。

第一节 分区置戍

屯区纵横千里，道路崎岖，戍军少不敷调遣，戍军多饷糈难济。衡量再三，乃以汉军统领所部戍松潘、叠溪、南坪而威关外部落，以警卫团所部戍茂、理而慑黑水、扣苏。一面任汶川属瓦寺土司索代赓、绥靖屯团绅杜铁桥〔樵〕、懋功属土司杨春普、理番属屯守备桑福田等为屯殖及特遣队队长，用安反侧，并借其力捕盗护商，于是屯区秩序渐趋安谧。二十年（1931）黑水变乱后，调出警卫、汉军两部，另就第一、第四两师，第五混成旅抽调部队，编屯殖军五营三队，以三营三队分任戍守，以二营分就汶川属龙溪、跟达桥实行屯垦。

第二节　查禁输入武器

　　戍边军队，必须坚苦耐劳，融和夷汉。而历来驻军多奴视边氓，肆行抽剥。且惟利是趋，罔知远大，私运武器，掉换烟金，所在多有。又狡黠商贩、逃罪凶徒亦常联络贪污，勾结土劣，贩售械弹，以渔厚利。驯至屯区夷酋，有拥快枪数百支、数千支者，任其滋长，将不可制。故制定检查武器输入规则，通行屯区文武官吏，并于汶属龙溪、三江口设武器检查所，派员办理，用杜将来隐患。其规则如次。

四川松理懋茂汶屯殖区域检查武器输入规则

　　一、本军为查禁枪支弹药及爆烈危险物品流入夷地起见，特在松理懋茂汶屯殖区域各冲要地方，设立武器检查所，由当地驻军及行政长官担任之。

　　二、凡属武器，欲通过屯区范围者，须由该高级长官担负责任，向本军部声明理由，经军长核准发给特别护照，始准通过。

　　三、各检查所如遇有无特别护照之武器，或所有武器与护照上所填数目、种类不符者，应将该项武器立予扣留，一面呈报军部及屯督署，听候核示。如有不服检查者，得将其人、枪分别扣留、没收，仍呈报军部及屯督署核夺。

　　四、各检查所如查获私运枪支、子弹接济匪人，确有实证者，除枪弹没收充公外，并须将贩运之人交当地最高文武长官从严拟处，呈候核办。

　　五、各检察〔查〕所查获没收之枪支子弹，准以一半变价充赏。如稽查不力，或被隐匿漏过，为其他检察〔查〕所查获时，该检察〔查〕不力之所员应由军部或屯督署分别惩处。

　　六、本规则如有未尽事宜，得以命令修改之。

　　七、本规则自颁布日施行。

第三节　移兵屯垦

松潘黄胜关外，原隰相间，多属壤沃，番民尚在游牧时代，事种植者少。黄胜关内理、茂、汶、懋、抚、绥、崇各县屯，极少平原，九石一土，居民已习农作。移兵屯垦，目的虽同，方式迥殊。

（一）关内之部

选官、公、民有各荒地林野适于垦殖者，择要调驻屯军，携备农具、籽种、力畜，由长官督率，分段开垦。刊木伐草，视地择种，反复操作，以成熟土。农闲日期，则于训练军事外，采药、狩猎、攀危崖、陟幽谷，险隘识于平素，筋骨锻于无形。洎乎瓜期，授地归农，充预备兵，其赘娶番女、移眷来居者，特予奖励。

（二）关外之部

于黄胜关或瀼口附近，调置屯殖队，酌附骑兵。农、牧、商兼营，以所牧牛马，转运商货。骑兵保护商队，觇伺夷情。初营天幕生活，继则踏测高低，筑路掘渠，建立村落，次第增调屯队，扩张农、牧范围。洎届瓜期，授地归农，俾成土著。又关外夷人之贫而愿为人役者，恒领富者之牛、马、羊群，锣锅，帐幕为之放牧。仔畜乳毛，主佃各半。由屯垦队购备一切，招募夷棚作为前锋，或雇畅晓夷情之草地商贾为之向导，于相当季节购置杂货、边茶，赴草地南首、北首演习贸易，亦渐相近习、免生怨嫉之善法也。

（三）屯垦队之编制

甄选曾受军事教育而了解屯垦根本意义之军官任队长，体健性朴，娴习工、农、商贸之士兵充队丁，视荒地广狭，编调若干中队或大队。每中队额四十名，每大队辖三中队，额一百二十名。各中队、大队，均选任研习农牧富有经验之指导员一人，阶级隶属，比照军制。对于规划垦殖程序、训练农牧技术、监督劳作实施，由指导员完全负责。至一大队或中队集中之地，则由屯督派员指导区划道路、沟渠、街市、住宅，创建村落。

（四）屯垦队之饷糈、垦费及役期

屯垦队照陆军饷章给饷。其员丁之住宅、天幕、家具、农器、力畜、种籽、服装等费，第一年由农事指导员协同队长妥为预算，呈请屯署核拨。此后每年末，在生产收益内划出若干缴还。屯垦队员丁服役期间，以四年为限，期内不得调换。期满改为预备役，将垦出熟地按级配给，永归收益，仍照章升科。

（五）屯垦队之训练管理

军训劳作之暇，队长、指导员须挑选队丁练习金工、木工、土工、竹藤工、石工、窑工、缝纫工、染织工、酿造工各技艺，期新村中日常所需，不感缺乏。一面筹设公共娱乐及教育机关，养其志气；储蓄暨借贷机关，活其金融；考核成绩，勤、惰分别奖惩，以资鼓励。

右五项为规划移兵屯垦之大要，扼于经费，二十一年（1932）始就汶川龙溪、跟达桥试办，不及一载，即遇岷江战事，半途辍废。兹录其章程于次。

移兵屯垦章程

第一条　采寓兵于农之意，移兵垦荒，以期发达生产，巩固国防。

第二条　移供屯垦之部队，定名为屯垦队。

第三条　屯垦队归屯殖督办节制。改预备役后，则受驻在地地方长官辖治。

第四条　屯垦队每一大队，除队丁额定一百二十名，置大队长一员，农事指导员一员，中队长三员，分队长十员（计入队丁额），书记一员。大队长、农事指导员支连长薪，中队长支排长薪，分队长支班长薪，队丁照二等兵给饷。（但在关内者，员丁名额得视荒地广狭，照此额比例伸缩。）

第五条　队长负督率训练员丁之责，农事指导员负规画指导农事之责。但遇关联事项，应协商处办，共同负责。

第六条　队丁以身体强健，无嗜好，未染骄悍狡惰之习气者为合格。

第七条　队长以下各员，甄选性行朴厚、无嗜好及奢望而耐劳苦生活者充任。

第八条 屯垦队薪饷照陆军饷章按月照额实支，不折不欠。

第九条 屯垦队所需住宅、农具、饮〔炊〕具，全由公家设备。

第十条 屯垦队农垦生产，除扣还农具、籽种等公给费用外，储作员丁移眷、结婚费用，经营农事资本。

第十一条 屯垦队服役期定为四年。届满队丁每名配给熟地二十亩、林地三十亩；分队长每员配给熟地四十亩、林地四十亩，停止薪饷。至大队长、农事指导员、中队长、书记，则视其勤劳之大小及职责之轻重，以熟地五百亩、林地六百亩衡定等差配与之。

第十二条 依据前条，配与员丁之熟地、林地，各员丁只有永久耕作收益权，不得变卖抵押。

第十三条 配与屯垦队各员丁之地亩，照章升科。

第十四条 屯垦队员丁停发薪饷后，仍负应征调从战役之义务。平时就农闲认真训练，每年至少须训练两个月。在开垦期内，以降雨及星期日为训练时间。

第十五条 屯垦队每年由主管机关派员检阅一次，俾免训练流于敷衍。

第十六条 本章程自屯殖督办署公布之日施行。

第十七条 本章程自有未尽事宜，由屯殖督办署修正之。

第五章　夷　务

扶助弱小民族乃总理遗教，而五族共和为民国始基，则善导屯区番、回、羌、氐各族，协固国家疆土，共浴文明惠泽，实处理夷务之圭臬。惟各民族有各民族的特性，文化殊异，忽视其制度习惯，强施理想法令，势必引起反感。以进化社会之文明形式，适用于蒙昧边氓，难免发生疑沮。故研究夷族之特性、习惯、境遇、自来的信仰及各种社会制度之实况，于不破坏其固有美风、阻碍其和平发达之范围，渐次移入文明制度，以改善若辈之社会生活，即一方谋夷人个人生活之安固，一方使理解高等文化生活之真意，斯治夷之良谟也。

第一节　关内屯土及关外部落之政治及社会组织

关内屯土与关外部落之政治组织，虽均为封建制度，但前者接近汉族政府权力，易于控制，与后者自为风气，俨然化外者不同。兹分述如下：

（一）屯

屯为逊清平定杂谷土司及大小金川后，改土归流及安置降夷、随征兵丁所设，置守备，千、把总，外委管辖之，分别授给种、地，规定饷额。屯弁均系世袭，屯饷在藩库请领。国家多故，川省内战频仍，屯饷遂名存实废。屯署成立后，亦以财政困难，未予规复。

设屯之地，仅限于理番及懋功两县，抚、绥、崇三屯，即理番五屯、懋功二屯，抚、崇共设二屯。民本受田为兵，对于该守备服劳役、充兵卫而外，并须纳其农产所获之一部份（多寡不等）。年代既久，额兵时有逃亡，乃由守备招佃以耕其地，故兵额逐渐减少，而汉农日形增殖。

（二）土司

土司随辖地广狭、秩位高低，有宣慰使司、宣抚司、长官司、副长官司、安抚司、巡检司之别。大都土司之次为头人，一称总官〔管〕，分辖若干寨。寨有寨首，职似村长，役一乡约供奔走。另有管山，承土司命经收境内砍碱、割漆、挖瓢、狩猎各项山价。又有案牍，为土司司笔扎〔札〕，聘任后，须报请该管长官备案。土舍为土司族人，亦役用土兵听差，盖俨然贵族也。

土司辖境内之田地，分官田、兵田二种。官田由土民代耕，土司仅供口食，不给工资。兵田，每土民一户承领一份，即为兵民，除按年纳租外，并负土署上班（每年二个月）、土舍跟役、总管跟役（任跟役者免土司署上班之役）、官背（为土司自指定地点背运日用等品，不给工资，口粮亦归自备）、应调从征等劳役。所设兵额渐就零落之状，与各屯相同。如茂县属之各土司，已完全无一兵民，所有田土全招佃户耕种，名义虽为土司，实际在政治上已毫无特殊力量，与其人民仅一主佃关系而已。

土司对于政府，亦按年完纳粮税，然为数极微（例如汶川瓦寺土司辖境占全县之半，而汶川科粮一百四十余两，土司仅负担十六两），而取诸其民者，除上述力田、服兵、上班诸役而外，尚有麦粮之征。产药之地，则每户年征贝母三四斤。

（三）关外诸番

关外诸番，有土千户、土百户、土守备，但统称土官。其寨首、兵头等则辅佐土官，有治理讼案、指挥军事之责。在昔各土官对于政府，每岁须纳稞麦及军马费，然废辍已久。番民对于土官，须按年纳稞麦、酥油及其他所得品，但数量无一定标准，每视土官之意旨自为高下。土官田土例由人民代耕，不给工值。其上班服役暨奉调充兵之任务，略与关内屯土相同。讼案概由土官审理，从不经官，轻者则由其寨首发落，杀人不抵〔命〕，当取马、牛、布帛、茶、银等为命价。至各部落之土官互相争执时，则由其他土官或寺院喇嘛为之调解，谓之"说口嘴"。又屯土及关外部落最重门阀，讲根子，尊卑之分至严。卑者、贱者向尊者有所陈述，必匍匐于地。出入尊者之室，亦必匍匐膝行。婚姻各与其相近者为偶，辈分血统可不顾，而地位、身分〔份〕必相若，斯真蛮夷之风，亟应纠正者也。

第二节　化夷之措施

夷民受封建制度束缚，生活沦于牛马，智慧锢蔽，进化无从，固如前述。然逊清治夷，纯采羁縻政策，对于夷族未尝教以汉族语文。语文不通，自生隔阂。且因夷民笃信喇嘛，遂用以制夷，浸至握其政、财实权，庞然自大，蔑视政府。又以夷地僻在边陬，假宰官成弁事权，借资控勒，贪悍官兵遂得肆凌虐，贾夷民之怨毒，实汉夷交恶、绥教困难之所由致也。屯署默察夷情，因时因势，采次记方针，次第施行。

一、训诫汉族官民，善遇夷族。采用西训，以正义平和及充分注意〔善〕遇夷人。凡凭狡智暴力巧取横夺，或恃文化较高，轻贱凌侮，均予严禁，并革乌拉恶习、夷案陋规，以资抚字。由是各屯土对于官吏驻军，敬畏爱戴；汉族商农，讲信修睦。

二、改革封建旧制，解放夷民。设土官屯弁，乃以夷制夷，准其世袭，则羁縻之意也，已不适于现代。然汉、番畛域未泯，土民盲昧犷悍，骤议改革，易启抗争。且屯土各部，强弱有别，情形殊异，尤须合观事实，通盘筹划，相机进行。屯署对关外部落，信使常通，择夷酋晓事者委授军职，斩融洽情感，渐施衔勒也。对关内各屯土，次第改土归流，编组团甲，求解放土民，俾得苏息也。其施行概况如次：

松潘。二十一年、二十二年（1932—1933）两次派员出关抚绥各部，并委任墨颡土官军职，坚其内附。各部落亦历次遣使赴屯署及二十八军〔军〕部谒见，贡献方物，表示倾心。关内部落，除原有小河营、平番营各土司早经改土归流外，其余各部均由县府照团务组织，分别编组团甲，使县府权力直接入于民间，为他日改土归流之准备。其编组之团甲如次表：

松潘县政府编委团职之西番各土官姓名一览表

原有区别	旧称	姓名	编定区别	编定职别
毛尔革	土官	苏仁杰	西三区	区团长
云昌	土官	荣德清	南二区	区团长
朴扒①	土官	包佐臣	南二区	中队长
阶沿	土官	甘成德	南二区	小队长
大寨	土官	王道生	东一区	区团长
深沟	土官	申堂高	东一区	中队长
毛尔革	千总	毛有清	西三区	中队长
深沟	外委	贾培德	东一区	小队长
毛尔革	把总	郭嘉德	西三区	分队长
毛尔革	外委	文波	西三区	小队长
毛牛沟②	守备	陈仁青	西一区	区团长
寒盼	守备	韩成德	北一区	区团长
祈米寨	守备	齐印吉	北二区	区团长
山巴寨	守备	山登宝	北三区	区团长
寒盼寨	千总	哈克登	北一区	中队长
如粟寨	新任	吴当孝	南一区	中队长
巴躲寨③	千总	吴范九	北三区	副区团长兼中队长
兔儿寨	把总	赵物丹	北二区	分队长
橡子沟	把总	齐达	北三区	分队长
长沟④	外委	李德高	北三区	小队长
东北土官	千总	唐高	北二区	中队长
沿山子⑤	外委	祝雅	北区寒盼	小队长

---

① 朴扒：在今松潘县安宏乡肖包寺村扒扒寨。
② 毛牛沟：今松潘县进安镇牟尼沟。
③ 巴躲寨：在今松潘县川主寺镇元坝子村。
④ 长沟：在今松潘县川主寺镇山巴村长沟组。
⑤ 沿山子：在今松潘县川主寺镇山巴村。

（续表）

原有区别	旧称	姓名	编定区别	编定职别
元坝子	外委	千保	南二区	小队长
丁如^①土官	把总	丁名扬	南二区	分队长
谷斯^②	副土官	旦真博	南一区	副区团长
七寨大土官	守备	尚渣	南一区	区团长
额拉秀	守备	徐家孝	南三区	区团长

理番。十七年（1928）废止梭磨土司，将其扣苏九沟与梭磨五沟一律改土归流，委汪都黑耳甲、八耳珍等分任团总。五屯因密迩县治，亦已完全编组团甲。惟梭磨土司所辖之上、中、下芦花（亦称黑水），卓克基，松岗，党坝三土，尚仍旧制。

茂县。茂县各土司虽仍继续袭职，但早经归州，政权久已操诸县府矣。

懋功。汗牛屯及宅垅〔垄〕土司已改编为团，归县府直接治理。

汶川。汶川只一瓦寺土司，故土司索代赓亡后，未准承袭，土职无形撤废。业将全境编组团甲，惟土地制度未经改革，土司政权尚存一部。

嗣拟将现有土司、守备等名义，一律废除。政、财两权，悉集县府。而于屯土酋长，酌授官阶，仍加优礼。关外各部落及理番之卓克基、党坝、松岗、芦花，懋功之俄〔沃〕日，绥靖之绰斯嘎〔甲〕等，则改畀其酋长、头人以军职，由政府遴员为之佐理，俾渐习汉化，接受内地政教，并饬各土派得力头目驻屯署，备政府咨询，用灵声息，借消疑沮。"剿赤军"兴，未及实施。

三、创设边民学校，启发蒙昧。欲移易夷族风习，施行内地政教，统一其语言，均为教育是赖。屯署成立，多方调查，详细研讨，决定就松潘、茂县之沙坝，理番之杂谷脑，芦花之围鼓〔维古〕，草地之墨颡、卓克基、党坝、松岗各土之官寨，设置边民学校，由各地屯土酋长申送子弟就学，校供伙食，教以汉族语文、生产技术，注重道德纪律之修养，并使彻悟人生之真义，期其渐次进化，侪于文明之境域。先后成立松潘、沙坝、杂谷脑三校，来学子弟，尚称踊跃，假

----

① 丁如：应为丁谷。
② 谷斯：在今松潘县青云镇谷斯村。

以时日，收效必宏。二十二年（1933），复拟划分政教，隆喇嘛之秩赏以笼络之，使为政府喉舌。禁喇嘛干预土官政治，抑制之，使无碍声教。并拟于松潘及中阿坝两地设屯垦学校二所，调土官、头人或其子弟，教以农、工、牧畜实用技术，且研习汉族语文、普通军事，扼于经费，未能实现。兹录茂县、沙坝第三边民学校之预算于次。

屯区边民学校二十四（1935）年全年支付预算书

支出经常门						
科目		每月支付预算数		全年支付预算数		备考
第一款本校经费		170	○○○	2040	○○○	
第一项俸薪	小计	74	○○○	888	○○○	
	第一目校长	22	○○○	260	○○○	校长1员，月支薪俸如上。
	第二目教员	28	○○○	336	○○○	教员2员，月各支薪14元，合计如上。
	第三目教员兼庶务	12	○○○	144	○○○	教员兼庶务1员，月支如上。
	第四目文牍兼书记	12	○○○	144	○○○	文牍兼书记1员，月支如上。
第二项教职员伙食		30	○○○	360	○○○	校长及教员共5名，月各支伙食6元，合计如上。
第三项学生伙食津贴		45	○○○	540	○○○	学生30名，每名月支伙食津贴洋1元5角，合支如上数。至寒假存余之款，即移购书籍等费。
第四项校役工资		14	○○○	168	○○○	校役2名，月支工资各5元，伙食各2元，合支如上。
第五项杂支	小计	7	○○○	84	○○○	
	第一目油亮	3	○○○	36	○○○	
	第二目笔墨纸张	2	○○○	24	○○○	
	第三目茶水	1	○○○	12	○○○	
	第四目零星杂支	1	○○○	12	○○○	
合计		170	○○○	2040	○○○	

说明：

*本书以元为单位。

*本校经费全年系以12月计算。所有教职员薪水，均极微薄，故遇寒假期间，仍照常支给薪水，用以津贴教职员来往旅费。

*本书第三项所列学生伙食津贴费，在寒假结存之款，即移作购备图书等费。

注：本表格式略有调整。

四、改革土地制度，助土民自立。土属地亩，以耕者均无地权，稍不如意，辄即委弃，以故逃亡甚多，二荒（垦熟复荒者，山间通称二荒）极广。屯署拟将各屯土之土地制度彻底改革。熟地中之官田归土司、守备所有，由该各土司、守备立契升科。民田划归兵民所有，准各该兵民立契升科，即脱离土司、守备管辖。寺庙、桥梁、学校等所有之公田，由该公益团体立契升科。至于荒地，则照处理官荒章程，开放招垦，俾土民解除土司束缚，进营独立生活，议定未及执行。

五、奖励夷汉通婚，期相融和。松、理、懋、茂、汶五属及抚、绥、崇三屯，夷汉通婚，固已不鲜，特只限于关内一带之业农夷民，利汉人劳力，赘之为婿已耳。普通婚嫁，殊不多见。盖土属夷女若嫁别族，该管守备、土官等索讨身价颇苛，中产以下之汉人，财力弗胜，中产以上之汉人，又不愿娶夷女。此于同化进程阻滞极大。屯署曾禁索身价，劝导通婚，而听从者寡。因复饬边区官吏与屯土酋长联姻，以为细民倡。汉夷互婚，由公家酌助费用，以为贫民劝。

六、裁制顽梗屯土，使守国法。屯区各屯土顽梗骁悍者，所在多有。民国以来，玩视法令，侵扰边地，劫杀商民；或同一族内，争雄互竞、弱肉强食之事层出不穷。若不治之以法，无以维持秩序，绥辑善良。故十七年（1928）理番扣苏内乱，阻抗官军调解，并击伤县宰，爰令屯署谢总务处长培筠率警卫团长刘耀奎讨伐，费时半年，始告肃清。懋功汗牛屯守备雍鹤龄违抗政府，苛虐人民，十九年（1930）命懋功知事刘琼率队究治，勒令改屯为团，废除千总名称，将屯民编入团甲。十九年（1930），绥靖屯属绰斯嘎〔甲〕土司阻抗屯署开发俄热金矿，枪伤丁员，正拟制裁，适有事黑水，案悬未理。至梭磨所辖之黑水，自来恃险顽强，梗阻声教，各头人互争雄长，哄斗不已，并出劫理、茂，焚毁马塘。二十年（1931）秋，乃派兵申讨，连战皆捷。冬季进至围鼓〔维古〕，值班禅自南京派其呼图克图松朋、参谋长兼蒙藏委员罗桑囊嘉入山调解，军事遂停。二十二年（1933）春，黑水夷头〔人〕苏永和、白脑壳等率领老民入蓉，开呈条件，悔罪输诚。关内屯土，黑水最为强大，黑夷詟服[①]，其余已惟命是从，罔敢携贰矣。

[①] 詟服：服帖顺从的样子。

第三节　麦颡与拉卜楞寺之政教纠纷

初，前清康熙四十二年（1703），剿抚松属关外五十二部落之后，分设土千、百户管理沓寨。于道光初年，有甘肃循化厅①所属之拉卜楞寺，以黄教喇嘛念经诱惑，聚僧徒于川属上阿坝官军驻防之塞竹卡②地方，创修骨摩寺③。其时上阿坝土官独顿文包之祖父于道光初年殁，其父承袭，尚幼，全赖祖母经理土务。见拉卜楞寺来此借地建庙，乃召集土民逐之出境。数年，其祖母殁，番僧又威迫利诱其父所属土目，建寺于塞竹卡坝内，煽惑番众。咸丰五、六年（1855—1856）间，附近塞〔寨〕落归入该寺熬茶后，遂将骨摩寺地方据为己有，并估据甲多、色凹二十四寨。光绪七年（1881），该寺复焚掠占据上、中、下三阿坝一百余寨，逼投勒凹扎盖二千余户。至十三年（1887），窝留川省逸匪捧周，劫大帮茶商马炳南等。十七年（1891），又拥兵二千至上阿坝，焚毁择参巴贡巴（即择郎寺），喇嘛、番众死伤甚众，并将辖慢〔蔓〕、冷房、草场坝五百余家概行焚毁，先后霸占川境番寨一百二十五寨，并逼番僧土民归降。是时，独顿文包适承袭土官，与其兄纳旺德一面率众拒守，一面赴松告急。于十八年（1892），得松潘总镇夏毓秀亲赴省垣，面恳总督刘秉璋出奏。是时，川督曾派员陈周礼前往查办，被拉卜楞寺称渠凌逼，任意勒结，未能了息。而甘肃总督杨昌濬复回护该寺，经刘督直奏，将甘肃之奏驳斥，乃奉上谕，令两省会委查办，迅速覆奏。于光绪二十六年（1900）六月，刘督委松潘同知武文源、参将杨茂林随带兵勇四百余人出关，会甘督杨昌濬所委同知洪翼、副将李临湘，于上阿坝驻兵三月，将上阿坝择参巴寺暨色凹等寨，勒令该寺援照旧例赔偿。九月移营二道黄河，调集川、甘两造土目、番僧查讯后，将匪首捧周拉卜楞寺匪僧黑窝卡、周相错等严办。所有前日拉寺扬言上阿坝八寨是该寺以八驼银子买的，讯明

---

① 循化厅：治今青海省循化撒拉族自治县。

② 塞竹卡：在今四川省阿坝县各莫镇唐麦村。

③ 骨摩寺：后更名为郭门寺、各莫寺，在今阿坝县各莫镇。

匪僧，实是白话，当日拉卜楞寺活佛、喇嘛出具切结。其结大意谓：所有川属部落，甘愿交出川省管理，原放头目、佃户俱都撤回。该寺以后不敢刁唆，亦不再放充〔允〕官寨、头目、佃户侵占寨落，违抗皇命等语。上、中阿坝各寨经武、扬〔杨〕二员仍命原土官管理，以后亦不得再与拉卜楞寺拴头熬茶。如敢违背，从严处办。由各土官出具切结。两省委员于十二月内分道回省。嗣后相安无事。不料年久玩生，上阿坝土官、人民，又渐受拉寺之诱惑，而酿成光绪二十年（1894）以前之局势。

考中阿坝墨颡官寨在阿坝河之北，距松潘正西六百余里，北至黄河沿齐哈玛一百六十里，黄河以上为甘肃所属。齐哈玛为三乔柯之一部，由此渡黄河至拉卜楞寺四百余里。又由齐哈玛顺河而上，即上、中、下三俄落，其中之抗甲、抗甘二部，为拉寺黄氏之女婿。顺河而下即若儿盖十二部落，现与拉寺亲善。其距中阿坝墨颡官寨以东十余里之墨昆，即属于下阿坝，在前本与拉寺拴头，现受黑水头人管辖。距墨颡以西四十里，即上阿坝，拉卜楞寺所建之郭门寺（骨摩寺之更名）在其界内。其河之对岸，即安堵八寨。距此四百余里，则交卓克基界。此中阿坝对于各方之地理关系也。

番人本来迷信深重，极崇拜活佛、喇嘛，故上阿坝官民渐私与拉卜楞寺拴头煮茶。自反正以还，内地多故，川省政府未暇过问关外边夷之事。适拉寺由黄氏父子当事，以致该寺与阿坝之关系日愈恶劣。黄氏本西康理化人，名位中，长子正清，次子正本，三子蒋旺祥巴即拉寺现在之活佛。当该寺迎接其子为活佛时，黄位中即申明须掌该寺之兵权，方许送其子入寺，而该寺喇嘛等以活佛为重，竟许之。故位中得随其子入拉卜楞寺而掌理兵权。后缘时会，得甘肃政府委以番兵总办之职，正清为番兵司令，正本任团长。于是黄氏父子如虎添翼，任所欲为，竟将全寺大权归于手中，而拒该寺大管家于外。盖番例，寺中一切由管家喇嘛主持，活佛不过虚有其名。于是管家不服，乃控诉于政府，甘政府派兵讨之。当大兵前来之时，黄氏即挟活佛逃往川属黄河沿若儿盖寨中，匿住年余。后经人调解，以寺内之事仍归大管家管理。黄氏乃携子回寺，心甚郁郁，爰于民国十九年（1930）七月来郭门寺坐镇，冀借教经营，使上阿坝官民全体附己，任其所为。当位中未来郭门寺时，该寺僧人虽以上阿坝人为多，但不肖者流早已恃拉卜楞之势，蔑视土官，欺侮人民，任意横行，杀人放火，无所不为。今黄氏既来，更为虎作伥，横行更甚。而黄氏并派不肖僧人，占麦穷①、四凹②之山地而管理之。而该寺僧人即狐假虎威，日肆横行，欺悔〔侮〕麦穷土官而欲杀之，取其寨落。麦穷土官于危急之下，竟派人将番僧二人刺杀。黄氏见麦穷土官不附己，且杀其番僧，恨之刺骨，必欲杀之以雪忿。爰于二十年（1931）腊月命人入麦穷官岩〔寨〕，杀其长子泽郎，并将麦穷土官及其二女捕入郭门寺，掠夺其寨落。当麦穷土官被劫入郭门寺时，黄氏谓伊曰："尔不听我之言，而惟墨颡之言是听；口不忠于拉卜楞，而专言墨颡之好。"竟以长椿打入麦穷土官耳口之中而杀毙之，将其女拘于拉寺土牢中。而麦穷有三子，次子海善言曾留学于甘肃省垣，颇通汉番文语，已供职于青海马子香师部。三子格尔藏尚幼，遇难时得土民格哈负逃至墨颡寨中，得免于难。其麦穷、四凹寨中，附和拉方之番民二十余家，自将麦穷土官治死后，乃于民国二十一年（1932）四月内随同郭门寺僧官往投拉卜楞寺。嗣后黄氏即扬言："上、中阿坝土官、人民，如有不归顺者，即以麦穷为例。"于是上阿坝各土官、番民，人人自危，乃暗与墨颡土官兼川西第一路游击司令杨俊扎西联合，以御黄氏。而墨颡先本与上阿坝不睦，时起争斗，今见来附，且有唇亡齿寒之势，乃极力联谋，以拒黄氏，一面呈控黄氏于屯署。其时墨颡与麦穷等陈兵于阿潘〔坝〕河南岸，黄氏陈兵于河北，互相防守，日趋严重。屯署于民国二十一年（1932）三月乃命驻松杨统领抚权派团练局长马润堂、副官蓝文镠、马队大队长李逢春、哈通译等前往调和。殊马局长等驰赴上阿坝郭门寺面见黄位中时，位中竟妄自高大，并谓现今民国时代，五族共和，谁强谁管，所有川、甘、西康之番民本无界限，都应为拉卜楞寺之人民，有何政府。故马氏未能得有结果，仅将麦穷土官之二女保释而归。马氏甫还，而黄位中之凶焰更张，时发恶言，以威挟阿坝官民，且以兵围攻峨秀、唐洼二寨，勒令归降纳款。麦穷人民忿极，乃同墨颡、杨氏陈兵于郭门寺下面之纳休坝内。黄氏即布兵于郭门寺以拒之。得抗甘土官及白衣寺喇嘛前来和解，保拉方之兵不得过黄河来，墨颡方之人亦不得过黄河去，以后不许郭门寺僧人携带快枪入住寺中。黄氏爰于是年腊月内逃回拉卜楞寺。而墨颡各寨既将黄氏逐去，乃派人将郭门寺之公馆看守。且痛墨

---

① 麦穷：在今阿坝县各莫镇俄修村。

② 四凹：在今阿坝县四洼乡。

额土官之惨丧，家人不保，纯由一二番民勾引奸僧所致，众怒之下，竟将已投寺之番民寨房焚毁之。于是双方互相呈控。查上阿坝郭门寺一带，本属川境，而拉方电呈甘省府转电川省屯署，竟谓墨额越境进攻郭门寺，直认上阿坝为伊所有，且陈兵数千于黄河北岸，墨方亦调兵数千于黄河南岸防之。后由屯署与甘省府文书往还，仍希调解。屯署乃复令杨统领派人前往查办调处。杨于九月内奉命后，即派委员杨伯坚、李逢春、通译官马登霄驰往中阿坝。适拉卜楞寺代表即夏河县长李之栋亦到，殊杨氏不加礼貌，而对于上峰所派委员亦复不予重视，致未得良好结果。仅经两省代表再四商议，订约八条。大意谓：上、下阿坝，本为川属，所有一切政权，拉方不能干预。郭门寺属诸拉寺，上阿坝六寨以教言之，则属教民，以政言之，则属人民。所有僧徒教民，当早归回寺院接收，墨方不得干预其教权。其政教权限暨双方伤亡损失之赔偿问题，候于二十二年（1933）两省政府另派员开善后会议解决之，双方限日将军队撤尽，以后无论何方，先动兵者即呈请处办之。并由墨额付给拉寺银五百两以作退兵之费。殊墨额不承认此款，乃由若儿盖到会之公证番目代出快枪一枝〔支〕、羊数十头解和。拉、墨双方即行撤兵。殊墨额撤兵路过郭门寺时，见拉寺僧人竟带快枪数枝〔支〕入驻郭门寺，认为违约，直领兵围之，派人质问住于寺中之两省代表，经代表等调和了事。而活佛所住之公馆，墨额即认交与两省代表，但须担保拉寺以后不再动兵。代表等未予负担接收，仍由墨额派人看守。两省代表于十一月内分途遄返。而所订条约交由李之栋代〔带〕回拉卜楞寺，由黄正清盖章。殊黄氏深怨李县长未将安堵八寨注明为教民，深抱不满。乃呈报甘省政府转电川省政府，谓为遗漏。川省政府许其在善后会议时提议。至二十二年（1933）二月，屯署接甘肃省邵主席电，谓根据去年条约，各派员前往阿坝开会。屯署乃于四月内派总务处长谢培筠率同官佐、通译、兵丁等前往，于六月内抵中阿坝。七月二十二日抵黄河沿齐哈玛。适甘省朱主席绍良初派之特派员、代理夏河县长龚子瑛，拉寺副官李虎臣，露〔雪巴〕喇嘛，马通司等，亦于七月二十日至齐哈玛，至甘省中途添派之委员李之栋则留拉卜楞寺未至。两省特派员会面之后，当由龚县长交出拉方新开之先决条件之一纸。其条件大意谓：尊重去年条约，须先将上阿坝六寨、安堵八寨交与拉寺接收，其他贾诺、墨诺、墨耳玛等部候会议解决。墨额土官杨俊扎西去年不遵条约撤兵，竟以兵围攻郭门寺，继后并不将兵撤尽，仍占据活佛公馆，违背条约，须先处罚。所有杀死僧人及番兵损失，须杨俊扎西赔偿。二十余家难民，必须收回。各条办到之后，拉寺方派人赴会。若无具体答复，决不到会。而拉寺副官亦一再声明：如上阿坝六寨、安堵八寨不先交出，墨方之违约不先处罚，黄氏决不来会。旋据杨俊扎西报告称：去年伊遵约撤兵，路过郭门寺时，见僧人违约带枪入寺，乃派人向住于寺中之两省代表质问理由，一面将兵撤去。活佛公馆去年亦已交出，因两省委员不接收，不得不派数人看守，以防损失。不料拉卜楞寺竟诬为违约。自拉卜楞寺于上阿坝借地创修郭门寺后，即借教横行，霸占土地，估管民权，夺我田土，毁我寨房，杀我土官，劫我财产。种种之事，莫不因郭门寺而起，既失传教〈教〉之义，实行其害人之事。上、中阿坝土官、人民誓将该庙收回；且所死者为阿坝人民，损失者仍为阿坝财产，须黄位中赔偿一切。又有上阿坝土官、人民、喇嘛呈控拉寺黄氏者有数十起之多。大都诉黄氏借教管民，占地掠财，逐走土官，杀死喇嘛，综计由黄位中囚禁、估霸、掠夺及使难民前来搪索者，共银二十五万两。廿余家难民本属良民，被黄氏勾引为非，后将财产完全携走而投拉卜楞寺。四凹安布土官控黄位中民国九年（1910）杀其父，去岁正月伊又被黄氏禁于土牢中，所有枪枝〔支〕、马匹、金钱俱被没收。而二十一年（1932）四月内，往投拉卜楞寺之番民又控上阿坝土官蒋旺扎西、洞周及六哥三人违叛拉卜楞寺，投墨颡，焚烧其寨房，强占田地。双方互相控诉。后经谢处长会同龚县长一再商议，由双方当事人各派代表二人，先开一预备会，以便讨论。于是拉、墨两方各派代表二人。拉方代表为李虎臣、露〔雪巴〕喇嘛，墨方代表为铁耳多、堕乐。开会争执之后，当由谢、龚两特派员议定解决大纲八条，仍许其信仰拉寺嘉木样佛，念经熬茶，仍照旧规。有不愿者听之，不能加以强迫，以符法律上信教自由之旨。寺僧不得无故筹款，听人民自由布施。郭门寺属于拉卜楞寺，墨颡不得干预其教权，但僧人不得携带武器驻于寺中。此大纲双方当事人认为允协，即于八月二十五日以前亲身或派代表来会，双方所约公证番目于八月二十日到齐。如双方不同意于本大纲，即于八月十八日前以书回复，静候两省特派员呈请政府转呈国民政府解决之，但双方不能动兵。无论何方，动兵者由两省特派员呈请政府处罚之。此大纲分发去后，于八月十八日杨俊扎西来信承认。二十一日，有若儿盖十二部之土官格儿低寺喇嘛等二十余人来会。至八月二十八日，回转拉寺之露〔雪巴〕喇嘛方带回黄正清、李之栋信函各一件返齐哈玛。

黄函大意谓：所订大纲八条，不尊重去年所订条约，复不征询同意，动辄以高压手段，误引法律信教自由之旨，希图取消墨方历来离间侵占之罪名，实消灭郭门寺之政策，置拉寺数百年所经营之宗教基础于不顾，似此偏袒墨方、不公不伦之大纲八条，誓不承认，亦不派人赴会。若能破除成见，仍照去年条约以寻解决途径，先将上阿坝交出为该寺教民，候派人接收后，容可派员赴会。至李函大意谓：若先将上阿坝交出，或可劝其来会。

是时，拉寺李副官当凭两特派员一再申明，如川方不将拉寺所开之先决条件办到，不尊重去年条约，以寻解决途径，该寺决不能来会。当经谢处长据理驳斥，于是两省特派员认为拉寺既如此强硬，两省人员在黄河沿岸候一月之久，既不来会，又不先行通知，竟置政府人员于不顾，解决无望，只得散会，候呈请政府解决。旋有到会公证番目二十余人来见谢处长，得悉经过，亦不以黄氏所为为然，当请求两省特派员再住一二日，当众宣布经过，以明真象〔相〕，而求最后解决之法。殊龚县长于次日返甘之通知已至，谢处长当即嘱公证番目转留龚暂住以俟明日再行开会，并去函相留。殊翌晨龚县长等已整装起行，谢处长乃派吕副官、马通译前往挽留，无效。龚临行时面告吕、马二人云"拉卜楞寺如此蛮横，不可理喻，以余身为县长，且为政府特派员，而受黄氏如此侮蔑，心实不甘。无论口嘴能否解决，俱未便再住。此次返省，当从实呈覆。所有双方，不许动兵，既载在条约，两省人员当极力担负，以候上峰解决"等语，遂起程而去。其时谢处长见龚既不可留，其为人颇正直，必无他意，口嘴既不能解决，亦于八月二十四日返上阿坝。殊九月十七日，有拉卜楞难民及番人二百余人来上阿坝溪中，将锡恩寨土官禄哥等之牛马抢去七十余只，当经上、中阿坝土官率集番兵前往追逐，追至黄河边，而难民等已渡河，仅将遗下之牛二十余只赶回。该土匪等托人致意于禄哥，谓此次来赶伊之牛马者，因伊反对拉卜楞寺而忠于四川政府，故特予小惩。若再不知改悔，必尽杀其家属，岂止抢牛马而已哉。土官禄哥以该匪等于政府人员尚未离境时，胆敌〔敢〕前来抢劫，实属目无法纪，乃呈诉于谢处长。谢处长乃于十七日召集上、中阿坝各土官于四溪卡开会。当经各土官自行与政府出具切结，自愿以后不与拉卜楞寺拴头、熬茶、念经。无论土官、人民，有私向拉卜楞寺拴头、熬茶者，甘愿斩首，财产充公。

墨颡土官遵令将看守郭门寺活佛公馆内之兵撤尽，交由政府保管，由谢处长封置。殊谢处长返时，其公馆中所封存之溜金佛像、器物等已被该寺喇嘛移运一空矣。斯墨、拉双方之口嘴自逊清以来之情况，尚待川、甘政府详商根本解决者也。

川委员杨伯坚与甘委员李之栋商定条款

国民革命军第二十八军川西汉军边务特派员为和平解决拉卜楞与墨颡教地争执，订立条件事。窃查拉卜楞与墨颡教地争执，已经多年，延至现时。双方兵力戒备，仅隔一河，大有一触即发，扰乱番余之势。委员等幸于斯时，奉川、甘两省当局委派，同履阿坝，亲见形势危急，连日协商，订立和平条件八项。俾双方遵守，以期和平解决，而〔不〕副〔负〕川、甘两省当局敦睦邻谊，借安边陲之至意。兹将条件列后：

第一条 拉人〔卜〕楞与墨颡双方兵力，统限于国历十月三十一日以前，一律撤回原防，以表和平。

第二条 上、下阿坝地方，依照前清规定省界，确属于四川，故对于人民一切政权，拉卜楞寺不得干与〔预〕。

第三条 上、下阿坝地方，既有拉卜楞寺所属寺院，则寨内居民，以教言之，即属拉卜楞寺教民，以政言之，则属四川人民。所有僧人教民，当早归回寺院接收，墨颡不得干及教权。

第四条 拉卜楞寺与墨颡所有互相侵占权限、伤害人民以及毁坏房屋、损失财物牛羊等，经双方退兵和平，川、甘两省委员详细调查后，另定地点时日，召集双方当事人，川、甘两省委员开善后会议，秉公处理，仍许双方当事人共请公证番员，依照番规处理。

第五条 阿坝地方关于政教一切公务，候开善后会议解决。规定之双方当事人，尤须谨慎将事，不得惹起争端。

第六条 拉卜楞与墨颡既经依照条件和息，嗣后不得再兴兵戎。如仍故动武力，即责肇事方赔偿军费，并由川、甘委员呈请惩办之。

第七条 本条件经川、甘两省委员、双方当事人签名钤章后生效。

第八条 本条件拉卜楞与墨颡各执一份，川、甘两省委员各执一份，再向川、甘两省当局各呈报一份，以备遵守查考。

甘肃省政府查勘阿坝番案委员　李之栋

国民革命军第二十八军川西汉军边务特派员　杨伯坚　李逢春

拉卜楞番兵总办　黄位中

国民革命军第二十八军川西汉军第一路游击司令墨额土官　杨俊扎西

川西汉军统领司令部通事　马登霄

中华民国二十一年十月二十一日

川委员谢培筠与甘委员龚瑾商定条款

一、依照民国二十一年（1932）十月二十一日所定第二条，上、中、下阿坝地方依照前清规定省界，确属于四川。故对于人民一切政权，拉卜楞寺不得干预。

二、依照去年条约第三条规定，上阿坝郭门寺之主权，属于拉卜楞寺，上阿坝六寨及补提、安堵八寨人民，仍旧许其信仰嘉木样大佛。倘有不愿者听之〔听之者〕，不得加以强迫，以符法律上信教自由之旨。关于念经、熬茶，仍照旧规办理，听人民自由布施，寺僧无故不得派款。

三、寺僧不得携带武器，拉卜楞不得带兵入驻郭门寺，墨额亦不得干预教权。

四、关于处理问题及去年条约第四条所定事项，应于大会提议决定办理之。

五、双方当事人如认以上四条为允协，应于国历八月十五日以前亲身赴会。如实际不能分身，应派全权代表出席，并另书全权代表委托书二份交由两省特派员存执，以昭信守。至于会议地点，即在齐哈玛，或于郭门寺与墨额之间定一适中地点，亦无不可。

六、关于公正番目，如双方认本大纲为可行，双方当事人应即分头函约，限于国历八月二十日以前，一律到会。

七、双方当事人如对于本大纲不能同意时，应于国历八月十二日以前，以书面正式通知在齐哈玛之两省特派员。

八、双方当事人如有第七条之表示，应各守疆界，不得擅自动兵，听候两省特派员呈两省政府转呈国民政府解决之。倘有不遵，即由两省特派员呈请省政府严重处办。

四川省特派员　谢培筠

甘肃省特派员　龚　瑾

中华民国二十二年七月三十日

第六章 垦 务

　　屯区幅员辽阔，地旷人稀，宜于农牧之区所在皆是。关外草地，尤多平畴沃壤。际此生齿日繁，耕地不敷分配，粮食缺乏，人民当有菜色；移民营垦，使地尽其力，民有所归，洵属急务。矧英、俄觊觎新、藏，屯区为其后防，移民实边，以固吾圉，亦势有不能自已者乎？惟是须与军事及化夷两项相辅进行，如兵力未充，狉榛如故，而操切从事，民不易移（说见第二章第六节），且虑引起边民之抗拒。故屯署对于推进垦务之程序，拟定先茂、汶，次松、理，次懋、抚、绥、崇，以及草地。实施办法，则先调查公私荒地林野，次招募团体及私人领垦。一面并由公家直接经营，以示提倡，而资则效。其放垦荒地，取无偿制，使贫农易得土地，借广招徕。其限制承垦面积、竣垦年数，则以防徒领广大荒地，待价渔利也。实施以来，尚著成效，兹撮记其概略于次。

第一节 查 荒

　　屯区荒地主权多不明晰。于是豪强把持官荒，不事经营。贫农欲事耕垦，苦无土地。又贪狠地主，甘诱客民（山间称简阳、中江、遂宁、安岳、乐至等县入山营农者，曰客民）为之开垦。洎成熟地，多方压迫，使其茹痛奉还。狡诈客民于初垦之年，穷尽地力，及其瘠薄，去而之他。荒地永不辟治，既垦旋荒，胥由于此。然则欲推广垦务，当自查明荒地种类、权界，分别规定承垦办法。始屯署乃于民国十八年（1929）设置茂县垦务局，十九年（1930）设置汶川垦务局，颁布调查荒地章程、调查林野章程、荒地调查表式，饬两局就茂、汶境内荒区，按章〈查〉勘查。至二十年（1931）竣事，查明之荒地面积达数十万亩。于是撤废两垦务局，另组茂汶垦务处，管理招垦暨官营垦业，记其章程表式暨鉴别土壤肥瘠之标准则如次。

（一）调查荒地章程

茂县、汶川垦务局调查全县荒地章程

第一条　凡茂、汶川县属官、公、民产，均依本章程之规定，受垦务局之调查。

第二条　凡县境内无主之荒地均为官荒。

第三条　凡县境内法团、寺宇、神会管有之荒地，如有红契或其他确实证据者为公荒。

第四条　凡县境内人民管有之荒地，如有红契或其他确实证据者为私荒。

第五条　凡法团、寺宇、神会及私人管有之荒地，如无红契或其他确实证据者，概由县政府收归官有。

第六条　本章程未施行以前，凡私垦官荒，未经注册升科者，应于六个月以内，自向财务局呈报升科。逾期查出，除垦地入官外，并每亩科以一元至三元之罚金。呈报应升科之亩数不实者，每匿一亩处以三元之罚金。

第七条　调查员所至地方，得调验人民或法团、会社之红契及证据，验讫加盖局发戳记。

第八条　调查员执行职务，地方团甲有保护、扶助之责。

第九条　人民违反第七条，团甲违反第八条之规定时，县政府得酌量加以惩罚。、

第十条　垦务局员司如有不忠厥职，或有受贿情事发觉，按律加等严办。

第十一条　本章程有未尽事宜，得呈请修改之。

（二）调查林野章程

茂、汶川县垦务局调查全县林野章程

第一条 凡茂县、汶川县属之森林原野，均依本章程之定规，受垦务局之调查。

第二条 凡县境内无主之林野，概属官有。

第三条 凡县境内法团、寺宇、神会管有之林野，如有红契及确实证据者，为公有林野。

第四条 凡县境内私人管有之林野，如有红契及确实证据者，为私有林野。

第五条 法团、寺宇、神会及私人管有之林野，如无红契及其他确实证据者，得由县政府收归官有。

第六条 法团、寺宇、神会及私人管有之林野，虽契据不明或全无契据，而在三年前已经着手继续经营者，准其缴纳相当地价，作为私有财产，由财务局、垦务局会给管业证。

第七条 公、私有林野，如对于国家保安上有重大关系者，得酌量给价，收归政府管理。

第八条 本章程未经规定事项，准〔照〕调察〔查〕荒地章程办理。

第九条 本章程有未尽事项，得呈请修改之。

（三）垦地调查表式

区域	
荒地类别	
有无契据及粮税	
面积及四界	
地势	
土壤	
气候	
水源及交通	

（续表）

适于何种经营及其方法	
需要劳资概数	
预计收益	
简明图说及备考	

（四）鉴别土壤肥瘠之标准

甲、据树木生长之形状。树木大而长者，其土肥沃；树木大〔小〕而矮者，土壤浅，下为砂砾；树木密生而树干细者，地味瘠薄。

乙、据树木之种类。有榆、槭、桂、山胡桃、菩提树、黄蘗〔檗〕等大木，其地最肥；刺楸、朴、槐等混生之土地，次之；椴、赤杨等多生于湿地，其地肥；楢、桦、檞等多生于燥地，其地瘠。

丙、据树木之下草及平野之杂草。草高而茎粗，其地多肥；草矮而茎细，其地多瘠；艾、刘寄奴、荨麻笹等之长、大而茂者，地味最肥；多生萩芝、蕨鬼、百合、桔梗等〔之〕地大多瘠薄；又，葭、小笹等多生于湿润不良之土地。

第二节　招　垦

屯署于民国二十年（1931）十一月置茂汶垦务处于威州，公布垦荒章程，并设招垦处于成都，负指导招徕垦民之责。一面按月拨款数千元，交垦务处选定茂、汶荒区，募工开垦，为之倡导。先后就汶川属龙溪沟、赵家坝[①]、一碗水创办第一、第二模范垦场，雇佣农工约百人左右。截至二十二年（1933）地震水灾时，垦熟土地几及千亩。培良厚朴、茶、椒、漆等达数十万株。其私人团体领垦荒区者，有裕生垦殖社、益群社、启新劳资合作社、一心垦殖社、吉六垦殖社、林隐垦殖社、济众垦殖社，承垦荒地计四万数千亩，垦熟土地达五千余亩。至贫

---

① 赵家坝：在今汶川县漩口镇赵公村。

农携其家属入山营垦者，为数无多，盖由贷助农具、籽种计画扼于经济未能实行也。

垦荒章程：四川松理懋茂汶屯殖督办署垦荒暂行章程

第一章 总 纲

第一条 本章程依照国有荒地承垦条例之规定，斟酌屯区特殊情形规定之。

第二条 本章程所称荒地，指未以人工经营者而言。

第三条 松、理、懋、茂、汶五县，抚、绥、崇三屯境内之荒地，均依本章程处理。

第四条 凡荒地，国有者为官荒，私人及团体管有者为私荒。

第五条 前条之私荒，本章程公布后，一年届满，尚未从事开垦或造林者，他人得承垦之。

第六条 荒区内之矿产，仍遵矿业条例办理。

第七条 凡在次记各情况之荒地，无论官私，均禁开垦：

一、在治水及涵养水源有重大关系之流域，其倾斜度达三十五度以上者；

二、在基岩脆弱，土质轻松，有崩溃土砂之虞者；

三、在有危害建筑物及水路、道路之危险者。

第八条 凡与次记各事项有关系之林野，无论官私，均编为保安林，禁止伐采掘土：

一、防止土砂崩溃；

二、防止水害、风害；

三、涵养水源；

四、公共卫生；

五、保存社寺、名所之风致。

第九条 承垦荒地，无论其为个人或法人，均认为承垦权者。

第十条 承垦荒地之面积，个人以百亩为限，法人视其劳资之多寡，由本署核定。

第十一条 荒地依土质之肥瘠，分为三等。一等限三年，二等限五年，三等限八年垦竣。

第十二条 第九条之个人或法人，以中华民国国民为限。

第二章 领荒承垦

第十三条 凡承垦者须呈具切结，由本署核准发给承垦证书。

第十四条 承垦人之粮食、种籽、农具、资本，概归自备。

第十五条 承垦人依规定年限垦竣或造林完竣后，官荒无偿取得其土地所有权，私荒无偿取得其土地耕作权。年纳其土地正产物收〔获〕量百分之十于本署或业主。

第十六条 承垦人因意外事故将承垦地转让他人时，须呈经本署核准。

第三章 募工开垦

第十七条 本署期速达移民实边之目的，征募健朴壮丁及农户，从事开垦。

第十八条 前条之壮丁、农户，除由本署派员招募外，并咨请二十八军转咨四川省政府通饬各县政府，尽量征送。

第十九条 派员招募之壮丁或农户，由本署按名每百里支给旅费洋五角，各县政府征送者，旅费自备。

第二十条 应征募之农民、农户，其所需籽种、农具、粮食，概由公家购备，并视其工作之效率及勤惰，每名月给工资一元至三元。

第二十一条 应征募之壮丁及农民所垦之地亩，无论官荒、私荒，均无偿取得其耕作权。年纳其正产物收获量有〔之〕百分之四十于公家。经开垦成熟后，如系官荒，得照当地时价向公家缴纳价值，取得该地所有权。如系私荒，由公家于售价内提百分之二十给予原业主。原业主如欲收回自种，除偿清公家开垦耗费外，并须照当地时价给百分之二十予耕作人。

第四章 兵工开垦

第二十二条 本署期化兵为农，划定荒区，咨请各军部甄选士兵，调往开垦。

第二十三条 兵工垦熟地亩，如系官荒，无偿取得其土地所有权。如系私荒，原业主欲收回时，应照当地时价给予兵工。

第二十四条 兵工每名垦熟五十亩后，停止薪饷，缴还武器。

第二十五条 停止薪饷之士兵，对于夷患边防，仍负从战役应征之义务。

第五章 升科及所有权、耕作权

第二十六条 承垦荒地自领证书日起算，扣满十一条规定之年限时，募工、兵工将本署核指地亩垦熟时，均按照各该地之税则升科。顶受他人承垦之荒地接续耕种者，升科年限仍自原承垦人领证书之日起算。

第二十七条　已升科之土地，其应取得所有权者，由本署给予管业证，并分别咨令财政厅暨该县财政局，查照备案。

第二十八条　前条之耕作权，除本章程有规定外，得准用民法永佃权之规定。

第六章　奖　罚

第二十九条　于规定年限内提前垦竣者，承垦人给予奖章、奖状，或酌缓其升科年限二年至三年。募工、兵工给与其垦地一年生产物十分之二一次。

第三十条　承垦人受领证书后，每年度之初一月内，须报告其成绩于本署。如扣满六个月尚未从事建屋、开渠工程，或开垦者撤销其承垦权，已满竣垦年限尚未全垦者，除已垦地外，撤销其承垦权。但因天灾地变及其他不可抗力所致者，均得酌量展期。

第三十一条　本前条之规定而撤销其全部或一部承垦权者，应分别追缴或更换其承垦证书。

第三十二条　本章程施行前私垦官荒未呈报升科者，应于六个月补报。逾限查出，除土地入官外，每亩科以一元至三元之罚金。本章程施行后，未经本署核准私垦官荒者，除将所垦地收回外，每地一亩处以一元至二元之罚金。

第三十三条　违背三十条报告成绩之规定者，处五十元以上、百元以下之罚金。

第三十四条　违背第十六条之规定者，除撤销承垦权外，处以二百元以下之罚金。

第三十五条　呈报应升科之亩数不实者，每匿一亩，处以五元之罚金。

第三十六条　垦区内犯种植罂粟、开设烟馆、娶〔聚〕娼窝赌、容留盗匪及其他不法情事者，依律严办。

第三十七条　垦民于地方自治范围内应享之权利及应尽之义务，与土著者同。

第七章　附　则

第三十八条　本章程施行后，私荒业主应于六个月内呈验红契及确实证据。

第三十九条 受第七、第八两条限制之荒地林野，如受限制之原因经本署查明确已销减者，得解除其限制。

第四十条 本章程自公布之日施行，并咨国民革命军第二十八军司令部转咨四川省政府备案。

第四十一条 本章程将来如应增损，由本署体察情形修改之。

第四十二条 本章程施行后，本署前订之垦荒规则及茂、汶两县垦务局呈准之垦荒规则一律废止。

第三节 指导垦民

腹地农民缺垦荒知识，初至荒区，无从措手。屯署爰教以开垦方法，指示注意事项，俾免误谬，致蒙损失。兹摘记其大要于左。

（一）开垦方法

可分甲（伐木烧却）、乙（刈草烧却）、丙（垦治土壤）三端。甲项大都冬季着手，察视树枝状态，测定倾倒方向后，以斧锯顺序砍倒，断其枝干，依次重积，俾无间隙。待翌年干燥，于播种适期前择晴明日焚之，火熄热消，即行播种。用箒平掩种子，无须中耕，静待成熟。其海拔高一千八百米以上之地，撒芸苔、荞麦、青稞（播种适期：芸苔、青稞为六七月，荞麦为三月）；一千八百米以下向阳之地，则播点玉蜀黍（其播种适期为：三月下旬至四月上旬）。若移住略迟，播种期迫，不暇伐尽立本〔木〕，或须储作薪材，则只伐焚小木，大木仅轮剥其皮，伐去枝条，使之立枯，留供他日取用。乙项行于丛生杂草荆棘之地，大都于春季刈集全部，待干焚却。或择晴明继续天候，纵火焚烧，其分别播种作物概与甲项相同。丙项则于甲、乙丙〔两〕项之作物收获后，除去杂草，用锹或新垦犁垦起土壤，或薄垦地表全部，或条垦土地，条播种子。除草时，薄削畦间，至翌年垦治畦间使成熟土，或点垦土地，点播种子。除草时，垦其周围，至翌年辟垦株间，使成熟土。若在湿地，则割截地面，纵横约一尺，深六七寸，以锄起第一列表土，反转载于第二列，第四列反转载于第三列，第五列反转载于第六列，第八列反转载于第六〔七〕列。顺次如此，即得幅广二尺之高畦，可以播种。其畦间成幅二尺、深约一尺之沟，足资洴水。至翌年更平分各畦，反转其半于左右沟中，另作新畦。但在过湿及潴水地方，必设沟洫，无俟赘言也。

（二）注意事项

垦荒虽饶利润，惟正直勤勉者能得之，轻薄怠惰之人，目的无定，绕〔侥〕幸万一，必归失败。以远适荒陬，荜〔筚〕路褴褛而启山林，固非易事，非忍劳苦，排万难，不挠不倦，绝难成功也。然苟具坚强决心，仡待将来乐利，则勇气百倍，自可战胜一切。故营垦者，必具坚强之决心，此其一。芦苇潴泽之上海能成繁华市场，则知无不可辟之地。屯区荒野，或则倾斜起伏，或多霜雪、冰雹，或栖毒蛇猛兽，或任沼泽滥漫，伦以腹地沃壤，辄觉不值经营，讵知凡此均人力所能克制，一经垦治，生产极丰，其椒、茶、漆、药等，尤为贵重。特产利润之厚，迥非内地农作所能比拟。则营垦者，必须信人力可胜自然，不宜望而却步，此其二。垦荒种植，初宜粗放，以某数量之劳力耕种者，决非同数量之劳力所能收获。盖荒地高寒，作物熟期至促，收获稍缓，辄易枯落，而农民稀少，极难雇佣零工。雨量颇多，误期恒致霉损也。故播种作物，应预计熟期，妥配种类，代〔伐〕木刈草，垦土工作，尤须衡定进度，俾免偏畸，此其三。屯区地势，自南至西渐高，而荒地多系科〔斜〕山，自下而上渐寒。作物发芽及成长，各有适温，选择不得其宜，生产难符预期。故垦荒之初，即须测量地高，分别选定适种物类，此其四。屯区道路崎岖，运费昂贵，农产物容、重均大，搬移维艰，非加工精制，俾便贩卖，难得善价。屯区冬季积雪期长，夏季淫雨时多，无适当副业利用劳力，则坐食靡费。屯区劳农，多性惰吸烟；外籍客民又生活不惯。役人营垦，管理綦难。偶一不慎，遽蒙大害。故营垦必详察环境，努求适应之方，此其五。他如卫生设备、房舍建筑、食粮储备等，指示注意之点尚多，兹不具录。

第七章 民 政

屯区纵横千里，地域辽阔，而施政机关仅五县三屯，鞭长莫及，政教难周。窎远①区段，竟委诸土司、土官之手。且汉夷杂居，风俗殊异，文化悬隔，腹地法令实有凿枘不入之概。故因循敷衍，清净〔静〕无为固非，而不察风土民情、生活背景，墨守成规，亦难收政通人和之效。以是屯署详查社会情形，酌其缓急，权其轻重，衡定施政方针，以期合乎实际需要。分记其大略于左。

第一节 整顿县府内部

屯区官吏，以土地贫瘠，政务轻简，因习于惰。边氓朴陋，罔知法律，遂流于贪。狃于驭夷须有威，重辄失之暴，借词边缺异常清苦，以饰其鄙。偷惰、贪污、暴厉、鄙吝之风不革，曷由实现廉能政治？屯署规定合府办公，遵照内政部颁《县政府办事通则》处理县政；撤废旧司法队，考录土著良民，编组政务警察；规定出差程限及旅费，按期公布因案罚金用途；严禁积压公事，不重时间，贿赂陋规，应酬勾结。督令常与民众接谈，随时巡行乡里。旧污既涤，气象一新。

---

① 窎（diào）远：深远，遥远。

第二节　增设及裁废县政机关

自增进行政效率、便利控制西番言之，松潘之南坪、阿坝，理番之马塘及绥靖、崇化、抚边，均须增设县治。然抚、绥、崇三屯及南坪县佐，虽经人民请求改县，而户口、财赋数量未达设县限度。阿坝亦形格势禁，须俟开发草地之后。其经增设者，仅马塘县佐〔十八年（1929）讨〈年〉扣苏后设置〕、来苏沟公安局〔二十二年（1933）黑水夷投诚后设置〕耳。至裁废者，有威州县佐，以其距理、汶俱近，颇嫌骈冗也。改组为公安局者，则有龙溪县佐，以其受理民刑诉讼。习久弊滋，有叠溪警佐。为求合县府组织，齐一视听，而屯员、县佐向皆僭称监督，借立威望，镇抚汉夷，则以相沿既久，未加变革。

第三节　整饬司法

法治国家，司法权应完全独立。各县、屯民刑上诉案件，自应受法院管辖。惟屯区边远，民多贫苦，必按法定程序，则因道阻资绌，将覆盆①多冤，伸诉莫由。屯署爰暂从权兼理，督饬各县、屯照《民事诉讼法规》《刑事诉讼审限规程》限期讯判，按月列表，呈报考核。规定婚姻继承、经界水份等，凡非以财产价额计算之案件，每案只征讼费一元；财产案件，二百元以下征一元，二百元以上每五百元递加一元计算征收。贫无资力者，准由邻右证明免征。严禁克扣囚粮，法外鞷索。施行以来，人民称便。

---

① 覆盆：谓阳光照不到覆盆之下，后因以喻社会黑暗或无处申诉的沉冤。

第四节　推进自卫自治

屯区地域阔而戍兵少。备夷患，严盗警，非军团协力不为功。顾各县屯旧有团甲，只就汉民编组，不特力薄，且显存畛域，难期辑睦团结。又因凤事敷衍，装械残缺，预算无准，款多虚靡，毫无自卫精神。乃饬破除汉夷界限，一体编练。如松潘之漳腊、南坪、小河、平番①各营，理番之扣苏、五屯，汶之瓦寺，懋功之沃日、汗牛，抚边之宅垄等，均先后实行。一面督令按照部颁保卫团法，彻底改组。团款预算公开审定，由各县、屯财局统收统支，严禁凭借团势，违法妄为。实行登记全县民有枪支。二十二年（1933），并于茂县设团练干部养成所，由各县、屯甄送团务人员，入校肄业，毕业后致力本籍团务之改革。至筹办地方自治，首重调查户口，督促乡区镇长，按照部颁章则表式办理，并注重户口变动之统计。其因地势高峻，烟户窎散，难遵规定编制地方，特准呈明情形，酌量变通。若夫厘定自治经费、设所训练自治人才，均有规划。惟因"剿赤军"兴，未及实现。

第五节　积极正俗卫生

屯区恶俗：曰好讼，偶因鸡鹜之争，辄至缠讼不已；曰私斗，所谓打冤家，睚眦之怨，亦循环报复；曰迷信，笃信坐蜆、喇嘛，倩祈治病，不事医药；曰上门，以女赘婿，及婚财尽力衰，辄逐去另招。他如南坪之停丧不葬，理茂之女服劳作，男溺烟癖，于社会秩序、民族健康妨害甚大。屯署〈屯〉于二十年（1931）成立正俗总社，通饬各县、屯设立分社，努力匡正陋俗运动，虽未能全体移易，但改良已属不少。

屯区人民罔知清洁卫生，大都住屋湫隘芜秽，饮食陈腐肮脏，无论城市

---

① 平番：即平番营，在今松潘县镇江关镇五里堡村。

乡村，随处便溺，厂〔敞〕放牲畜。每当春夏，秽气薰蒸，瘟疫流行，犹复听命巫师，不知自省。加以既鲜识字之医，尤乏制炼之药，一遭疾病，康复者寡矣。缘是死亡率大，户口日减。屯署乃督饬各县、屯，筹设平民医院，诊治疾病，只征药费，贫苦之家，药费亦免。修建公共厕所，取缔厂〔敞〕饲牲畜。遵照《污物扫除条例》实行扫除，严禁售卖不洁食料、露厝棺柩，提倡种痘防疫、业余运动，修筑市街马路，种树路傍。各县、屯均经切实遵办，茂、汶两县成效尤著。

第六节　厉行禁烟储粮

民国初年，内地烟价奇昂，边陬鞭长莫及，成为产烟秘窟。于是山巅水涯，鲜不种烟。黄童白发，大都吸食。饷客以烟，疗病以烟，婴孩不适，竟亦忍哺以烟。男子蜷伏斗室，妇女劳顿山间；驯至家室乖异，生计困穷。二十年（1931），屯署于各县、屯设禁烟督察处，严厉禁种、禁运、禁吸（规章附录于后）。虽拟设之戒烟所以黑水夷乱未获实现，然瘾民自动戒除者多，种烟之户日减。除懋功外，须自内地运烟供给吸用矣。

屯区向不产稻，主要粮食为玉蜀黍（山间通称苞麦）：低地产者，冬初即生虫蛀；高山产者，只可贮至翌年夏间，不堪屯储。而限于地势气候，高山平原难均丰稔。运输匪易，移济困难。一遇荒歉，饿莩载道。屯署于二十年（1931）严饬各县、屯整顿旧有仓储，并规定按户捐粮存储、富绅捐粮存储办法，成立新社仓。每年全屯区限储六百石，其储粮种类加入荞、粟。设仓地点散于各区。县设仓储委员会，指导监督。区设保管委员，负责出纳。每年青黄不接之候：平年尽量贷给贫农，救济农村；凶年仅贷苞麦，留存荞、粟，以备饥馑。行之三年，储量几及二千石。虽因震灾、水灾、兵灾，荥发净尽，无形中固有大裨于斯民也。

禁烟章程：四川松理懋茂汶屯殖督办署禁烟督察总处暂行章程

第一条　本总处为遵照国民政府禁烟法令，厉行禁烟、禁运、禁吸起见，特设屯区禁烟督察处。原有禁烟机关，一律裁撤归并。

第二条 于茂县地方设禁烟总处，并于松潘、懋功、理番、汶川、茂县及抚边、绥靖、崇化等县屯设置禁烟督察处。所有禁种、禁运事项，由各县府会同督察处查照成案办理。

第三条 禁吸事宜，由各县督察处遵照本条例之规定负责办理，并会同各县政府共谋进行。

第四条 现在各地因特殊情形，未便遵照刑法一律科处徒刑时，暂科禁吸罚金。就所销土药，每两征洋一角，由本处制发特种印花，如额粘贴烟土之上，并盖销印。限于贴用一次，不得揭下再贴。

第五条 禁吸罚金特种印花，分下列五种：

五分　赭色；

一角　绿色；

二角　红色；

五角　紫色；

一元　蓝色。

第六条 各县所销烟土，应设烟栈或分剪店分区专卖。区内各售店，各吸户、烟垆，均应向该区内烟栈或分剪店购买。违者准由烟栈或分剪店扭交，或报请督察处及当地团保拿送县政府，处以五倍以上、十倍以下之罚款。

第七条 本地产烟或由外输入之烟土，均应售与烟栈。无烟栈之乡镇地方，须售与各分剪店。如不售与烟栈或分剪店，直接卖与吸户、烟垆者，准由烟栈或分剪店扭交，或报督察处或当地团保拿送县政府，处以五倍以上、十倍以下之罚款，并没收其烟土全部。此项没收之烟土，即作半价发与举发之烟栈或分剪店承购出售。各县政府或督察处或团保，不得从中舞弊，违者以受贿论罪。其吸户原存烟土，尚未吸尽者，准自向督察处或烟栈或分剪店请领特种印花如额粘贴，违则即照第十五条之规定处罚。

第八条 烟栈或分剪店向督察处请领特种印花，依照第四条之规定，如额粘贴于烟土上，给与承买人。销后按旬与督察处缴款，准扣手续费百分之五。

第九条 烟栈或分剪店专销区域，由各商自认，报请各督察处斟酌情形核定之。但有烟栈之处，不再设分剪店。并不得一城一场只有一烟栈或一分剪店，用杜垄断。

第十条　烟栈或分剪店具认核准后，领取营业执照，纳缴执照费一元。有报请歇业者，准予缴处注销。

第十一条　各住户或商贩所有烟土，除不能直接卖与售店、吸户、烟垆外，任卖何区烟店或分剪店，或纳足特种印花税运销他处，均不受限制。各烟店、各分剪店收买烟土，应照市作价，不得联合抑勒，或故意短秤。如违，准由卖烟人具报处罚。

第十二条　各烟栈、各分剪店出售烟土价格，应比照买价，以适合当地商息者为准，不得任意高昂。违者准由买烟人具报处罚。其或以伪土相参〔掺〕，或短秤折合，或全为伪土者，准由买烟人具报，处以二十倍以上、四十倍以下之罚款，并得停止其营业。

第十三条　各烟栈或分剪店出售烟土不良，或有不公允情形者，由用户先行报明督察处或当地团保，转由督察查处备案。准向他区烟栈或分剪店承买，一经申请，不得稍涉留难驳斥，并不得援用第六条之规定。

第十四条　各地如无相当商人承营烟栈或分剪店〈业〉者，由督察处会同县政府指派其他团保、其他机关兼办。但于专卖办法，应稍变通，由各督察处斟酌地方情形，专业呈请核定。

第十五条　各烟栈、各分剪店如有不遵贴特种印花，或贴不及额，或揭下再贴者，处五十倍以上、一百倍以下之罚款。各售店、各吸户、各烟垆如持有不贴特种印花或贴未足额之烟土者，处三十五倍以上、五十倍以下之罚款，并没收其烟土全部。

第十六条　有隐漏特种印花情形者，无论何人，均得扭交或具报或密告，拿案处罚，应处罚款除以一成作县政府办公费，以二成作团保津贴，以一成作督察处补助，以二成提解外，其余四成即奖励举发人，月终由〔督察〕处汇报并榜示周知。有举发人未实领得奖金者，准具报总处，严饬照发。其密告者，对于姓名并不宣布。

第十七条　无论扭交、具报、密告，均不准挟嫌诬陷，违者依法论罪。

第十八条　关于各项罚款，县政府、督察处均得提留一成作办公补助费。如系由县政府或督察处查觉者，应将所余罚金提在督察处申解。

第十九条　关于证据确凿，县政府应予处罚而不遵照条例罚办者，对于该县长应依法分别惩处。

第二十条　各售店原有红灯捐及各吸户原有瘾民捐，应从〔重〕新彻底清查。遇有隐漏情事，应饬照数补纳捐款。以后如再有隐匿不报者，拿获或被报发，应处十倍以上、二十倍以下之罚款。吸户当按照国民政府现行刑法办理。

第二十一条　如并非瘾民而置有客灯者，应照售店红灯捐纳费。所销烟土，仍须直接向各烟栈或分剪店购买。持有印花者，免受处罚。

第二十二条　各督察处应附设戒烟所，雇用〔佣〕专门医士，慎选药剂，以期瘾民逐渐减少。其规章另订之。

第二十三条　各县禁烟督察处直隶于督察总处。其考核规章另定〔订〕之。

第二十四条　本条例自呈准公布之日施行。如有未尽事宜，得随时呈请修正之。

第八章　财　政

经费为事业之母，经费不充，事业无由进展。开发边地，自古称其耗财，尤须有巨额款项为建设经营之资，始可推行尽利。而屯区地瘠民贫，外货输入，销场有限，内货输出，生产无多。恃税收为财源，不过蹄涔之水[①]；倚粮税作开支，难敷一县政费。且当屯署成立之初，适值兵燹，之后公私交困，百业萧条。既须剔去苛繁，以纾民力；复应加意抚绥，回复元气。故所有军政、建设各费，强半由二十八军［军］部拨济。嗣后川中内战频仍，屯区夷乱叠起，财用日蹶，二十八军自给犹难，屯区开发事业遂亦无财可举矣。兹记其开源、节流活动，金融之计划暨实施状况于次。

第一节　开　源

（一）征进出口税

二十八军未接防经营以前，五县三屯各自为政，财政状况棼如乱丝，商货自松至灌，征税无虑十次。由杂谷脑运威州亦须三次纳捐，合计税率不下百分之十一。而禁烟罚金，尤无一定标准，当事者以意为增损，商旅苦之。屯署成立，乃裁并税卡，设松潘财务管理局于松城，辖南坪、小河营、汤珠河、镇江关四分卡；设理汶财务管理局于威州，辖杂谷脑、草坪、楠木园、映秀湾四分卡；设懋抚绥崇财务管理局于懋功，辖达维、日隆关二分卡。稽征进出口税，一以调查货

① 蹄涔：牛马蹄印中的积水，形容容量、体积等很小。

物出入种类、数量，一以挹注①殖边经费。并规定出口入口，均只征税一次。照灌县市价估本，值百暂征六点五，以轻苛扰而恤商艰。设财务督察处（后改财务总局），切实钩稽侦查，考核局卡、员司之勤惰污洁，以防弊窦而裕税收。施行以来，民十八年（1929）计收入一十九万余元，民十九年（1930）一十八万余元，民二十年（1931）二十三万余元，二十一年（1932）约二十万元，二十二年（1933）受毗河、岷江战事及地震、水灾影响，仅收入一十一万余元。二十三年（1934）以"剿赤军"兴，商务停滞，仅收入一十三万余元。

（二）举办官硝

茂、理、汶三县土地，富于硝质，惟系军用物品，向禁贸易自由。于是三县熬硝民户每被奸商抑勒垄断，相继停歇。屯署于民十八年（1929）设立官硝局，衡定公平价值，收买民硝，以保护硝户，并对于硝户无利贷款，助其发展。一面由局分设硝厂，收卖硝土，自行煮熬，运省售供军用。约计每年可赢利四千余元。

（三）禁烟罚金

烟毒为害屯区，视腹地尤烈。屯署爰于二十年（1931）设立禁烟督察处，严厉禁种、禁吸、禁运，而寓禁于征，均分别规定罚金（章程录于第七章"民政"末段），年约收入三万余元。

（四）清厘屯粮兵租

逊清平定大小金川后，移民开拓。每划地一段，拓殖后，年认官粮一份，合京斗二斗一升零，名曰屯粮。其戍边士卒，每名拨给公地三十亩，弁目倍之，令其自耕而食，每年仍纳租于政府，名曰兵租。合计懋功、抚边、绥靖、崇化四县屯，实有麦包粮市斗二千五百三十二石又二千二百六十京斛，约合市斗七百五十三石二斗，共成市斗麦包粮三千二百八十五石。年湮代远，屯兵多已名存实亡。屯地粮租，历为土劣把持，侵占贪污，借词拨用，并无颗粒归公。屯署

---

① 挹注：本义是将液体从某处盛出再注入另一个，比喻从有余的地方取些出来以补不足的地方。

于二十年（1931）即议清厘提拨，因黑夷乱后，继以震、水两灾，迄未执行。至
二十三年（1934），始将四县屯蚀于官府之九百三十一京斛、七百四十石市斗分
别提拨。其绥靖、崇化拨充屯团饷糈之麦包粮一千五百八十石市斗，则仍旧贯。
兹记提拨租粮数量表于次。

四川松理懋茂汶屯殖督办署提拨懋、抚、绥、崇屯粮兵租一览表

收入门				支出门		结存	应解数目
县屯别	收入名称	收入种类	年收数量	本署核定开支数		收支品送结存数	以京斗折合市斗数
				支出名称	支出数目		
懋功县县政府	屯粮	麦	349京斛半	司法队	120京斛		
	四色科粮	麦包荞豆	162京斛半	通事	12京斛		
				胜音寺	无		
合计			512京斛		132京斛	380京斛	76市石
抚边屯	屯粮	麦包荞豆	428京斛又2斗6升	立管廒册	36京斛		
	兵租	麦	381京斛	科书	48京斛		
				科队	72京斛		
				催差	144京斛		
				通译	36京斛		
				囚粮	24京斛		
				跟夷	24京斛		
合计			809京斛		400京斛	409京斛	82市石2斗2升
绥靖屯	兵租	麦包两种	595市石9斗1升1合	常练	无		
	科地粮	麦	347京石3斗3升3合	书役	70市石		
				焚献	23市石		
				学费	2市石		
				仓耗	4市石又12京石		
				纸张、笔墨	1市石		
				水井、官渡	14市石		

（续表）

县屯别	收入名称	收入种类	年收数量	支出名称	支出数目	收支品迭结存数	以京斗折合市斗数
				囚粮	20市石		
				开仓用费	12市石又20京石		
				广法寺	100京石		
				西河守备	180京石		
				催丁	8京石4斗		
合计			595市石9斗1升1合。347京石3斗3升3合		142市石320京石零4斗	493市石9斗1升1合，26京石9斗3升1合	464市石6斗8升4合
崇化屯	兵租	麦	412京石6斗9升4合	教育经费	55京石		
	屯粮	麦包荞豆	225京石2斗5升	催丁、仓夫	72京石		
				团费	21京石6斗		
				仵役、通译	61京石2斗		
				孤老、婴孩	26京石		
				修补仓监耗粮	28京石		
合计			637京石9斗4升4合		273京石8斗	364京石1斗4升4合	145市石6斗5升7合
懋抚绥崇总计							市石768石5斗6升1合

附

*查懋、抚、绥、崇之屯粮兵租，旧习多以京斗收支，今为便利折合时价计，概将京斗折成市斗缴解，以归划一。

*查京斗重量，每斗只天秤十一二斤之谱，兹照当地市斗，概以二十五京斗折合一市石。

*本表所列收入数目，悉依照旧案填列，至支出科、书、催丁等项，均有损益，总以实在收支之粮，始准动支，以杜浮滥。

*自经屯署规定后，应解之粮，统缴交懋功管理局汇解。

*收支品迭后，应解之屯粮、兵租两项计七百余市石，以当地时价计算，约可折洋四千余元。

（五）清厘各县丁粮

五县粮额自前清康乾时按斗种科定后，二百年来，增辟之荒地与改土归流地段，并未清丈升科。其科定粮额，多被劣绅猾吏零拨转嫁，成为滥粮，摊归良善负担（例如汶川载粮一百四十余两，滥粮即有二十余两），不均不平，莫斯为甚。屯署拟派员实行清丈踉〔埌〕土寻粮，以昭窍实而裕正供。但因事体重大，尚在绵密审虑之中。

第二节 节 流

二十一年（1932）以来，屯区税收短绌，二十八军亦以饷糈困难，无法拨济，屯署财政困难，达到极点。乃缩减军费，减成折支，政费并自屯署始裁汰各机关员司，力求减少开支。其事业经费虽努力维持现行预算，亦不能如原定计划按年递增。震、水灾后，垦务经费仅月拨数百元。威、茂两农事试验场，竟无款恢复，归于停废。且即此紧缩后之军、政各费，亦难如数拨支，时有蒂欠。

第三节 筹设金融机关

屯区经济枯窘，苦无调剂融通机关，而商贾转汇贷款，亦多不便，恒须搬运现金。屯署拟筹拨基金十万元，于茂县成立银号，于松、懋、灌、杂、成都设置分号，经营屯区汇兑、存款、押放各项，以活泼屯区金融。二十一年（1932）春，虽经筹拨基金二万元，就灌、茂两地先成立泰和银行总分号。嗣因财政拮据，拨之基金无从措拨，已拨者又复挪用，竟无成效。

要之屯区财政，虽经屯署开源节流，仍属入不敷出。二十八军无款接济，开发事业遽告停顿，良堪惋惜。兹录屯署二十三年（1934）度之收支预算于次。

四川松理懋茂汶屯殖督办署民国二十三年全年收入预算书

收入门

科目	每月平均收入数	全年收入数	备考
第一款　各司卡暨屯粮兵租契粮肉杂等税收入	13200 ○○○	167400 ○○○	
第一项　各财务管理局收入	13200 ○○○	158400 ○○○	
第一目　松理财务管理局正杂税收入	9500 ○○○	70800 ○○○	
第二目　理汶财务管理局正杂税收入	5300 ○○○	63600 ○○○	
第三目　懋功财务管理局正杂税收入	900 ○○○	10800 ○○○	
第四目　屯署直属茂县各卡正杂税收入	1100 ○○○	13200 ○○○	屯署直属茂水磨坝、踏水墩[①]两卡,全年收入如上数。
第二项　各财务局契粮肉杂等税收入		5000 ○○○	查边地粮税,以九石一土之山区在前清时规定最少。每以全局之收入,尚不数一局之经费,故将屯区各局长均委县长兼任,以省经费,特此声明。
第一目　松潘财政局收入		500 ○○○	
第二目　理番财政局收入		1800 ○○○	
第三目　茂县财政局收入		2100 ○○○	
第四目　汶川财政局收入		600 ○○○	
第三项　懋抚绥崇屯粮兵租收入		400 ○○○	查懋抚绥崇屯粮兵租两项,概以京斗计算。京斗不过十一二斤之谱,系青稞杂粮等类,若遇天灾尚难收足。此项租粮除各县屯略提补助费,即不另支财局经费外,约计全年收足如上数。
第一目　懋功县政府屯粮折价收入		300 ○○○	
第二目　抚边屯屯粮兵租折价收入		800 ○○○	
第三目　绥靖屯屯粮兵租折价收入		2200 ○○○	
第四目　崇化屯屯粮兵租折价收入		700 ○○○	

合计:全年财务管理局暨税卡收入洋十五万八千四百元。

综计:全年各局、卡暨屯粮、兵租、契粮、肉杂等税,总共收洋一十六万七千四百元。

说明:

一、本书以元为单位,全年可收洋一十六万七千四百元。

二、本书收入数目,依历年收入淡、旺平均数目编造。若遇天灾人祸,则收入犹难符合。

四川松理懋茂汶屯殖督办署民国二十四年全年支付预算书

支出经常门

科目	每月支付预算数		全年支付预算数		备考
第一款　屯区军政事业各费	30208	○○○	371500	○○○	
第一项　屯殖督办署经费	4532	○○○	54384	○○○	
第一目　官佐薪饷	3542	○○○	42504	○○○	
第二目　兵夫饷资	400	○○○	4800	○○○	
第三目　屯署办公费	200	○○○	2400	○○○	开支署内纸张笔墨、印红簿据等项，全年如上数。
第四目　马乾	90	○○○	1080	○○○	
第五目　杂支	300		3600	○○○	开支邮票、薪炭、油亮以及其他杂费，全年如上数。
第二项　各县局屯及公安管理财务监察经费	8727	200	104726	400	
第一目　各县政府经费	4350	○○○	5200	○○○	
第一节　松潘县政府经费	950	○○○	11400	○○○	照一等开支，如上数，以下同。
第二节　理番县政府经费	950	○○○	11400	○○○	
第三节　懋功县政府经费	950	○○○	11400	○○○	
第四节　茂县县政府经费	950	○○○	11400	○○○	
第五节　汶川县县政府经费	550	○○○	6600	○○○	照三等缺，开支如上数。
第二目　各屯员暨县佐经费	920	○○○	11040	○○○	
第一节　抚边屯	230	○○○	2760	○○○	
第二节　绥靖屯	230	○○○	2760	○○○	
第三节　崇化屯	230	○○○	2760	○○○	
第四节　松潘南坪县佐	230	○○○	2760	○○○	
第三目　各公安局经费	450	○○○	5400	○○○	
第一节　汶川龙溪公安局	150	○○○	1800	○○○	

（续表）

科目	每月支付预算数		全年支付预算数		备考
第二节　茂县叠溪公安局	150	○○○	1800	○○○	
第三节　理番来苏沟公安局	150	○○○	1800	○○○	
第四目　松理懋茂汶四县管狱员经费	270	○○○	3240	○○○	管狱员每县每月54元，全年每县648元。合计如上数。
第五目　松理懋茂四县财政局经费	126	700	1520	400	各县开支不等，合计全年如上数。
第六目　松潘懋功理番各管理局暨茂县税卡经费	2610	500	31326	○○○	各管理局、卡开支不等，合计全年如上数。
第三项　屯殖军军饷暨被服搬运费	13839	200	175070	400	
第一目　第一营军饷	3459	800	41517	600	
第二目　第二营军饷	3459	800	41517	600	
第三目　第三营军饷	3459	800	41517	600	
第四目　第四营军饷	3459	800	41517	600	
第五目　屯殖军被服费			7000	○○○	
第六目　驻军移防搬运费			2000	○○○	
第四项　电务经费	1170	○○○	14040	○○○	
第一目　有线电经费	300	○○○	3600	○○○	
第二目　茂县无线电台经费	290	○○○	3480	○○○	
第三目　松潘无线电台经费	270	○○○	3240	○○○	
第四目　懋功无线电经费	270	○○○	3240	○○○	
第五目　修线费及有线电电料费	40	○○○	480	○○○	
第五项　事业费	1940	○○○	23280	○○○	
第一目　农垦事业经费	1000	○○○	12000	○○○	
第二目　夷务经费	170	○○○	2040	○○○	
第三目　夷民教育经费	770	○○○	9240	○○○	

合计：全年支出经常费三十七万一千五百元零八角。

四川松理懋茂汶屯殖督办署民国二十三年全年临时支付预算书

支出临时门

科目	每月支付预算数		全年支付预算数		备考
第一款 各种临时费	1005	〇〇〇	12060	〇〇〇	
第一项　驻军津贴	590	〇〇〇	7080	〇〇〇	因马塘、松潘粮食价昂，以士兵一月之饷薪，尚不敷伙食之费用。若不酌予津贴，势难维系，年约需洋如上数。
第一目　马塘驻军津贴	330	〇〇〇	3960	〇〇〇	
第二目　松潘驻军津贴	260	〇〇〇	3120	〇〇〇	
第二项　茂县市民医院经费	155	〇〇〇	1860	〇〇〇	
第三项　各种票据工本费	100	〇〇〇	1200	〇〇〇	屯署各局、卡需用票据，均在省方印刷，全年支用此项工本费如上数。
第四项　特别费	160	〇〇〇	1920	〇〇〇	
第一目　抚恤奖励	100	〇〇〇	1200	〇〇〇	
第二目　修缮购置	60	〇〇〇	720	〇〇〇	

合计：全年支出临时费一万二千零六十元。

综计：全年支出经常及临时费：洋三十八万三千五百六十元零八角。

说明：

一、本书以元为单位。

二、本书支出经常门第五项第一目所列农垦事业，系茂汶垦务处开支。查此处于民国二十一年开始设置，曾于汶川县属之龙溪沟内建第一农场，一碗水建第二农场，威州建第三农场，茂县都司卫署旧有地址建第四农场。合计垦务处暨第一、第二、第三、第四各农场，每月约用一千元。

三、本书支出经常门第五项第二目所列夷务经费，系黑水战役绅斯嘎〔甲〕头人率所属助官军作战，事后无家可归者，由屯署斟酌情形，月给口食费以事〔示〕体恤，每月约用一百七十元。

四、本书支出经常门第五项第三目所列夷民教育乃文化之基础，在边地尤关紧要。自屯署成立后，在茂县共设立中〔学〕校一所，经费虽由松理茂汶各县摊解，其不敷之数，仍由屯署补助。又边区汉夷杂处，因启发夷人智慧，调和汉夷感情，在松潘设立第一边民学校，理番杂谷脑设立第二边民学校，茂县沙坝设立第三边民学校，教化汉夷学子，经费全由屯署支给。合计各校每月约用七百七十元。

五、本书各项开支情形，曾在备考内申叙者，兹不赘述。

第九章　教　育

屯区民俗犷悍，民智锢蔽，游惰荒嬉，生计困穷。教以认识现代潮流，明了国际情势，起而图存救亡，凿枘不入。教以法律文学，启迪智慧，易其顽梗心理，非所急需。故屯署教育方针以实用教育为主，宗教教育为辅，注重道德纪律之修养，生产技术之研习，以期默化戾气，培育生机，举其规画及实施概况于次。

第一节　学校教育

屯区教育极不发达。屯署成立之初，各县、屯虽有初级小学校若干所，殊无完备健全者。若高级小学校或竟阙如，或存其名而已。致此之故，属于政治方面者：一、官吏漠视。或轻边氓愚陋而忽略，或畏办理困难而敷衍，高级官厅亦以僻在边陬，未加督责。二、师资缺乏。读书识字者无多，受学校教育者尤寡（汶川较近腹地，据民十九年调查，只有受专门教育一人，中等教育者三人，他可知矣）。求能粗通文义、了解社会自然之小学校教师，每县、屯不过数人耳。三、经费困难。边区地瘠民贫，学款奇绌（以汶川论，学田、山租年仅入千数百元。其他各县，不难类推），教员薪修〔俸〕极属微薄（高小教员，年薪千二百钏，初级教员则八百钏或六百钏耳）。属于社会方面者：一、人民不解教育功用。以为学校教育，不过教人识字，而彼等日常生活无识字之必要，则与其送子弟入学校，宁令放牛拾柴（屯区人民多认督遣子弟就学为苛政之一）。二、人民误解教育意义。以为受教育是升官发财之阶梯，彼等较知识分子地位遥低，子弟纵经学校毕业，仍难脱离隶属阶级，则遣子弟受不合实际需要之教育，等于浪费。三、人民生活困难，无力培育子弟。学校纵全免学费，而书籍笔墨所需亦不能负担。屯署廉悉各情，乃申诫各县、屯官吏，积极提倡整理，以教育进度为考绩之殿最。一面指示办法，派员赴各县、屯督同实行。

（一）调查与劝导

实地调查各城市村寨学龄儿童、神社基金、公地租典，恳切讲演教育之意义及功能，促人民遣子弟就学，移闲款办学。

（二）清厘整理旧有学款

按照教厅颁布之《教经清理委员会规程》《学产竞佃规程》，组织清理委员会，彻底剔除积弊及侵蚀，并将所有学田、学山、斗称各捐，一律标佃，以杜把持而裕收入。

（三）改造旧有各级学校，并筹备添设

其规定标准：甲、初级小学教员，年薪增为六十元至八十元。高级小学教员，年薪增为一百元至一百二十元。严行甄别，分别调换。本地无适当人才，则借才异地。乙、学生用书由屯署审定，学校购发，不征书值（高小学生伙食亦由学校供给）。一体举行考试，从新编级。丙、教材须针对当地风土习俗、重要生产事业，训练指导儿童。高级小学校并需酌量加授珠算，农牧常识，木篾、编织等手工，求教育与实际生活发生关系。丁、适应屯区节候，延长春假，缩短寒暑假。俾学童得补助家族，体验劳作。戊、凡无碍于道德、卫生，三里内有学龄儿童二十名以上，又能筹足额定经费之地方，均须添设初级小学校。

（四）培育师资

各县、屯就城高小内附设师范讲习班，于暑假或寒假传习全体小学教师，教以注意儿童个性、社会环境、改进教授方法暨小学教师应具之常识。

（五）举办官〔观〕摩会及会考

规定每间一年，各县、屯调集全体初级小学教师、学生，屯署调集各县、屯高小教师、学生，分别考试，检验成绩，并举行运动游艺会，俾资观感。民二十年（1931）夏季，借屯区风物展览会会期，就茂县举行一次，成效尚著。嗣十九年（1930）秋，屯署为造就小学教师，于茂县开办一年制师范，由各县、屯考送高小毕业生及有同等学力者，计四十名入校肄业，于二十年（1931）秋毕业，回籍服务。二十年（1931）秋，屯署为谋各县、屯高小毕业生升学便利，拟定划定松、理、懋〔茂〕、汶与懋、抚、绥、崇为二区，每区创设初级中学校一所，每校经常费额定一万元。屯署拨助三千元，余由各县、屯筹解。班次分普通、农牧两类。普通班完全遵照部章办理，俾便升学深造。农牧班按职业学校规程办理，加授西番语文及喇嘛教义，养成开发边地实用人才。其松理茂汶初中于民二十年（1931）秋，招收普通班五十余名，已于二十三年（1934）毕业，参加会考。若懋抚绥崇初中，则学生、经费两均缺乏。松理茂汶初中之农牧班，则设备未周，招生尚有待也。此外，屯署以夷民保有特殊言语、习俗、制度，汉夷畛域未泯，而夷民犷悍蒙昧〔昧〕，文化至低，拟定就汉夷分野地方设立边民学校，导之进化，期以融和，次第推设于各夷酋官寨。已于十九年（1930）设第一边民学校于松潘，二十一年（1932）设第二边民学校于理番之杂谷脑，二十二年（1933）设第三边民学校于茂县之沙坝。其预算及办理方针，详载"夷务"章内。

第二节 社会教育

学校教育，效力仅及于在学学生，而社会环境之熏染，可以改变人类之意识。倘只注意学校教育，忽视社会教育，则一傅众咻，必归失败。屯区民众富者饱食终日，优游岁月，贫者芨芨〔汲汲〕生计，以竟残年。大都失学，亟待救济。屯署乃于民十八年（1923）饬各县、屯成立民众阅报室，购置日报、杂志，以开风气。设通俗讲演所，由地方官吏及机关、法团首领轮流讲演，就风俗习惯、生产技术作恳切通俗之纠正指导。民十九年（1930）于屯署设置平民教育主任，将屯区平民教育统筹规画，亲赴各县、屯督同县教育行政机关筹拨款项开办平民师范讲习班，附设平民夜课学校，召集年长失学暨无暇就学之儿童，授以"平民千字课""农民千字课"及"珠算""计账"等技能。设立公共体育场，提倡业余运动，以除民众暮气，养成和〔合〕群守礼习惯。行之数年，成效颇著。他若图书馆、通俗教育馆，则以经费难集，仅茂县成立图书馆一所而已。

屯区教育，经屯署数年间继续提倡督饬，数量、质量均有进展。兹将屯区教育进行状况比较列表于左。

项目 学校别	数量			学生数			经费		
	原有	现有	新增	原有	现有	新增	原有	现有	新增
两级小学校	9	12	3	215	352	137	3000	4911	1911
初级小学校	68	91	23	2334	3468	1134	3561	6010	2429
初级中学校	无	1	1	无	56	56	无	10000	10000
年期师范学校	无	1	1	无	85	85	无	4500	4500
师范讲习班	无	5	5	无	103	103	无	520	520
边民学校	无	3	3	无	159	159	无	5400	5400
平民识字处	无	32	32	无	1093	1093	无	2680	2680
图书馆	无	1	1	无			无	2400	2400
阅报室	无	10	10	无			无	1500	1500
通俗讲演所	无	2	2	无			无	120	120
共计	77	159	82	2549	5361	2767	6561	31460	24899

说明：

一、本表原有各项，系据民十七未设屯署以前之调查，现有各项系截至民二十三年止。

二、年期师范即附设初级中学内，师范讲习班则附设各县城两级小学校内。

第十章　农林牧畜

惟农林固着人民于土地，惟牧畜适宜高寒之荒原。屯区纵横千里，山脉绵亘，原隰相间，而耕地未及什一，人口不过三十万。山朽合抱之木，城乏日需之材。水草丰腴，牲畜不繁。毛革充斥，衣履难周。虽云受制于自然，实亦人力之未尽。试验树艺，改进种植，提倡伐木，督促造林，取缔种畜，指导剪制毛革，斯屯署之责也。

第一节　农　业

屯区农业，在地积易扩张、劳资感缺乏之状态。其经营方法，大都粗放（俗所谓懒庄稼）。知开垦之利，而不知保护耕地，陷于滥垦，行无肥连作，以耗竭地方〔力〕，乏爱土之心。且对产品不选择调制，得价恒低，常以物易物，无形蒙损。故其选种、肥培、整地、中耕诸端及贩卖、购买、贮藏、加工各项，均待改良。屯署成立之初，爰饬各县、屯建设科，深入农村，逐项指导，并规办农场，昭示矩范。又于十八年（1929）春，就威州设第一农事试验场。二十一年（1932）春，就茂县设立第二农事试验场，负改进旧行农法，介绍优良新种，培育苗木，配发民间之责。数年来，第一农事试验场培成配发之花椒、甜杏、银杏、胡桃、梨、枣、洋槐等苗达七八万株。经确定可推广种植之作物，有膏〔高〕粱、棉花、美种小麦及玉蜀黍、结球白菜，各种萝卜、菠菜、青菜、葱、蒜等，亦采种散发。若水稻、旱稻则经试验，非有防止风害、增高灌溉水温之措置，难期丰稔。至第二农事试验场，以设置不久，成绩犹未大著。

复次，屯区普通借贷，利率常逾三分。而农民经济困难，被迫预卖新谷，忍负高利者，且至五分、六分。因受重利剥削，农村愈益凋敝。屯署乃于民十八年（1929），饬各县筹设无息借贷局，基金就地清厘庙会款产，酌量提充，或于因案罚金内指拨。贷借方法规定，惟贫农因事业要需，得觅保无息借贷。每户贷额至低五元，至高不过二十元。贷后分期摊还，或定期一次楚偿。计先后成立者十所，于救济贫农颇着成效。

第二节　林　业

屯区理、茂、汶迤西，懋、抚、绥、崇迤东各地，颇多原始森林，而沿江近路之区，已无成材。市镇人稠地段，竟童山濯濯，薪材亦感缺乏，是缘政府对于代〔伐〕运林本〔木〕，任听人民自由，未编定保安林，禁止采伐。复忘十年树木，督令培植，致人民惟求伐木便利，不知造林艰难之所致也。屯署对于屯区林业，爰分伐本〔木〕、造林两端为次之处置。

（一）伐木

屯区之天然林，在交通较便者，大都砍伐殆尽。现存者率以道路险远，伐运艰难，需资额巨，无人经营。屯署乃于十九年（1930）公布森林发放规则，一面延灌人姚宝珊擘画〔姚氏曾于民四年（1915）组织森茂公司，在杂谷屯属梭罗沟伐木，颇著成效，经验甚宏〕，集资组松茂荣、利森两木厂。松茂荣就大沟[①]、新桥沟[②]一带，利森就来苏沟、二道坪一带，遵章承领森林，从事伐运，为之倡导，而规定伐木须距地尺许留台木，俾再萌发。并饬令各县、屯严禁樵薪径伐主干，无故纵火焚林。请托专家设计木材干馏、木材造纸，为利用不能搬运林木之准备。其森林发放规则如左。

_____

① 大沟：在今理县古尔沟镇大沟村。
② 新桥沟：在今理县古尔沟镇新桥村。

四川松理懋茂汶屯区国有森林发放规则

第一条　本署为开发天然林利源起见，依据本署组织大纲第七条，特定国有森林发放规则，以利推行。

第二条　屯区各县国有森林，除本署直接经营外，得发放之，但以林木为限。

第三条　承领森林，以中华民国人民或依法律成立之法人为限。

第四条　承领者须具承领书，呈请该管县知事、公署实业局〔卡〕勘测，呈由本署核准。

第五条　承领书须载左列各事项：

一、承领者之姓名、年龄、籍贯、住址、职业。若系法人，其法人之名称、地点及其经理人或代表人之姓名、年龄、籍贯、住址、职业；

二、经营资本金额；

三、承领年限；

四、承领地址、面积，并附图说；

五、承领区内林木之数量、种类、大小、长短；

六、采伐及鐴木之计划；

七、运输之设备；

八、劳工雇佣之方法。

第六条　承领人提出承领书时，应缴纳勘测费。勘测费，承领十方里者，纳银五十元。每增一方里，增加一元。其不满十方里者，以十方〔里〕者计算。县知事或实业局勘测呈报。本署认为不能发放时，其已缴之勘测费发还二分之一。

第七条　承倾〔领〕森林经本署核准时，应即发给伐木执照为据。承领人领取执照时，应缴纳照费五十元。伐木执照之有效期以二十年为限，但每年须经本署验照一次，纳验照费十元。以每年一月为验照之期。

第八条　承领人领取执照时，须按承领林区每十方里缴纳保证金一百元。前项保证金，于承领期限届满时发还之。

第九条　承领人于林木伐采后开办运输时，应将所伐林木之种类、数量，开单呈报该管县知事、实业局长查验。

第十条　承领人于林木出售时，除遵照旧章缴纳木税及捐款外，应各按林木市价百分之二分别缴纳植林费。前项植林费由该管县知事经收，汇解本署，储作造林之用。

第十一条 承领森林，每次不得过百方里。

第十二条 承领人如将承领森林转让他人时，须呈该管县知事、实业局〔长〕转呈本署核准，并缴纳转让照费五十元。前项之转让，其保证金亦同时转移。又，转让后之年限以继续原承领之年限为限。

第十三条 凡伐采后之林地，除该管官厅认为不能开垦者外，如愿领垦者，得照垦荒章〔程〕呈请核准，并有优先承领之权。

第十四条 承领人于承垦区内之界标、古迹等项，负保护之责。

第十五条 从前于屯区五县经营伐木事业者，查其森林，如确系国有，仍应补请核准，并遵照本规则各条办理。

第十六条 本规则自公布时施行，并咨国民革命军第二十八军军司令部备案。有修改时亦如之。

（二）造林

屯区人烟稠密，交通较便之地（理番、茂县、松潘、汶川县城附近），以徒伐不植之故，恒数十里不见森林。驯至地不驻土，砂泥常被冲涮，旱潦失序，农作辄遭凶歉。屯署乃于民十八年，令各县、屯督饬建设科，就农场内划地育苗，无偿配发民众，并公布造林条例，提倡荒地造林。民二十年，更饬茂汶垦务处育苗十万株，第一农事试验场育苗六万株，第二农场育苗三万株，松、理、懋、茂、汶各县建设科各育苗五万株，抚、绥、崇三屯各育苗三万株，配发民众栽植。惜以人民贱视林木，自动造林者少，土地质瘠势峻，保护幼苗为难，未能餍预定之希望。兹录其造林规划于次。

四川松理懋茂汶屯殖督办署厘定屯区造林规则

第一条 本署为促进屯区造林事业起见，依据本署组织大纲第七条，特定规则以利施行。

第二条 本条例系依据现行《森林法》暨《施行细则》及《四川省长公署厘定各县实业所办理林务规则》，并酌察屯区各县情形定之。

第三条 屯区各县荒山幅员辽阔，应由屯区内县知事督同实业局长，将管辖区内国有、公有、私有各荒山面积、地名调查明确，具报本署。其调查期间，以本规则颁布六个月为限，调查表式另定之。

第四条 国有荒山一经查明后，除与公安有关系者（应由政府植林），或政府认为有特别使用之目的者外，均准法人或人民承领造林。

第五条 承领国有荒山造林者，除依左列各项开具承领书外，并须附具造林计划书及承领山地图说，呈请该管县知事暨实业局长，转呈本署核准。

一、承领人之姓名、年龄、籍贯、住址、职业。若系法人，其法人之名称、地点及其经理人或代表人之姓名、年龄、籍贯、住址、职业。

二、承领山地之地点及面积。

三、四至界址，若特定一部分，并记其方隅。

四、造林经费数目。

第六条 承领国有荒山造林，每十方里应缴纳二十元之保证金，其不满十方里者，以十方里计算。

第七条 前项保证金自承领之日起，满五年后，乃由该管县知事暨实业局长察其造林进行，确有成绩者，发还之，并核给息金，但年息照百分之三计算。

第八条 承领之国有荒山，自承领之日起，得免二十年之租税。

第九条 承领者经过一年尚未着手育苗或栽植者，应撤销其承领造林权，并没收其保证金。但因天灾、地变或其他不可抗之事由，呈请该管县知事或实业局长，转呈本署核准展期者，不在此限。

第十条 承领之荒山，除造林外，不得供其他用途。但遇有特殊情形时，须呈明该管县知事或实业局长，转呈本署核准。

第十一条 公有或私有荒山，应由该管县知事及实业局长酌定限期，令其所有者造林，但须将所定限期呈报本署备案。如逾期不办，得另招承领造林［者］，至收获时期，酌以收入十分之二交付所有者，以作荒山之赁金。

第十二条 凡江河发源地及其流域两岸或土砂崩坏地，应造保安林，以维公安。如系国有地，应由［县］知事、［实业］局长查勘后，拟具造林计划书，并附图说，呈本署核定办理。如其地为公有或私有者，得由［县］知事、实业局长责成各区团甲代为执行。

第十三条 关于保安林之编入，应由［县］知事、实业局长按照现行《森林法》第二章之规定及《森林法施行细则》第十二条至第十五条之规定认真办理，但须呈报本署备案。

第十四条 屯区内各县知事、实业局长于条例施行日起六个月内，应设苗圃一区。其范围大小，应就各该县实业经费情形斟酌定之，但须将预算及计划书呈报本署核定。

第十五条 屯区内各县之苗圃，应选择各该地适宜树种，养成苗木，除本局造林留用外，余悉无价给与各乡村栽植。前项无价给与各乡村之苗木，每年各局由实业局长预算数目，商承县知事妥为分配，通知各乡村届期具领栽植，并列表分报本署备案，不得临时分配，致误栽植时期。

第十六条 总理逝世纪念植树节（三月十二日），除由县知事、实业局长躬率县属各法团、学校及人民实行植树外，各乡村团甲、绅董亦应率由各该乡村人民，就附近荒山一律植树，以崇典礼而资提倡，并须将植树地点及株数呈由［县］知事、实业局长转报本署备查。

第十七条 前项纪念植树应由［县］知事、实业局长先期召集各区团总，按照人口多寡、荒山大小，妥定每期、每年应植株数，并通令各村届期遵植及表报本署备案。所需苗木，除由实业局苗圃分配外，不足者由各乡村自备。

第十八条 各乡于本年举行植树纪念后，应由［县］知事或实业局长亲临踏勘。如栽植不足额者，应令克日如数补植。届期不植者，勒令次年加倍补植。倘第二年仍不补植，得代为办理，并征收其费用，仍须表报本署备查。

第十九条 屯区各县官道两侧，如适于栽植树木者，应由县知事、实业局长会同路政局长，督同道路所过乡村团甲，广植树木，仍须将所植树木种类、株数表报本署备查。

第二十条 各县附郭官山（系指埋葬之公地）、城垣、斜坡及城壕地方，如适于造林者，应由［县］知事督同实业局长，拣选适植树种，规画造林。其计画书及图说，仍由局分别拟具，呈请本署核定。

第二十一条 屯区各县知事、实业局长，对于辖境内之森林事务，均有提倡、指导、保护之责。

第二十二条 各乡村团甲，对于其区内之森林，均有提倡、保护之责。

第二十三条　屯区内县佐、屯员、警察分所长及实业局劝业员，均有襄助 [县] 知事、实业局长办理林政之责。

第二十四条　屯区各县实业局长及劝业员，应随时巡回各乡村，讲演森林利益及其栽植保护之方法，或拟具浅说，广为散布，以资劝导。

第二十五条　屯区县知事、实业局长接受森林所有者请求保护森林时，应即拟定布告发林主张贴，并随时督饬保甲认真保护。

第二十六条　国有、公有、私有森林，遇有侵害情事，一经告发或察觉时，[县] 知事及实业局长务按照现行《森林法》第五章各条，从严惩罚，不得玩忽延迟。

第二十七条　公有或私有森林，县知事暨实业局长为公共利益起见，得禁止其开垦或限制之。

第二十八条　凡公、私有森林之所有者，如有滥伐或荒废之行为时，县知事及实业局长得令其停止伐采，或于伐采迹地继续造林。

第二十九条　各县知事、实业局长办理林务之成绩，应由本署派遣视察员巡回察考，据实汇报本署，以凭分别奖惩。其视察员规则另定之。

第三十条　县知事、实业局长办理林政成绩卓著者，由本署酌量情形，给与奖章或予记功。

第三十一条　县知事、实业局长办理林政因循敷衍，毫无成绩者，由本署酌量情节之轻重，分别撤任或予记过。

第三十二条　屯区内县佐、屯员、警察分所长及实业局劝业员等助理林政及其惩戒，适用本规则第二十五条及第二十六条之规定。

第三十三条　各县乡村团甲、绅董，实力提倡保护森林，确有成效及造林确有成绩者，得由县知事、实业局长胪列事实，呈请本署核给奖章或匾额，以资劝励。

第三十四条　本条例自公布日施行，并咨国民革命军第二十八军军司令部备案。有修改时亦如之。

第三节　牧　畜

　　屯区关内各地农垦日进，草地逐减，呈半农半牧状态。饲养牲畜，大都在居屋附近之山坡、平原、耕作隙地，间有特别之马厂、牛厂，为数无多。关外各地，则全属游牧生活，帐棚为室，畜屎作薪，迁徙鸟举，骛逐水草，而牧养之方，均为放牧。冬季积雪期间，亦鲜舍饲。老幼任意交尾，未加选别。故冬期草枯，冻馁倒毙者所在皆有。繁殖无方，体相劣变者，触目皆是。他若剪毛不别精粗，剥皮故附肉骨，或且挽杂牛毛，涂以泥沙，尤属屯区牧畜业之大弊。屯署于十九年列举改良方法，饬各县、屯督促实施，并令第一农事试验场选育种畜，备牧畜家繁殖之用。其方法如次：

（一）整理牧场

　　屯区草原夙无界限，厂〔敞〕放牲畜由来已久。但关内各地，因随意滥牧，良草几绝。应厘定牧地权界，分别限制放牧头数与时期，或教以循环放牧，恢复草势。

（二）植储冬季饲料

　　屯区二荒（垦后复弃置者）颇多，宜劝导饲畜之家，选择优良草种播制埋刍或干草，储作冬季舍饲牲畜之用。

（三）禁止劣种繁殖

　　输入新种虽为改良捷径，然新种对饲料、风土之适应力，远逊在来种①。宜就旧有家畜，选体格壮硕、富繁殖力者，供种用。余概阉去，止其流衍，并规定凡饲供种用之畜，咸须经各县、屯建设科审查认可。

---

① 在来种：传自日本的外来语，即本地品种。

（四）奖励清洁毛革

毛革有泥沙、牛毛、羊屎搀杂其间，既损品质，亦耗运费。须剀切譬谕，使取毛革者注意清洁，并定奖惩方法，严厉执行。

右列方法，关内各县、屯虽未能彻底执行，然改善颇多。惟关外各部落，声教阻隔，毫无绩效。二十三年（1934）始议于松潘设置种畜牧场，并组洗毛、制革、炼乳、罐头工场，借商工之力，促其改进。顾牵于时局，未获实现，殊可惜也。

二十三年，茂、汶、理一带牛瘟大作。农矿部上海兽疫血清制造所特派技士彭忠信君，携带血清，亲往施治。屯署曾拟筹拨经费数千元，浼〔挽〕其留山，从事预防研究。因集款需时，而彭君又以事须返沪一行，旋即阻于军事，迄未办理。疫菌潜伏，得时则发，此边区人民之隐忧，亦吾人所深以为念者也。

第十一章 矿 药

　　屯区矿产，蕴藏极富，尤以产金著名。药材种类繁多，茸、麝、贝母最贵。凤任人民采取自由，禁放随心，与《矿产国有条例》大相违背，而货弃于地，亦殊可惜。且因政府未加管理，开矿采药，多不得法，弊害丛生，致天赋资源暴殄毁坏。屯署职司经边，于调查、勘测未开采之矿区、药山规画开发、整理、保护、已开采之矿区、药山防止废弃以及禁猎牝鹿、牝獐，试种贝母诸端，责无旁贷。记其措施概略于左。

第一节 矿 业

　　屯署成立以来，先后聘矿业专门人员，详细查勘，计得矿区七十有二，就中认为确有开采价值者：

　　金矿五：一为漳腊，在松潘之北稍偏东北，距县城仅四十里。沿河一带，均产沙金。民元（1912），土人偶于其对面之对河寺发现金粒，群起采掘。中因争碉夺矿，经松潘县府封禁。民六（1917）复由屯军司令张达三招工开办。沿小沟而上，至三岔河一带，其西北坡际，延长约七八里，南北宽约里许，纯用土法，随便挖淘，坑碉俨如蜂巢。采选均极粗疏，迄于现在，每日出金犹达白〔百〕余两，可谓旺矣。二为赤密，在漳腊上游约十里地方，系祈命土官辖地，为岷江河流由东北折而西南之处。自河流状况推察，必先由东北而西南，至赤密之北转而南，河谷忽然开阔，河水自上游挟来之金粒，遇此曲缓水流，自当下沉堆积。故赤密地方，富有金矿。经中央地质调查员谭锡畴、李春昱二君勘测，认为矿脉较漳腊尤旺。三为色耳古，理番县属之黑夷辖境，距茂县较近，在其河西二百里处，位于黑河下游，其地沿河两岸长约五十里，宽约一里，均产沙金。矿区面积约七八百亩，地表亦常露出细微金沙。四为俄热，在二凯河之下流，自八家寨至医生山间，产金区长约五十里，宽约一里或二里不等，矿脉极旺。五为蚂蝗沟，位于班烂山松林口斜对面，距懋功县城一百二十里，属于鄂克什土司。矿地面积约一百余亩，产崖金甚丰。清同治年间，曾有县民张子扬私采，获利颇厚。后因金夫众多，滋行不法，为官军驱逐封禁。

铜矿一。为塔藏，位于松潘北一百六十里弓杠岭山麓，小地名塔骂，矿脉宏大。清末松潘镇总兵夏毓秀拟开未果。

铁矿一。为郗坡，在理番龙溪沟，地权属于夕格真。民十四年（1925）曾有人试采，据称每矿百斤可冶铁五六十斤。嗣因两村争山，铁价低落中止。

锑矿一。为班烂山，位于距懋功县治二百一十里地方。矿区面积约一百余亩。民六年（1917）双流刘习之在农商部立案领照，以时局不靖迄未着手。

炭矿二。一为大坝，位于茂县之东二百四十里，矿区面积约千余亩，尤以梅子沟、茜沟量丰质美。现有矿洞百余，矿工二千余人。二为珠瑙坝，位于汶川龙溪之东，距灌县二十里，面积约计百余亩，现由土人小本经营，运往灌、郫销售。

此屯署勘测矿山之结果也。

民十九年（1930），屯署总务处长谢培筠巡视大小两金，便筹开采金矿，初以二凯金矿民三、民五之间绰凯、裕华两公司开采，获利颇厚，拟继续办理，殊一经着手，则废洞甚多，无开采价值。而其未开采之地，矿脉又不若二凯之丰，乃改谋开采俄热。派员探验，矿藏颇富。不意行将开工，夷乱忽作，遂暂中止。此屯署筹画开矿之经过也。

至于保护既开矿山，则以漳腊矿权向在驻军手中，征课管理，纯采抽头方式，于矿工待遇、采矿方法，毫未计划改良。且商民矿槽，如现红滩（金厂中呼金旺为红滩）辄有豪霸镶锤（强于红滩金槽加工，或分沙之谓）、截挖（相邻金槽向红滩金槽挖去，截取矿沙），滋生纠葛〔葛〕。屯署乃特设稽查处，督革恶冒。一面劝导金夫、槽户组织消费合作社，以杜奸商垄断，减轻剥削。筹办救济院，广储西药，以救矿工疾苦。设置义冢，施舍棺木，以妥幽魂。购备吸水机，贷供槽户应用，以御浸水。惜战乱频仍，吸水机迄未购运到漳。若夫设备新式采炼机械，改用科学方法采冶，则因经费困难，固尚未能筹及也。

第二节　药　业

屯区药材种类繁多，产量丰富，惟产药地段，强半番族所居。番民须向夷酋缴纳山价，汉人须向夷酋缴纳租押，始得采取。夷酋只知取利，汉官听其自然，于其取惟求尽，不留根荄，压榨药夫，鱼肉善良，概不闻问。屯署成立后，乃派员分赴各县、屯，详密调查，所有药产之分布状况暨历来采取情形，兹撮记其概梗而殿以改良措施。

（一）药品之种类及其分布

据调查所得，产量多，价较高者，有二十二种（量少价微，于药业无大关系者，从略）。植物之属，以贝母、羌活、秦艽〔芁〕、甘松、大黄为大宗，五加皮、赤芍、当归、木香、泡参各药次之。动物之属，以麝香、鹿茸、虫草为大宗，而熊胆、豹骨、野牛脚、山羊血等次之。动物性诸药，产于各县、屯深山大泽。植物性各药，则虫草、贝母率多生于雪山草坪，羌活、大黄产生之地较低，甘松、秦艽〔芁〕、五加皮则又较低，余则浅山深林间多有之。产药动物极难驯饲，但植物性药类除虫草系菌类寄生虫体，难以人工培育外，殆无不可以栽培。不过现在通行人工栽培者，只当归、大黄、厚朴已耳。

屯区药材产地产量表（产量之表式），最多■，次多●，少○，无□。

药品别		鹿茸	麝香	虫草	贝母	羌活	甘松	秦艽	大黄	木香	五加皮	当归	厚朴	半夏	茯苓	柴胡	前胡	甘草	泡参	五倍子	赤芍	木通	猪苓	金纹石斛
松潘县	镇江关		○				○	■		○	○								○	○	○			
	黄胜关			●	○		○												○					
	虹桥关										■								○					

（续表）

药品别		鹿茸	麝香	虫草	贝母	羌活	甘松	秦艽	大黄	木香	五加皮	当归	厚朴	半夏	茯苓	柴胡	前胡	甘草	泡参	五倍子	赤芍	木通	猪苓	金纹石斛
	热雾沟	○				●		○	●										○					
	包座	○				○	■	○	●															
	毛尔盖	○				○	●												○					
	阿坝	■	■		○	●	●	○																
	俄落	■	■	○	○	●	●	○																
	南坪	○						○	●		●	■			○			■	●	○	○			
	东拜			○	●	●		○			○								○					
理番县	孟董沟			■	■	■		○		■	■				○	○	○		○	○			●	
	维关			■											○	○	○		○	○			●	●
	梭罗沟	○		○	○	○		○		○					○	○	○		○	○			●	
	瓦不梁子	○		●	■	■		○		○					○	○			○					
	九架棚			○	■	■				○					○	○			○					
	黄土梁			○	■	■				○									○					
	猛古	○													○	○			○					
	虹桥	○	○	■	○					○									○					
	大沟		●	■	○		○			○														
	渺罗	○	○	■	○					○														
	十八卦			○	■	■				●	●													
	横梁子				■	■																		
	大牛厂			●	■	■				●	●													
	矮卡子				■	■																		
	大罗沟				■	■		○																
	大马厂			●	○	○				●	○													

（续表）

药品别		鹿茸	麝香	虫草	贝母	羌活	甘松	秦艽	大黄	木香	五加皮	当归	厚朴	半夏	茯苓	柴胡	前胡	甘草	泡参	五倍子	赤芍	木通	猪苓	金纹石斛
	奶子沟			■	■																			
	王家寨			■	■					●														
	马塘		●		■	○	○	○												○				
	马河坝							■																
	灌口	○	○		■		■																	
	秋地		○	○	■	○																		
茂县	马厂			■	●																			
	干沟								○	○	○	●			○	○		○			○	○	●	
	松坪沟			○	●	○	●		○							○	○	○			○	○	●	
	安乡							○	●	○	○	■			○	○	○	○			○	○	●	
	黑不大寨			○	●	●	○		○									○				○		
	白溪寨			○	●	●	○		○									○				○		
汶川县	草坡			○				○	○	●		●			○	○		○	○		○	○	○	
	耿达桥			○		●	○	○			○							○				○		
	卧龙关			○	○	●	○				○							○				○		
	上九寨			○				○	○		○	●		●	○	○		○	○		○	○	●	
	马鞍山			○				○				●			○	○		○	○		○	○	○	
	河坪							○				■			○	○		○	○		○	○	●	
	白土坎			○				○				●			○			○	○		○	○	●	
	桃关沟			○				○					○					○	○		○	○		
	龙溪沟												○					○	○		○	○		
	马家村												○					○	○		○	○		
	三江口										○		○	○				○	○		○	○		
	七盘沟			○				○	○		○	○			○			○	○	○	○	○	○	

（续表）

药品别		鹿茸	麝香	虫草	贝母	羌活	甘松	秦艽	大黄	木香	五加皮	当归	厚朴	半夏	茯苓	柴胡	前胡	甘草	泡参	五倍子	赤芍	木通	猪苓	金纹石斛
懋功	达维		○	●	○				○	○								○					○	
	沃日		○						○	○								○					○	
	汗牛屯		○							○								○					○	
抚边屯			○	○	○													○					○	
绥靖屯		●	○						○									○					○	
崇化屯			○																				○	

（二）采药状况

价值高昂，集团产生之药为虫草、贝母。入山采药者，咸注目于是。药夫除土著汉夷人民自动从事者外，大都来自下五县[①]。每年春夏之季，结伴入山，先采虫草，至立秋前二十余日，始挖贝母。事竣，以次采羌活、大黄、木香、秦艽〔艽〕、赤芍之类。虫草、贝母药山，例有棚长，乃中资商人，或药夫之薄有资本者，向土司或土目租入药山，垫款修路搭棚。药夫住宿药棚，每期须纳药于棚长，是谓棚药。药夫随经验认药之巧拙，分上、中、下三级，俗呼大挖手、二挖手、红脚杆（不满十龄之幼童，例不缴棚药，俗呼猪耳朵，但须老于此道者引进）。棚药即按药夫等级，抽十余两或二十余两不等。又棚长营业，颇似旅店，恒购备生活日用物品，供药夫需要，而计物算值，由药夫以生药拆偿。此各药山之大概情形也。棚长以垫款租山修路，准备一切必需物品，故形成药山领袖，药价物值，高下在心，垄断剥削，为所欲为。且药棚均在深山，药夫品类复杂，其间巧取豪夺、鱼肉善良之事，不一而足。而棚长所赖以为维持秩序者，又惟哥老会，常派药夫上药为其首领寿。谨愿药夫，采药一期，毫无余润者，所在多有。此各药山之普通弊习也。

---

① 下五县：指当时的双流县、华阳县、新津县、邛崃县、蒲江县。

屯署以药材生殖全恃天然，长此采掘，难免枯竭。且药场秩序紊乱，官府不加监督，必将滋生事端。乃于民十九年（1930），就理番来苏沟牛厂设置药厂，采官督商办方式，委任厂长，招商充任棚长。先就来苏各沟，设置六大棚（渺罗、大牛厂、十八卦、大沟、黄土梁、九架棚①）、三小棚（虹桥、麻味、〔木〕城沟），参酌旧习，厘定最低税率，征收药产税（上等二十两、中等十六两、下等十二两），附征棚长垫费（上、中等各十一两，下等八两）。一面由厂派稽查、巡丁，查禁赌博、豪霸、哥老。在限于获利润三分之〔一〕范围内，规定物值药价，以保护药夫，维持秩序，并责令厂长负责调查贝母、虫草之发育经过，研究种植。于每年九、十月斟酌烧山，灭除病虫，增益肥分，使药材繁荣，产量加多。施行以来，药山秩序整肃，药量年有增进，而贝母能以人工滋殖，亦经调查明确（又汶川金钗石斛价贵量微，亦经试验明确，可以人工栽培）。方拟推设新厂于浓口、瓦钵梁子、绰思嘎〔斯甲〕各地，并开办药材试验场，研究种植选制方法。不意夷乱而后，继以水灾兵燹，使吾人徒具此愿望而已。

----

① 九架棚：即九架棚沟，在今理县米亚罗镇沙坝村，因沟内从前有九个药棚而得名。

第十二章 工 商

　　屯区工业原料虽多，而人民愚惰，决无学习建筑制造者。凡铜、铁、泥、木、石、缝纫等日需工人，亦寥若晨星，且多来自外县。土著人民之工业制品，不过皮袋、粗毡。其社会组织，直无所谓工业。至于商业，自逊清康熙时信兴公、德记两商号（清光绪年间停业）发韧〔轫〕而后，贩茶、米、油、糖、绸缎、布匹、铜铁制品、陶器、哈达、栏杆、叶烟，入山易牛羊皮毛、茸麝药产、野兽皮者渐多。但除日用零星交易之外，多为陕、甘商人暨川省内县人所经营。现在茶号之大者，陕帮有丰盛合、本立生、义合全，屯区通称丰、本、义三大茶号；川帮有聚盛源、裕国祥。陕帮专就灌县及汶川南部购茶，川帮则兼自绵竹、擂鼓坪等处采买。各就地烘制装包（大包一百二十斤，小包半之），运松转售。香号之大者，为河南帮之杜盛兴、协盛全，以收买麝香为专业。杂货商人，则有松潘之协兴久、义泰恒、益兴公、天兴隆、天兴德、大兴全，各号采运西番需用货物，至松批发于关外西番暨小贩汉商。商人出关至草地营贸，概分两季，其冬季出关，次年五六月返松者，易回之货为野牲皮及羔皮，故松潘皮帮开盘之期恒在八月。夏季出关，当年十月至十一月返松者，易回之货为鹿茸，故灌市茸庄卅盘在十、冬月也。他如杂药商业，则只汶川一带，由采掘者自行运灌销售。余概由商人在松潘、茂县、理番、杂谷脑、懋功、抚边、两河口各处，设庄采买，运灌存之药栈，售于水客或其他药商。药栈例取行费为卖价百分之三二，但在交易久稳者，亦可酌相减让。水客买药，概为九四给价，即每百两只给九十四两。此屯区工商业之大概情形也。屯署除减轻出入税率，采用一税制以省苛扰，饬各县、屯筹设习艺所作育各项手工人才外，更为次之设施。

第一节 工 业

屯署于十九年（1930）扩充茂县民生工厂，分纺纱、织绵、织毛、栽绒、染色诸科，饬各县、屯申送子弟入厂学习。计招学徒四十人，偏重手工，期学成回籍，易于规办。所出货品，以栽绒一宗最为畅销。而鉴于屯区夷民所造毛织品，系用野花杂树染色，因令该厂染色科采集此项土产染料，详为分析研究，求能替代舶来品。二十三年，复饬松潘县府设立民生工厂，分洗毛、织毛、制革诸科，参照茂县民生工厂办法进行，仍饬研究夷民之酥油、鞣革，改良后能否匹于西法之油脂制革，以及就地采取单宁，供制革之需，不仰给钾、铬等外货，是否可以成功。近年屯区日需工匠渐多，而大石坝之土连白纸及草纸制造业，金川之梨膏罐头制造，通化、威州之麸醋制造业，渐次兴起，殆亦观感使之然欤。

第二节 商 业

夷人以劫掠□□□□□□草地夷匪最多，松南一带之猼猓子，来苏、马塘一带之难民，亦常出劫商货。他如彭、灌、天、宝①之匪，多匿边徼，伺隙掳掠，至灌汶道上之龙溪、沙坪关，懋灌道上之卧龙关、牛头山、麻柳坪，匪警时闻。屯署于卧龙关、麻柳坪、龙溪、马塘、来苏沟分驻戍兵，并责令屯土及团队，协同捍卫，所以保护商旅也。屯区人稀力贵，道路险巇，运输货物至感困难。在昔官府出入，恒征夫马负载。迨入民国，滥兵奸民，亦沿以为例。于是附道居民，多避役流亡，货物转运，愈益艰苦。屯署禁征夫马，始自官吏。又于二十二年（1933）筹组转运司，官商合资，雇佣夫马，分段设站，规定运费，交运提取手续，一如邮包办法。就灌县设总局，松潘、茂县、懋功、威州、杂谷脑设分局，其余重要市镇酌设分栈，经理一切，所以便利商运也（筹备将就绪矣，毗河战

---

① 彭、灌、天、宝：指当时的彭县、灌县、天全县、宝兴县。

起①，事遂中缀，日后如有经久之图，应首注意及此）。复次，屯署于二十三年（1934），规画就松潘设屯署办事处，负责经营草地。先编组马队，保护草地商人，并仿英之东方印度公司、日之"南满铁道会社"，官商合组草地贸易公司，借为各项开发事业之先锋。凡制革、洗毛、炼乳、罐头等工业，农垦、牧畜、造林等农业，以及猎取茸、麝，采掘贝母等药材业，统由公司调查设计，次第举办，所以繁荣商业也（计划甫定，匪焰忽张，无由实现）。倘得如预计进行，屯区商业，未有不蒸蒸日上者，乃竟为军事所碍阻，惜哉。

结　论

屯区僻在边徼，其实地情状，知之者鲜，亲历其地者又以主观不同，或赞其疆域式廓，物产丰盛；或论其土地寒荒，夷性难驯。于是以为一攫千金，可不劳而获者有之；以为努力经营，亦难期成功者亦有之矣。屯署规办屯殖于今七年，耗无数人力、财力，所获者略具于斯。原始要终，当知无不可治之地，无不可化之人。而经营边区，不宜纯视自然价值为取舍，必须就环境情势决进退。现在国防紧急，腹地人满，举国上下，集视边区。倘千虑之得，能启经纶之绪，是则不胜跂望者也。

---

① 毗河战起：即毗河之战爆发，1933年5月至6月，为争夺地盘，扩大势力范围，四川军阀刘文辉与邓锡侯在毗河两岸发生激战，以刘文辉不敌退出成都而结束。

主要参考资料

·······················

1. 《阿坝州文库》编委会编:《松潘县志(民国)》,四川民族出版社,2013年。

2. 《阿坝州文库》编委会编:《汶川县志(民国)》,四川民族出版社,2013年。

3. 《阿坝州文库》编委会编:《汶志纪略(嘉庆)》,四川民族出版社,2013年。

4. 《阿坝州文库》编委会编:《绥靖屯志(道光)·懋功厅乡土志(光绪)》,四川民族出版社,2013年。

5. 《阿坝州文库》编委会编:《保县志(乾隆)》,四川民族出版社,2013年。

6. 《阿坝州文库》编委会编:《茂州志(道光)》,四川民族出版社,2013年。

7. 四川省灌县志编纂委员会编纂:《灌县志》,四川人民出版社,1991年。

8. 南坪县地方志编纂委员会编:《南坪县志》,民族出版社,1994年。

9. 若尔盖县地方志编纂委员会编:《若尔盖县志》,民族出版社,1996年。

10. 理县志编纂委员会编纂:《理县志》,四川民族出版社,1997年。

11. 董常保编:《阿坝州旧志集成(综合卷)》,四川大学出版社,2018年。

12. 周军著:《红军长征过草地行军路线详考》,四川人民出版社,2017年。

13. 龚荫著：《中国土司制度史》，四川人民出版社，2012年。

14. 智观巴·贡却乎丹巴饶吉著：《安多政教史》，吴均、毛继祖、马世林译，青海人民出版社，2017年。

15. 伊莎贝拉·伯德著：《伊莎贝拉在阿坝》，红音编译，四川民族出版社，2010年。

16. 福格森著：《布鲁克在阿坝》，卓嘎、红音译，西南交通大学出版社，2018年。

17. 阿坝州政协文史和学习委员会编：《阿坝州藏传佛教开放寺院资料汇编》，内部编印，2011年。

18. 中国人民政治协商会议马尔康县委员会编：《马尔康县文史资料·第1辑·四川历史部分》，内部编印，1986年。

19. 武昌亚新地学社新化办事处绘制：《四川明细地图》（附西康东部），1946年。

20. 四川省第二测绘地理信息工程院编制：《阿坝藏族羌族自治州行政区划图》，审图号：川S（2012）36号。